Origines

Le Soldat et le Gramophone, *Stock, 2008; Le Livre de Poche, 2010*
Avant la fête, *Stock, 2015*; *Le Livre de Poche, 2017*
Pièges et embûches, *Stock, 2018*

Saša Stanišić

Origines

Traduit de l'allemand par Françoise Toraille

Stock
la cosmopolite

TITRE ORIGINAL:

Herkunft

La traduction de ce texte a été soutenue par
une subvention du Goethe-Institut créé par
le ministère des Affaires étrangères allemand.

Photographie: archive personnelle de l'auteur

ISBN: 978-2-234-08896-2

GRAND-MÈRE ET LA PETITE FILLE

Grand-mère a vu une petite fille dans la rue. De son balcon, elle lui crie de ne pas avoir peur, elle va descendre la chercher. Ne bouge pas !

Sans se chausser, Grand-mère descend trois étages, ça prend un bon bout de temps, ses genoux, ses poumons, sa hanche, et quand elle arrive à l'endroit où se tenait la petite fille, elle a disparu. Elle l'appelle, appelle la petite fille.

Des autos freinent, font un écart pour éviter ma grand-mère en bas noirs, plantée au beau milieu de la rue qui jadis portait le nom de Josip Broz Tito et aujourd'hui en écho celui de la fillette disparue, Kristina ! crie ma grand-mère, elle crie le nom qui est le sien : Kristina !

Cela se passe le 7 mars 2018 à Višegrad, Bosnie-Herzégovine. Grand-mère a quatre-vingt-sept ans, elle a onze ans.

À L'INTENTION DU SERVICE
DE L'IMMIGRATION

Je suis né le 7 mars 1978 à Višegrad sur la Drina. Pendant les jours qui ont précédé ma naissance, il a plu sans discontinuer. À Višegrad, le mois de mars est le mois détesté entre tous, pleurnichard et dangereux. Dans les montagnes, c'est la fonte des neiges, les fleuves n'en font qu'à leur tête et quittent leur lit. Ma Drina elle aussi est nerveuse. La moitié de la ville se retrouve sous l'eau. En mars 1978, il n'en était pas allé autrement. Quand maman a senti les premières contractions, une violente tempête hurlait sur la ville. Le vent tordait les fenêtres de la salle de travail et tourneboulait les sentiments, pour couronner le tout, la foudre est tombée au beau milieu d'une contraction, et tout le monde s'est dit «Tiens, tiens, voilà donc le diable qui fait son entrée dans le monde.» Ça ne m'a pas vraiment déplu, au fond, c'est pas mal si les gens ont un peu peur de toi avant même que ça commence pour de bon.

Mais cela n'inspirait guère à ma mère de sentiments positifs quant au déroulement de l'accouchement, et comme la sage-femme ne pouvait pas davantage qualifier de satisfaisante la situation du moment, qu'autrement dit le terme de *complications* semblait d'actualité, elle envoya chercher l'obstétricienne de garde. Cette dernière ne souhaita pas plus que moi aujourd'hui faire durer cette histoire davantage que nécessaire. Il suffit peut-être de préciser que les complications furent surmontées à l'aide d'une ventouse.

Trente ans plus tard, en mars 2008, pour obtenir la nationalité allemande, il me fallut entre autre déposer un *curriculum vitae* manuscrit auprès du Service de l'immigration. Quel stress ! À ma première tentative, en dehors de ma naissance le 7 mars 1978, je n'ai pas réussi à coucher le moindre mot sur le papier. J'avais l'impression que plus rien ne s'était passé depuis, que les flots de la Drina avaient englouti ma biographie.

Les Allemands sont friands de tableaux et schémas. J'ai dessiné un tableau. J'y ai noté quelques dates et informations. *École élémentaire à Višegrad, Études slaves à Heidelberg* – et j'avais l'impression que cela ne me concernait en rien. Ces indications étaient correctes, je le savais, mais impossible de les laisser telles quelles. Je n'accordais pas la moindre confiance à une telle vie.

Deuxième tentative. J'ai à nouveau écrit la date de ma naissance et mentionné la pluie, en expliquant que c'est grand-mère Kristina, la mère de mon père, qui a choisi mon nom. C'est d'ailleurs elle qui, pendant les premières années de mon existence, s'est beaucoup occupée de moi, car mes parents étaient étudiante (maman) ou engagé dans la vie professionnelle (papa). À l'intention du Service de l'immigration, j'ai précisé que Grand-mère faisait partie de la mafia, et que dans la mafia, on a beaucoup de temps pour les enfants. Je vivais chez elle et Grand-père, chez mes parents pendant les week-ends.

9

Au Service de l'immigration, j'ai écrit que Pero, mon grand-père, était un communiste de cœur, adhérent au parti, et qu'il m'emmenait dans ses promenades entre camarades. Quand ils parlaient politique, c'est-à-dire tout le temps, je m'endormais super bien. Dès l'âge de quatre ans, j'étais capable de discuter avec eux.

J'ai rayé ce que j'avais dit à propos de la mafia. On ne sait jamais.

À la place, j'ai écrit : Ma grand-mère avait un rouleau à pâtisserie avec lequel elle me menaçait toujours. Les choses ne sont jamais allées jusque-là, mais j'entretiens depuis cette époque une relation distante avec les rouleaux à pâtisserie et de manière indirecte avec les pâtes de toutes sortes.

J'ai écrit : Grand-mère avait une dent en or.

J'ai écrit : Je voulais une dent en or moi aussi. Pour ce faire, j'ai colorié une de mes incisives au feutre jaune.

J'ai écrit au Service de l'immigration : Religion : Néant. En précisant que j'avais grandi pour ainsi dire parmi des païens. Que grand-père Pero qualifiait l'église de «plus grand péché» de l'humanité depuis que l'église a inventé le péché.

Il venait d'un village où l'on vénère saint Georges, le tueur de dragon. J'avais alors l'impression qu'on y était plutôt du côté du dragon. Les dragons sont de bonne heure venus me rendre visite. Ils se balançaient au cou de personnes de ma famille sous la forme de pendentifs, on s'offrait volontiers des broderies ornées de motifs les représentant, et Grand-père avait un oncle qui taillait des petits dragons de cire et les vendait au marché comme bougies. C'était vraiment sympa quand on allumait la mèche et que la bête semblait cracher un petit feu.

Quand j'en ai presque eu l'âge, Grand-père m'a montré un album illustré. Mes dragons préférés étaient ceux d'Extrême-Orient. Ils avaient l'air cruels, mais avec toutes leurs couleurs, ils étaient rigolos. Les dragons slaves avaient seulement l'air cruels. Même ceux censés être gentils et qui n'accordaient aucun intérêt aux ravages ou aux enlèvements de jeunes filles. Trois têtes, de sacrées dents, des trucs dans ce genre.

Au Service de l'immigration, j'ai écrit : L'hôpital où j'ai vu le jour n'existe plus. J'avais ajouté : Mon Dieu, on m'en avait flanqué dans le cul, de la pénicilline, mais cette phrase-là, je ne l'ai pas gardée. On ne voudrait pas risquer de froisser par ce genre d'expression une employée un peu collet monté. J'ai donc remplacé *cul* par *postérieur*. Cependant, cela m'a semblé inexact, et j'ai supprimé toutes ces précisions.

Pour mon dixième anniversaire, notre rivière, le Rzav, m'a offert la destruction du pont de notre quartier, le *Mahala*. Depuis la rive, j'ai vu le bras secondaire de la Drina faire assaut d'arguments printaniers accumulés dans les montagnes jusqu'au moment où de guerre lasse le pont a répondu : bon, d'accord, emporte-moi.

J'ai écrit : Pas de récit biographique sans loisirs enfantins. En lettres capitales, j'ai noté au beau milieu de la feuille :

LUGE

La piste des vrais champions démarrait au plus haut de la cité, à l'endroit où, au Moyen Âge, une tour veillait sur la vallée, et elle s'achevait par un virage serré juste avant l'à-pic. Je me souviens de Huso. Il gravissait la pente, à bout de souffle, traînant une vieille luge, il rigolait, et nous autres, les enfants, nous rigolions aussi, nous nous fichions de lui parce qu'il était maigre, portait des bottes trouées et qu'il lui manquait plein de dents. Un fou, voilà ce que je pensais à l'époque, aujourd'hui, je me dis qu'il vivait seulement en marge de l'opinion générale. Où dormir, comment s'habiller, comment prononcer distinctement les mots et dans quel état doivent être des dents. Pour tout cela, son attitude différait de celle de la plupart des gens. En fait, Huso n'était à proprement parler qu'un ivrogne au chômage qui n'a pas freiné avant l'à-pic. Peut-être parce que nous ne l'avons pas mis en garde alors qu'il abordait le dernier virage. Peut-être parce qu'à force de picoler il avait bousillé ses réflexes. Huso a poussé un hurlement, nous nous sommes précipités, et ensuite, hurlements de joie : Huso était assis sur sa luge perchée dans le sous-bois, au milieu de la pente.

Nous lui avons crié : « Continue, Huso ! Laisse pas tomber ! » Stimulé par nos cris et surtout parce qu'à l'endroit où il se trouvait, il était plus facile de descendre que de remonter, Huso s'est extirpé du taillis et a dévalé jusqu'en bas. Incroyable, un vrai délire, et ensuite, en 1992, on a tiré sur Huso dans sa cahute au bord de la Drina, sa maison de bric et de broc pas loin de la tour de guet où – les épopées anciennes chantent ces hauts faits – selon la personne que tu interroges, le héros serbe, Marko, fils du roi, trouva jadis refuge devant les Ottomans, ou le héros bosniaque, Alija Đerzelez, franchit d'un bond la Drina sur sa jument arabe ailée. Huso avait survécu, puis il disparut à tout

12

jamais. Personne n'a plus jamais descendu la piste des champions avec une telle maestria.

J'ai écrit une histoire qui commençait ainsi : *Si on me demande ce que signifie pour moi le mot Heimat, patrie, je parle du Docteur Heimat, le père de mon premier plombage.*

J'ai écrit au Service de l'immigration : Je suis yougo et pourtant, je n'ai jamais rien fauché en Allemagne sauf quelques livres à la Foire du Livre de Francfort. Et à Heidelberg, un jour, j'ai fait du canoë dans une piscine. Mais j'ai rayé tout ça, parce qu'il s'agissait peut-être d'actes prohibés et pas encore prescrits.

J'ai écrit : *Voici une série de choses qui m'ont appartenu.*

LE FOOT, MOI ET LA GUERRE, 1991

Voici une série de choses qui m'ont appartenu :
Maman et papa.

Grand-mère Kristina, la mère de mon père, qui savait toujours ce qu'il me fallait. Le jour où elle m'a apporté le petit pull-over tricoté main, j'avais vraiment eu froid. Mais j'avais seulement du mal à le reconnaître. Quel enfant voudrait que sa grand-mère ait toujours raison ?

Nena Mejrema, la mère de ma mère, qui me lisait l'avenir dans les haricots rouges. Elle les lançait en l'air et ils dessinaient sur le tapis les images d'une vie pas encore vécue. Un jour, elle m'annonça même qu'une vieille femme tomberait amoureuse de moi ou que je perdrais toutes mes dents, sur ce point les haricots manquaient de précision.

La peur des haricots rouges.

J'ai eu un grand-père bien rasé, le père de ma mère, qui aimait la pêche à la ligne et était volontiers gentil avec tout le monde.

La Yougoslavie. Mais plus pour très longtemps. Le socialisme était fatigué, le nationalisme aux aguets. Des drapeaux, à chacun le sien, flottant au vent, et dans les têtes, la question : Tu es quoi ?

Des sentiments intéressants envers ma prof d'anglais.

Un jour, elle m'a invité chez elle, je ne sais toujours pas pourquoi. Moi d'y aller, excité comme un début de printemps. Nous avons mangé du gâteau de prof d'anglais fait maison et bu du thé noir, le premier de ma vie, j'avais l'impression que plus adulte tu meurs, mais j'ai fait comme si je buvais du thé noir depuis des années, en affirmant d'un ton d'expert : « J'aime bien quand il n'est pas tout à fait noir. »

J'ai eu un C-64. Mes jeux préférés étaient les jeux de sport, *Summer Games, International Karate Plus, International Football*.

Une foule de livres. En 1991, j'avais découvert un nouveau genre : le livre dont tu es le héros. C'est toi, en tant que lecteur, qui décides de la suite de l'histoire :

Si tu t'exclames : « Dégage, créature de l'enfer, ou je t'ouvre les veines ! » – rendez-vous à la page 306.

Et j'avais mon équipe : *Crvena Zvezda* – l'Étoile Rouge de Belgrade. À la fin des années quatre-vingt, en cinq saisons, nous avons par trois fois récupéré le titre. En 1991, nous étions en quart de finale de la Ligue des champions contre le Dynamo Dresde. Pour les matchs importants, cent mille personnes affluaient dans notre stade, le Marakana de Belgrade, parmi eux au moins cinquante mille timbrés. Il y avait toujours quelque chose qui brûlait, tout le monde chantait toujours.

Je portais souvent mon écharpe à rayures rouges et blanches pour aller à l'école (même en été) et forgeais des plans d'avenir me permettant d'être à proximité de mon équipe. Devenir moi-même footballeur et être acheté pour 100 000 000 000 000 dinars (l'inflation !) par l'Étoile Rouge, cela me semblait peu probable. Je décidai donc de devenir kinésithérapeute, gardien de stade ou même ballon. L'essentiel, c'était de faire moi aussi partie de l'Étoile Rouge.

Je ne loupais pas un seul match à la radio et pas davantage un résumé à la télé. Pour mes treize ans, j'avais demandé un abonnement.

Nena avait interrogé les haricots et avait déclaré : « Tu auras un vélo. »

Je lui avais demandé comment les haricots pouvaient le savoir.

Elle avait lancé une autre poignée et affirmé avec grand sérieux : « Le jour de ton anniversaire, ne quitte pas la maison. » Puis elle s'était levée, avait jeté les haricots par la fenêtre, s'était lavé les mains et était allée se coucher.

Pour la simple raison que Belgrade était à quelque 200 km de chez nous, il n'y avait aucune chance raisonnable de voir mon souhait se réaliser. Le fils unique que j'étais espérait quand même que ses parents se décident, pour ses beaux yeux, à aller vivre à la capitale.

Le 6 mars, l'Étoile Rouge avait balayé le Dynamo Dresde 3 à 0 en match aller. Papa et moi, nous avions regardé la retransmission ensemble, voix cassées dès le premier but. Après le coup de sifflet final, il m'avait pris à part pour me dire que si notre équipe se qualifiait, il essaierait de nous récupérer des places pour la demi-finale. Par *nous* il voulait aussi parler de maman, qui s'était contentée de se tapoter la tempe du bout de l'index.

Après des débordements, le match retour à Dresde avait été interrompu sur un score de 1 à 2 et nous avions été déclarés vainqueurs 0 à 3. Pour la demi-finale, le tirage nous avait attribué le FC Bayern. À l'époque déjà, les Bavarois étaient théoriquement invincibles. Papa et moi avions à nouveau suivi ensemble le match aller à la télé. Pendant la pause suivant la première mi-temps, il avait été question de troubles en Slovénie et en Croatie. On avait tiré. L'Étoile Rouge avait tiré par deux fois en plein dans les buts, le Bayern avait marqué une fois.

Les faits, les voici : le pays où je suis né n'existe plus aujourd'hui. Tant qu'il a existé, je me considérais comme Yougoslave. Comme mes parents, issus d'une famille serbe (mon père) ou bosnio-musulmane (ma mère). J'étais un enfant de cet État plurinational, résultat et affirmation de l'inclination mutuelle de deux êtres que le melting-pot yougoslave avait libérés de leurs différences d'origine et de religion.

On peut ajouter ceci : celui dont le père était polonais et la mère macédonienne pouvait lui aussi se déclarer Yougoslave pour autant que l'identité assumée et le groupe sanguin lui aient davantage importé que l'identité assignée et le sang.

Le 24 avril 1991, papa et moi sommes allés à Belgrade pour assister au match retour. J'avais laissé mon écharpe rouge et blanche flotter à la fenêtre du compartiment, parce qu'à la télé, c'était comme ça que faisaient les vrais supporters. À l'arrivée au stade, l'écharpe était affreusement sale. Personne ne te met en garde contre ce genre de problème.

Le 27 juin 1991 se produisirent en Slovénie les premiers actes de guerre. La république alpine se proclama indépendante de la Yougoslavie. S'ensuivirent des échauffourées en Croatie, l'horreur en Croatie, puis la déclaration d'indépendance de la Croatie.

Le 24 avril 1991, le défenseur serbe Siniša Mihajlović avait donné l'avantage à l'Étoile Rouge par un but sur coup franc. Avant, il y avait eu faute sur Dejan Savićević, un Monténégrin, un orfèvre techniquement parlant. L'enthousiasme jaillissant de quatre-vingt mille poitrines était assourdissant, mettait mal à l'aise. Aujourd'hui, je pourrais prétendre que dans le stade éclataient rage, agressivité refoulée, peurs existentielles. Mais ce n'est pas vrai. Tout cela s'exprimerait ultérieurement par les armes. Ici, c'était seulement l'enthousiasme suscité par un but décisif.

Des torches avaient été allumées, une fumée rouge s'éleva au-dessus des rangées, je remontai mon écharpe plus haut sur mon visage. Autour de nous, les gens laissaient leur joie éclater, pour l'essentiel des hommes, des jeunes types, coupe mulet, mégot aux lèvres, poings serrés.

En milieu de terrain, Prosinečki semait la pagaille parmi les Bavarois, sa crinière blonde comme un petit soleil qui se levait et – quand un adversaire n'avait plus d'autre solution – se couchait sur le gazon. Un Yougoslave du même genre que moi : mère serbe, père croate. Le short court remonté bien haut. Les jambes pâles.

À l'arrière, Refik Šabanadžović resserrait les espaces, un Bosniaque qui dérangeait, trapu mais rapide. Mon joueur préféré, l'air à moitié endormi, faisait mine de traînailler devant la surface de réparation adverse : Darko Pančev, dit Kobra. L'attaquant macédonien et gardien au match aller traversait le terrain, courant toujours un peu penché en avant, les épaules relevées, comme si justement ce jour-là il n'était pas au mieux de sa forme. Les jambes les plus tordues de l'univers, j'aurais bien aimé avoir les mêmes.

Quelle équipe ! Plus jamais on ne pourra en constituer une d'un tel calibre dans les Balkans. La Yougoslavie disparue, chacun des nouveaux États avait vu surgir des ligues nouvelles avec des équipes plus faibles, de nos jours les meilleurs joueurs partent de bonne heure à l'étranger.

Les Bavarois ont égalisé au milieu de la deuxième mi-temps. Un coup franc d'Augenthaler, le ballon a glissé entre les mains de Stojanović. Belodedić, le stoppeur roumain (minorité serbe) consolait son capitaine tombé à terre.

Papa, qui en général ne faisait pas de bruit, hurlait, se lamentait, jurait, et je l'imitais, j'imitais la fureur de mon père, je ne sais pas ce qu'il en était de ma propre fureur, peut-être n'était-elle pas au rendez-vous parce qu'autour de moi tous étaient complètement fous de rage, peut-être parce que je savais que tout irait bien. Et au moment précis où je voulais le dire à papa – tout ira bien – les Bavarois ont pris l'avantage.

Papa s'est complètement ratatiné.

Presque pile un an après, il m'a demandé d'un ton grave quels objets étaient pour moi importants au point de ne pouvoir m'en passer pour un voyage qui risquait d'être long. Par long voyage, il voulait dire que nous allions fuir notre ville occupée où des soldats éméchés chantaient leurs chants d'ivrognes comme pour exciter une équipe sportive. La première idée qui me vint fut mon écharpe rouge et blanche. Je savais qu'il y avait des choses plus essentielles. Je l'ai tout de même emportée.

Papa m'avait dit : « Ne t'inquiète pas. Tout ira bien. » Si on en était resté au score de 1 à 2, il y aurait eu des prolongations. Peut-être qu'alors les Bavarois auraient eu les meilleures jambes et les meilleures idées et seraient arrivés en finale. Peut-être qu'alors on en serait venu à tout autre chose, la guerre ne serait pas venue jusqu'en Bosnie, et moi, je n'en serais pas venu à ce texte.

Je n'ai pas vu l'égalisation 2 à 2. À ce moment précis – on en était à la quatre-vingt-dixième minute – tout le monde était debout, le stade tout entier s'était levé, peut-être même le pays tout entier, uni pour la dernière fois derrière une même cause. J'ai réussi à suivre l'attaque décisive jusqu'au moment où le ballon, dévié vers son propre but par Augenthaler, entamait sa trajectoire vers les cages, et à ce moment-là les hommes autour de nous, devant nous, toute la tribune s'est déplacée vers la droite, vers le haut, je me suis senti écrasé, perdant brièvement l'équilibre et le ballon des yeux –

Combien de fois je l'ai revu, ce but ? Au moins cent. Jusqu'à en graver chaque détail dans ma mémoire comme quelque chose que l'on n'associe qu'à un amour très fort ou à un grand malheur. Augenthaler veut éviter un centre, touche malencontreusement le ballon, tire en cloche dans ses propres buts.

Voici une série de choses qui m'ont appartenu :
Une enfance dans une petite ville sur la Drina.
Une collection de catadioptres récupérés sur des plaques d'immatriculation. Qui m'a valu la seule raclée de mes parents.

Une grand-mère qui maîtrisait l'alphabet des haricots rouges et m'a conseillé d'accorder mon attention aux mots, toute une vie durant, cela ne permettrait certes pas que tout aille bien, mais rendrait pas mal de choses plus faciles à supporter. Ou de l'accorder aux métaux nobles. Les haricots n'avaient pas tranché.

J'ai eu deux canaris, Krele (bleu clair) et Fifica (dont j'ai oublié la couleur).

Un hamster appelé Indiana Jones, à qui les derniers jours de sa bien trop courte vie j'ai donné de l'*andol* écrasé dans une petite cuiller (c'est ce que je prenais contre les maux de tête) et à qui je lisais des nouvelles d'Ivo Andrić.

Des maux de tête fréquents.

Un improbable voyage avec mon père pour assister au match de foot improbable d'une équipe improbable qui à la suite de son match à Belgrade gagnera le tournoi et sera ensuite parfaitement inimaginable.

Une guerre inconcevable.

Une prof d'anglais à qui je n'ai jamais dit au revoir, et se revoir n'est plus possible.

Une écharpe rouge et blanche que je n'ai plus jamais voulu laver après le match de Belgrade, mais qui par la suite a tout de même atterri dans la machine à laver. L'Étoile Rouge de Belgrade est de nos jours une équipe qui a beaucoup de supporters d'extrême droite très agressifs. L'écharpe, je l'avais alors emportée en Allemagne, aucune idée de l'endroit où elle est aujourd'hui.

OSKORUŠA, 2009

Pas très loin à l'est de Višegrad, dans les montagnes, fondamentalement difficile d'accès et par temps hostile inaccessible, se trouve un village où ne vivent plus que treize habitants. Je crois qu'ils ne s'y sont encore jamais sentis étrangers. Ils ne sont pas venus d'ailleurs, ils ont passé la plus grande partie de leur vie ici. Une autre certitude : ces treize personnes n'iront plus nulle part ailleurs. Tous finiront leurs jours ici, en haut (ou dans un hôpital de la vallée) et avec eux finira leur ferme – leurs enfants ne la reprendront pas –, leur bonheur et leur hanche qui craque. Leur eau-de-vie, qui aveugle ceux qui voient et rend la vue aux aveugles, sera bue jusqu'à la dernière goutte ou pas, bientôt, on n'en distillera plus du tout ici (avec une croix de bois dans la bouteille). Les clôtures ne sépareront plus rien de ce qui est important, les champs resteront en friche. Les cochons seront vendus ou tués. Ce qui arrivera aux chevaux, je l'ignore. Ciboulette, ail et oignons, maïs et mûres, c'est la fin. Même si les mûres réussiront peut-être à se débrouiller toutes seules.

C'est en 2009 que je suis venu ici pour la première fois. Je me souviens qu'en voyant les poteaux électriques, je m'étais mis bêtement à réfléchir tout haut en me demandant si lorsque le dernier habitant serait mort, le courant serait coupé. Pendant combien de temps le grésillement qui court entre ces mâts durera-t-il encore ?

Gavrilo, un des plus anciens du village, avait alors craché, saveur de la salive dans l'herbe savoureuse, en s'écriant : « Qu'est-ce qui t'arrive ? À peine ici, tu parles déjà de mourir. Je vais te dire quelque chose : ici, nous avons survécu à la vie, la mort, c'est le problème le moins important. Tant que vous vous occuperez de nos tombes, y déposerez quelques fleurs à l'occasion, tant que vous nous parlerez, ici, tout continuera. Avec ou sans électricité. Mais pas besoin de déposer des fleurs sur moi, une fois mort, des fleurs j'en ferais quoi ? Bon, en route, ouvre grands tes yeux, j'ai des choses à te montrer, on dirait vraiment que tu ne connais rien à rien. »

Oskoruša, c'est le nom du village. Le vieil homme nous avait ramassés sur le bord du chemin, avec ses mains qu'on aurait crues d'argile. Nous, car je n'étais pas seul. Ce voyage, c'était une idée de ma grand-mère Kristina.

Avec nous, il y avait aussi Stevo, il nous avait servi de chauffeur, un homme sérieux avec des yeux très bleus, deux filles et des problèmes d'argent.

Ce jour-là, sans se soucier du soleil, Grand-mère était tout en noir. Elle parlait beaucoup, évoquait une foule de souvenirs. Quand j'y repense, c'était comme si elle avait pressenti que le passé allait bientôt lui filer entre les doigts. Elle s'offrait une fois encore de voir Oskoruša, elle me l'offrait pour la première fois.

2009 a été pour Grand-mère la dernière bonne année. Elle n'avait pas encore commencé à oublier et son corps suivait. À Oskoruša elle a parcouru les chemins qu'elle y avait arpentés, un demi-siècle plus tôt, jeune épouse, avec son mari. Mon grand-père Pero était né ici, il avait passé son enfance dans ces montagnes. Il est mort en 1986 à Višegrad devant son téléviseur, pendant que dans la chambre voisine je jouais avec des petites figurines en plastique, des Indiens qui tiraient sur des cow-boys.

Avant, Grand-mère avait affirmé – j'avais alors dix ans ou cinq ou sept – que je ne trichais jamais, ne mentais jamais, que c'était toujours seulement de l'exagération, de l'invention. À l'époque, je ne connaissais sans doute pas la différence (et ne veux pas toujours la connaître aujourd'hui), mais j'étais content qu'elle semble me faire confiance.

Le matin qui précéda notre expédition à Oskoruša, elle avait dit une fois de plus, avec assurance, qu'elle l'avait toujours su : « Inventer, exagérer, aujourd'hui, ça te permet même de gagner ta vie. »

Je venais d'arriver à Višegrad, je voulais me reposer d'une longue tournée de lectures publiques pour mon premier roman. En guise de cadeau, je lui en avais apporté un exemplaire, en allemand, ce qui n'avait aucun sens.

« Est-ce que c'est le livre qui parle de nous ? » avait demandé Grand-mère.

J'avais immédiatement réagi : la fiction telle que je l'envisage, avais-je dit, constitue un monde en soi, au lieu de reproduire le nôtre, et le monde qu'il y a là-dedans – et je tapotai la couverture du livre – est un monde où les fleuves parlent et où les arrière-grands-parents vivent éternellement. La fiction telle que je l'envisage, avais-je dit, est un système ouvert combinant l'invention, la perception et le souvenir, et qui se frotte à ce qui s'est réellement passé...

« Se frotte ? » Grand-mère avait toussé et soulevé un énorme faitout rempli de poivrons farcis pour le poser sur la cuisinière : « Assieds-toi, tu as faim. » Elle avait placé le livre sur un vase en l'ouvrant, comme une pièce de musée sur son socle.

C'est là qu'était tombée la phrase sur la façon de gagner sa vie.

Les poivrons farcis avaient l'odeur d'un jour de neige de l'hiver 1984. C'était juste au moment des jeux Olympiques de Sarajevo. Et sur ma luge, je me prenais pour un champion de la trempe de nos héros slovènes, qui descendaient comme des flèches les pentes dans leurs combinaisons extrêmement près du corps aux couleurs criardes. Je gagnais chaque course (je démarrais seulement quand il n'y avait plus personne derrière moi pour me doubler).

Pendant que j'attends les poivrons, je vois sur la pente la maison des Kupus, détruite par les coups de feu et vide depuis la guerre. Ce jour-là, quand j'étais rentré chez Grand-mère après la partie de luge, elle avait mis les poivrons sur la table. Mes doigts me picotaient horriblement, elle avait pris mes mains entre les siennes pour les réchauffer pendant qu'à la télé, Jure Franko remportait la médaille d'argent du slalom géant. Dans cette ville, même les poivrons ne peuvent exister qu'accompagnés d'une note de bas de page en forme de souvenir.

Grand-mère m'avait versé de l'eau, boire beaucoup, avait-elle dit en 1984, et elle le répétait en 2009 avec tout autant de conviction, c'est important. Le verre lui aussi était le même, un peu ébréché, je le reconnaissais au petit éclat.

« Grand-mère, ce verre-là, on devrait tout de même le réformer. »

« Tu as des yeux, non ? Bois de l'autre côté. »

Je me suis exécuté, elle m'a regardé faire. M'a regardé manger. Lui poser des questions : comment vas-tu, Grand-mère ? Que fais-tu tout au long de la journée ? Et as-tu des visites ? C'étaient des questions que je lui posais aussi au téléphone.

Elle répondait par des phrases courtes, ne voulait pas parler d'elle – c'est seulement quand je demandais des nouvelles des autres, du voisin, qu'elle répondait de façon un peu plus détaillée : « Depuis ta dernière visite, personne n'est mort, personne n'a perdu la boule. Rada est toujours là, Zorica est toujours là. Et Nada au quatrième. Elles sont seulement un peu dingos. Ce qui arrive avec les années. Mais, bon, c'est bien qu'elles soient là. Même dingues, ça me fait du bien qu'elles soient là. »

Au même moment, quelqu'un avait sonné.

« Et mon Andrej ! » s'était exclamée Grand-mère en se précipitant vers la porte. J'ai entendu une voix d'homme et Grand-mère qui rigolait comme une gamine. J'ai entendu des bruissements de sacs et Grand-mère qui disait merci. Elle est revenue et a aussitôt débarrassé mon assiette. Je n'avais pas fini, mais étais tout de même à peu près rassasié.

« C'était qui ? »

« Mon policier », s'est exclamé Grand-mère comme s'il n'y avait pas besoin d'autre explication.

J'ai voulu faire la vaisselle, Grand-mère m'a chassé de la cuisine, ce n'était pas un travail d'homme. C'était déjà ce qu'elle disait autrefois. Quand il était question de passer l'aspirateur, de faire les lits, le ménage. Grand-mère venait d'une famille et d'une époque où les hommes tondaient les moutons et où les femmes tricotaient des pulls. Les manières avaient des objectifs concrets, on n'exprimait pas ses élucubrations, la langue était précise et rustique. Puis vint le socialisme qui fit porter la discussion sur le rôle de la femme ; et la femme quittait la discussion pour rentrer chez elle étendre le linge.

La sœur aînée de ma grand-mère, ma grand-tante Zagorka, n'avait pas voulu attendre davantage que vienne un autre temps. Elle voulait aller à l'école, voulait explorer le ciel, l'Espace. Elle voulait être cosmonaute, avait appris toute seule d'abord à défier les autres, puis à lire et à écrire en se faisant aider par Todor et Tudor, les jumeaux rachitiques. À quinze ans, peu de temps après la Grande Guerre, elle avait tourné le dos aux rochers de son enfance, n'emmenant que la chèvre qui, au milieu des rochers, avait été pour elle la plus agréable des compagnes, et elle s'était mise en route vers l'Union Soviétique. Dans le Banat, un pilote hongrois lui avait enseigné le pilotage, et par une nuit pleine de douceur elle était tombée amoureuse sur une piste d'envol au cœur des basses plaines pannoniques, mais pas de lui. À Vienne, trois ans d'affilée, elle avait nettoyé les chiottes des casernes et s'était fait enseigner la langue russe sur les rives du Danube par Aleksandr Nicolaïevitch, un blême adjudant-chef soviétique membre du service vétérinaire. Aleksandr chantait et jouait de la guitare, il ne faisait bien ni l'un ni l'autre, mais il y prenait plaisir. Sur les rives du Danube, le Russe originaire de Gorki sur la Volga chantait pour ma grand-tante Zagorka originaire de Staniševac sur le Rzav les beaux fleuves, les belles villes et les beaux yeux – des yeux marrons mais peut-être aussi des yeux bleus, au fond la couleur qu'avaient ces yeux à ce moment précis est un peu indifférente, et ma grand-tante attendait du Russe chantant autre chose que ce qu'il attendait d'elle. Elle quitta Vienne avec sa fidèle chèvre et un peu d'argent ainsi qu'avec les papiers d'un adjudant-chef russe et une coupe à la garçonne. Elle atteignit Moscou pour son dix-neuvième anniversaire. Elle obtint brillamment son diplôme de pilote de chasse et accéda en 1959 au cercle élargi du premier groupe de cosmonautes d'Union Soviétique. Il était trop tard pour ses rêves de vols dans les hautes sphères, bientôt les Yankees allaient s'amuser à bondir et rebondir sur la Lune, pas question pour les Russes de se contenter d'une deuxième place en quelque domaine que ce soit. Par un chaud lundi de février de l'année 1962, elle alla trouver Vassili Pavlovitch Michine dans son bureau pour lui dire qu'elle avait une idée. Et une chèvre certes vieille, mais en bonne santé, et à peine six mois plus tard, la chèvre de ma grand-tante, une chèvre originaire du village de Staniševac à l'est de la Bosnie, était mise sur orbite autour de la Lune. Elle est restée anonyme et a peut-être été carbonisée à son retour dans l'atmosphère terrestre.

Zagorka est morte en 2006. Sur la fin, elle n'était ni particulièrement lasse, ni particulièrement triste. Elle était dure d'oreille et n'avait plus de dents. Ma grand-mère s'est occupée de sa petite sœur, c'est ainsi qu'elle appelait Zagorka, jusqu'à son dernier souffle, et je m'apprêtais à me rasseoir à la table quand Grand-mère a dit : « Qu'est-ce que tu fabriques, allez, viens, fais la vaisselle ! Qu'est-ce qui t'arrive ? »

Sous l'évier était accroché un torchon presque aussi vieux que moi. Des carreaux rouges et blancs, tout doux, élimé par des milliers de tours de manège dans la machine à laver. J'ai essuyé une assiette, une fourchette, un couteau, le verre un peu ébréché.

Debout derrière moi, Grand-mère s'était changée. Blouse noire, pantalon noir, seule tache de couleur : ses bottes jaunes en caoutchouc. Je ne pouvais m'empêcher de penser à Supergirl quand elle enfile son costume à la vitesse de l'éclair, mais les cheveux de ma grand-mère n'étaient ni longs ni blonds, ils étaient permanentés et violets, quant à sa cape, elle était couleur deuil.

« Où tu vas ? »

« On va à Oskoruša. »

« Mais je viens d'arriver. »

« Ton arrivée peut attendre. Oskoruša est lasse d'attendre. » Coup de klaxon. « D'ailleurs notre chauffeur est déjà là. » Elle s'était noué son foulard noir sous le menton, avait inspecté son image dans le miroir, retiré le foulard.

« Écoute-moi, a-t-elle dit. C'est une honte que tu ne sois encore jamais monté là-haut. » Et comme je ne bougeais toujours pas : « L'hésitation n'a encore jamais raconté une bonne histoire. »

Je ne sais pas d'où elle tirait cette expression, mais elle sonnait bien.

« On restera combien de temps ? »

« Quand on finit par arriver là-haut, on veut y rester pour toujours. »

Dans le couloir, des sacs pleins de provisions. C'était sans doute «son policier» qui les avait déposés. Maintenant, à moi de les porter. Grand-mère m'a souri. «Bienvenue à la maison, dit-elle, mon petit âne.»

Si la mafia a jamais eu une filiale à Višegrad, la marraine, c'était ma grand-mère. Enfant, j'avais entendu parler de trois petits gangsters connus dans toute la ville qui la craignaient et s'occupaient de ses courses. Quand elle se faisait teindre les cheveux en violet chez le coiffeur, il y en avait toujours comme par hasard un posté devant le salon, en train de grignoter des graines de courge. La grand-mère fraîchement ondulée sortait dans la rue, murmurait à son oreille, et il disparaissait docilement dans les ruelles pour remplir Dieu sait quelle mission.

Grand-mère n'a jamais été à l'école. Les garçons étaient obligés d'y aller, alors qu'ils auraient préféré rester dehors à traîner. Coudre, tricoter, accomplir les tâches ménagères, sa mère le lui avait appris, lire et écrire, c'était Zagorka, sa sœur aînée.

J'avais l'impression que ma grand-mère pouvait tout être, savait tout faire, j'étais certain qu'elle maîtriserait facilement la vie, la vieillesse : ces certitudes ont disparu avec l'avancée de sa maladie. Tout a commencé au printemps 2016. Grand-mère changeait les objets de place et ne comprenait pas leur absence. Elle cherchait le mot juste et en oubliait ce qu'elle voulait dire. Elle ne savait plus à quoi servait la télécommande et l'avait mise en pièces. Elle n'allait plus chez le coiffeur sauf si quelqu'un l'y conduisait. Elle s'était laissée embobiner par un représentant qui lui avait fourgué un oreiller pour deux cents euros, alors qu'autrefois, elle l'aurait menacé d'une raclée et lui aurait vendu un de ses vieux coussins.

En 2009, elle allait bien. Ce printemps-là, ma grand-mère n'avait eu aucun mal à descendre ses trois étages pour gagner la cour. Le moteur de la Yougo bleue tournait, le conducteur en jeans et T-shirt s'était précipité pour l'aider à s'installer dans la voiture. Il s'était présenté à moi sous le nom de Stevo et avait complété, en adressant un signe de tête à Grand-mère : « le chauffeur ».

La piste vers Oskoruša, malaisée, cahoteuse, ne faisait pas de bien à la Yougo. La petite voiture se donnait toutes les peines du monde pour sortir des nids-de-poule sans rupture d'essieu, mais Stevo en a vite eu assez, il l'a prise en pitié.

Nous nous apprêtions à continuer à pied quand quelqu'un a appelé ma grand-mère par son nom, et les montagnes ont gentiment mais gravement sculpté ce nom dans l'air bourdonnant de printemps.

Grand-mère a souri.

On ne voyait pas celui qui l'avait appelée, puis un jeune homme a surgi de la parcelle boisée qui dominait la route, a dévalé la pente, intrépide et précis comme un bouc. Un jeune homme qui vieillissait au fur et à mesure qu'il approchait. Dans sa barbe s'étaient prises des aiguilles de pin.

Quand quelques derniers pas le séparaient de nous, il a de nouveau appelé Grand-mère par son nom. Il a ôté son bonnet – la Šajkača serbe, et ils se sont dévisagés, si longuement qu'on aurait envie d'écrire *tendrement*.

Poignée de main à Stevo, puis demi-tour vers moi avec un grand geste et, sur un ton fracassant, mon nom, tout cela un brin excessif : trop de bruit en faisant demi-tour, les yeux trop marrons et sous les ongles : de la terre.

« Tu es le petit-fils. Je suis Gavrilo. Nous sommes parents – je pourrais te dire tout de suite de quelle manière, mais je préfère te le montrer. »

Il a commencé au cimetière – Grand-mère voulait aller sur la tombe de ses beaux-parents. Gavrilo nous a guidés d'un bon pas vers une prairie en pente bordée d'arbres tordus. La vue vers l'ouest était dégagée, on y découvrait, émergeant de douces collines sur lesquelles s'éparpillaient des maisons et des fermes isolées, un mont couvert presque jusqu'au sommet de forêts d'un vert profond, puis la roche nue, rougeoyant au soleil. À Oskoruša, les morts profitent d'un beau paysage.

Dans la chaleur de midi et dans l'herbe haute, nous avons circulé entre les tombes. Je m'efforçais de tenir le rythme de Gavrilo tout en lorgnant vers le sommet. Soudain, le vieil homme m'a tapé sur la poitrine du plat de la main : « Attention, arrête de rêvasser ! »

Un serpent croisa notre chemin.

« Poskok », a sifflé Gavrilo.

J'ai reculé d'un pas, comme si je reculais aussi dans le temps, retournant vers un jour aussi chaud qu'aujourd'hui, à Višegrad, il y a de nombreuses années.

Poskok signifie : *un enfant* – moi ? – *et un serpent dans le poulailler.*

Poskok signifie : *des rayons de soleil qui entre les planches découpent l'air envahi de poussière.*

Poskok : une pierre, que papa brandit au-dessus de sa tête pour écraser le serpent.

Dans *poskok* il y a *skok* – le bond, et l'enfant se représente le serpent : *il te bondit à la gorge, te crache du venin dans les yeux.*

Papa dit son nom et je redoute le nom plus que le reptile dans le poulailler. Au cimetière d'Oskoruša, je suis resté pétrifié devant les images qui surgissaient de ce mot incroyable. Pour l'enfant, *poskok* contenait tout ce qu'il lui fallait pour une bonne peur. *Le poison* et *le père qui veut tuer.* Presque comme si le père avait établi une complicité avec ce que le mot déclenche en l'enfant, en moi. J'ai peur *du mot* et *de l'animal* et *avec mon père.* Je suis de biais derrière lui, je les vois bien l'un et l'autre, le père et le serpent. Un pressentiment : papa ne va pas l'atteindre. Papa ne l'atteint pas et le mot va prendre son élan, *skok, gueule béante.* Moi, fou de peur et brûlant de curiosité : que se passerait-il si ce n'était pas papa contre le serpent, mais le serpent contre papa ? Je sens les dents plantées dans son cou, *poskok.*

Papa balance avec force la pierre.

Le mot traduit – vipère cornue – me laisse froid.

La vipère cornue du cimetière d'Oskoruša s'enroulait, paisible, dans les branches d'un arbre fruitier, s'élevant vers la cime pour mieux voir les nouveaux arrivants. Elle se lova au soleil, étant à elle-même son propre nid au-dessus de la tombe de mes arrière-grands-parents.

Nous y attendaient mets et boissons et une femme robuste qui, debout, découpait en fines lamelles avec un énorme couteau de la viande fumée, sans se laisser troubler, même quand le serpent s'était mis à ramper à quelques mètres d'elle seulement au long du tronc poussé de guingois.

Gavrilo a retiré sa main de ma poitrine et a poursuivi sa marche. Grand-mère et Stevo m'ont dépassé, ont salué la femme. Ils ont déposé sur la table les mets

qu'ils avaient apportés et des boissons dans des bou-
teilles en plastique. La pierre tombale servait de table.
Sur laquelle il y avait déjà de la viande et du pain.
Personne ne prêtait plus attention au serpent. Comme
s'il avait été un simple produit de l'imagination, une
création du langage. Grand-mère a allumé des bougies.

Je me suis détourné. Allant de tombe en tombe, j'ai
lu. *Stanišić. Stanišić. Stanišić.* Sur chaque tombe ou
presque, sur chaque croix de bois, c'était mon propre
nom, et tous me considéraient depuis les petites
photos, fiers ou l'air gêné. Seules expressions, me
semblait-il : fierté ou gêne.

La mousse avait recouvert quelques noms, le
temps en avait effacé d'autres. « Aucun n'est oublié »,
m'assura plus tard Gavrilo devant la tombe de mes
arrière-grands-parents. Il montrait ceux qui étaient
illisibles et disait : « Celui-là, c'en est encore un, et
celle-là aussi. Stanišić. Stanišić. » Et après une courte
pause : « Celle-là, je ne sais plus. »

La grande femme, en guise de salut, m'a d'abord
tendu la main, puis une eau-de-vie. « Marija », s'est-elle
présentée. « Gavrilo est mon mari. Tu as les fruits ? »

Voilà Marija : une stature d'arbre parmi les arbres.
Une robe marron raide comme le tablier d'un forge-
ron. Elle vient d'un village à quelques vallées d'ici,
j'ai oublié son nom. Dans ce village naquit, le jour
de la mort de Josip Broz Tito, une petite fille aux
cheveux roux, ce qui était inhabituel et beau. À l'âge
de deux ans, dit-on, la fillette se mit à parler latin,
ce qui était inhabituel et surtout assez malcommode
et inutile. On lui enseigna les vertus des simples. La
fillette fut bientôt capable de prédire chaque mardi
l'avenir de façon relativement précise. Certaines de

ses prédictions s'accomplirent, d'autres non. En 1994, alors qu'elle était en train de chercher de l'achillée – car l'un des habitants du village souffrait depuis plusieurs jours de saignements de nez – elle a marché sur une mine.

J'ai remis à Marija le sac d'oranges et d'ananas. Elle a déposé les fruits sur la tombe.

« C'est parce qu'ils en mangeaient volontiers ? » j'ai demandé.

« Aucune idée », a dit Marija en découpant le plumeau de l'ananas avec son énorme couteau. « Moi, oui. Tu en veux ? »

Marija était si grande que quand elle se tint debout à côté de moi, je distinguai les veinules sous son menton. En plus, elle était habile et très vive. Sa façon de découper l'ananas. De bondir au bas de la tombe pour aller chercher quelque chose, puis de remonter dessus – je ne pouvais m'empêcher de penser à des escrimeuses.

Au-dessus de nos têtes, dans la cime du cormier, *poskok*, la vipère cornue, était à l'affût. Nous sommes aujourd'hui le 25 septembre 2017. Je suis dans le métro de Hambourg, à côté de moi deux passagers, la quarantaine, discutent de Pokémons. Au-dessus de moi, les mots sont à l'affût, me déstabilisent, me réjouissent, je dois trouver parmi eux ceux qui conviennent le mieux à cette histoire.

Elle a commencé par l'évanouissement de souvenirs et par un village bientôt évanoui. Elle a commencé dans la compagnie des morts : sur la tombe de mes arrière-grands-parents, j'ai bu de l'eau-de-vie et mangé de l'ananas. L'air sentait les vers de terre, le lait du pissenlit, la bouse de vache, c'est selon. Les maisons dispersées, bâties en pierre calcaire et en bois de bouleau, extraits du ventre de la montagne natale et de la forêt. Peut-être belles. J'ai aussi interrogé Gavrilo au sujet de la beauté, Gavrilo l'éleveur de cochons, Gavrilo le chasseur, je lui ai demandé s'il a jamais trouvé beau le hameau d'Oskoruša.

La beauté, si l'on fait exception de celle de sa femme, il s'en est toujours moqué, a-t-il répondu en embrassant Marija sur l'épaule. J'étais sûr qu'il allait ajouter une remarque de bon sens, dire d'un ton de sentence qu'on trime du matin au soir, parler du sol, de la récolte, mais Gavrilo s'est contenté de se verser une rasade d'eau-de-vie d'une bouteille de Coca et s'est assis sur la tombe.

Oskoruša, c'est un joli nom. Pas vrai. Oskoruša, c'est plein de sonorités rudes et malgracieuses, aucun rythme, une succession de sons bizarres. Rien que le début : *Osko* – à quoi ça ressemble ? Qui parle comme ça ? – et ensuite, la chute sur cette fin sifflante : *ruscha*. Dure et slave comme le sont en fin de compte les terminaisons dans les Balkans.

Je pourrais me contenter de ça, on comprendrait peut-être dans ce que je dis les paroles de quelqu'un qui est originaire des Balkans, *rudes terminaisons slaves* ? Bien sûr, ces Slaves avec leurs guerres et leurs manières.

Seulement cette image n'a aucun sens. Que doit-on se représenter sous l'expression *rudes terminaisons slaves* ? Le caractère slave, ce n'est pas quelque chose que l'on pourrait décrire de manière indiscutable, comme on le fait pour un chapeau d'homme à partir du moment où on sait ce que sont les hommes et les chapeaux.

Mais peut-être quelqu'un lira-t-il ce texte, qui ne prend aucun plaisir à la multiplication ironique des préjugés et des clichés, mais sait en revanche ce que signifie Oskoruša, ce qu'*est* Oskoruša. Il s'agit d'une sorte de fruit. Une sorte de fruit très largement apprécié, espèce de baies farineuses, pour être exact, fruits respectés dans les milieux de l'agriculture. C'est ce qu'affirment ceux dont le respect importe : les agriculteurs. Oskoruša, c'est le nom serbe du *Sorbus Domestica*, le cormier.

Le fruit du cormier est robuste. À pleine maturité, il présente une couleur rouge vif du côté exposé au soleil, le reste est jaune. Le côté exposé au soleil a un goût sucré, le côté opposé est acerbe. Évité par les parasites, il ne nécessite aucune protection spéciale et n'a pas besoin d'être vaporisé. En revanche, le tronc et le feuillage sont particulièrement sensibles aux attaques d'insectes.

Dans les montagnes bosniaques, aux confins les plus orientaux de ce pays de tout temps tragique, se trouve un village qui bientôt n'existera plus. Oskoruša. Dans les années quatre-vingt y vivaient une centaine de personnes. L'un jouait de la gusle. Un autre organisait des tournois de dominos. Un autre encore sculptait des dragons de cire. On supportait les hivers, réchauffé par des peaux de bêtes et par de fougueux tournois de dominos. En été, on s'enduisait comme il convient de crème solaire. Un jour, un touriste islandais s'y est égaré avec son sac à dos, jovial et rigolard, et il a réussi à occuper une respectable quatrième place lors d'un de ces tournois.

En temps de guerre, être loin de tout a sans doute été salvateur. Oskoruša est demeuré intact, si l'on fait abstraction des hommes qui avaient de leur plein gré rejoint tel ou tel camp et disparurent. Ceux qui étaient restés moururent pour d'autres raisons.

Au cimetière d'Oskoruša, j'ai partagé mon nom et mon pain avec les morts. Nous avons mangé de la viande fumée à la santé de mon aïeul, et Gavrilo a pris la parole :

« Ici », a-t-il affirmé en versant un peu d'eau-de-vie sur le sol, « repose ton arrière-grand-père. Ton arrière-grand-mère buvait seulement en cachette. » Il a aussi déposé un gobelet sur sa place puis a détourné les yeux pour qu'elle puisse continuer à boire en cachette. Nous avons trinqué.

Arrivée à la tombe de ses beaux-parents, ma grand-mère n'avait pas ménagé ses efforts. Elle avait gratté les fientes d'oiseaux de la pierre noire, arraché les mauvaises herbes, taillé les buissons. Elle avait traîné jusque-là deux blocs de pierre, je n'ai pas compris pourquoi, je lui ai donné un coup de main, elle voulait les placer à un endroit bien précis.

Aujourd'hui, tout ce qui s'est déroulé autour de cette tombe constitue un de ses souvenirs récurrents et fiables. Grand-mère a fait elle-même édifier ce monument. « Personne ne voulait s'en occuper », répète-t-elle, « même pas ceux qui n'existeraient pas si ceux qui reposent ici n'avaient pas existé. »

La chaleur du cimetière était salée et vibrait du chant des cigales. Gavrilo cherchait mon regard. Je lui ai adressé un signe de tête en trouvant aussitôt ce geste déplacé dans un cimetière.

« Tu vois ça ? » Il désignait le paysage. « C'est là que se dressait la maison », dit-il.

« Celle de mes arrière-grands-parents ? »

« Oui. »

« Là ? »

« Non, là. »

« Là où on voit un grillage ? »

« Non, là où on ne voit rien. »

J'ai ri. Gavrilo n'a pas trouvé ça drôle, et c'est à ce moment-là qu'il m'a demandé d'où je venais.

Tiens donc, l'origine, comme toujours, j'ai pensé, répondant d'abord : « Question complexe. » Il fallait commencer par expliquer ce qu'exprimait ce « où ». La situation géographique de la colline sur laquelle se trouvait la salle de travail ? Les frontières de l'État concerné au moment de la dernière contraction ? L'origine de mes parents ? Les gènes, les ancêtres, le dialecte ? On a beau tourner et retourner la question, l'origine est et demeure une construction intellectuelle ! Une sorte de costume qu'on doit porter à tout jamais une fois qu'on vous l'a fait enfiler. Par conséquent, une malédiction ! Ou avec un peu de veine un bien qui n'est dû à aucun talent, mais procure avantages et privilèges.

Je parlais et parlais ainsi, et Gavrilo me laissait m'exprimer tout mon soûl. Il a rompu le pain, m'a tendu le croûton. Puis a répliqué : « Tu viens d'ici. D'ici. »

J'ai mordu dans le pain. Attendant qu'il m'explique. D'ici ? Quoi, d'ici ? À cause des arrière-grands-parents ?

Gavrilo a essuyé un concombre sur sa manche, et, tout en le mangeant, il a parlé du concombre et de la place croissante que prennent les légumes génétiquement modifiés. J'avais presque perdu le fil quand il m'a empoigné le bras comme pour tester mes muscles, et s'est exclamé : « D'ici, tu viens d'ici. Tu vas voir. Tu viens ? »

« J'ai le choix ? » Je voulais au moins faire preuve d'humour.

« Non », a répondu Gavrilo. Et Grand-mère a murmuré : « Ne sois pas ingrat. »

J'ai levé les yeux vers le serpent, presque certain qu'il allait sans retard ajouter quelque chose. Lui, au moins, il était d'ici, comprenait la langue de ces montagnes, comprenait peut-être bien mieux que moi ce qui était en train de se passer et même de quoi je devais me montrer reconnaissant.

Nous avons tout rassemblé. Stevo et Marija ont emporté les sacs, je suivais Grand-mère et Gavrilo. Ils m'ont mené à un puits, le puits par excellence – avec son manteau de pierre, son toit de bois en pente, la manivelle, le seau, la corde et Gavrilo a dit : « C'est ton arrière-grand-père qui a découvert ce puits, et son dernier vœu avant sa mort a été que sa femme, ton arrière-grand-mère, lui apporte de son eau pour qu'il en boive une dernière gorgée. Elle lui a répondu : "Va te la chercher toi-même." »

Il voulait que je boive, mais je n'avais pas soif et j'avais peur de me rendre malade. Je ne voulais pourtant décevoir personne, ni mon arrière-grand-père, ni Gavrilo, ni Grand-mère, donc j'ai bu, et ce fut l'eau la plus délicieuse qu'il m'ait été donné de boire. Pendant que je remplissais ma gourde, Grand-mère disait : « Ton grand-père est né à Oskoruša. Il s'est désaltéré à cette source, il a cherché des champignons dans ces forêts, et c'est là qu'il a terrassé son premier ours, il n'avait même pas huit ans. »

« D'où viens-tu, mon garçon ? » a redemandé Gavrilo, et je me disais : ce baratin de l'appartenance ! Je n'allais tout de même pas m'attendrir pour un peu d'eau.

De toute façon, Grand-mère reprenait le fil : « Ton arrière-grand-père est né à Oskoruša », disait-elle, « tout ça, c'est son pays. Là-haut, regarde, il avait bâti sa maison. »

« Allez, viens » disait Gavrilo, et ils se remettaient en marche tous les deux. « Il n'y a pas de plus beau point de vue sur la vallée et sur le sommet du Vijarac. »

Il y avait là seulement quelques pierres grossièrement taillées, vestiges d'un mur, maison ou autre édifice. Grisâtres, entrelacées de toiles d'araignée. Je tentai d'en déduire le plan de fondations, me hissai à travers les orties jusqu'aux restes de mobilier entourés par des murs en ruine. Une étagère, affalée dans son existence qui ne portait plus rien. Sur le lit de fer réduit à l'état de squelette, un lézard paressait sans la moindre crainte. Et l'ouverture dans le mur, autrefois fenêtre, par laquelle des branches tentent de saisir les rêves de mon grand-père enfant. Mais enfin, que peut bien signifier tout cela pour moi, je vous le demande ?

J'ai bu de l'eau au puits de mon arrière-grand-père, ce que je raconte maintenant en allemand. L'eau avait le goût du fardeau de ces montagnes qu'il ne m'a jamais fallu porter et de la difficile légèreté de l'affirmation d'une appartenance. Non. L'eau était froide et avait un goût d'eau. C'est moi qui décide, moi.

« D'où viens-tu, mon garçon ? »

Donc maintenant, d'ici aussi, d'Oskoruša ?

LOST IN THE STRANGE,
DIMLY LIT CAVE OF TIME

Je vis à Hambourg. J'ai un passeport allemand. Je suis né par-delà des montagnes étrangères. Je cours deux fois par semaine le long de l'Elbe familière, une application enregistre les kilomètres parcourus. J'ai du mal à m'imaginer ce que c'est de se tromper de chemin. Je suis un supporter du Hamburger SV, le club sportif de Hambourg. Je possède un vélo de course que je n'utilise pratiquement jamais parce que j'ai peur de me le faire voler. Récemment, je me suis baladé dans le jardin botanique, au milieu des plantes en fleurs. J'ai demandé à l'un des jardiniers si le cormier poussait par ici. Il m'a répondu qu'il s'y connaissait en cactées.

On me demande parfois si je me sens chez moi en Allemagne. Je réponds tantôt oui, tantôt non. Pour les gens, cette question n'exprime que rarement une volonté d'exclusion. Ils prennent des précautions : « S'il vous plaît, ne me comprenez pas de travers, ma cousine a épousé un Tchèque. »

Cher Service de l'immigration, je suis né le 7 mars 1978 en Yougoslavie, et cette nuit-là, il pleuvait. Je vis en Allemagne depuis le 24 août 1992, il pleuvait tout autant ce jour-là. Je suis quelqu'un de poli. Je ne voudrais pas qu'on se sente mal à l'aise pour la simple raison que je ne suis pas tchèque. Je dis : je viens de…, etc. Puis j'ajoute : « Derrière vous, c'est Axl Rose des Guns N' Roses ? » Dès que mon interlocuteur se retourne, je me transforme en papillon allemand et m'envole en faisant l'éventail avec mes ailes.

Mon petit garçon, qui a trois ans, joue dans un jardin près de l'appartement dont nous sommes locataires. Selon les voisins, le propriétaire du jardin n'aime pas y voir d'enfants. Un cerisier y pousse. Les cerises sont mûres. Nous les cueillons ensemble. Mon fils est né à Hambourg. Il sait que les cerises ont un noyau et que *noyau* se dit aussi *košpica* et *cerise, trešnja*.

À Oskoruša, on m'a montré des cerisiers. Quelqu'un m'a fait voir sa peau d'ours, un autre le fumoir à viande ou à poisson. Une femme a téléphoné à son petit-fils en Autriche puis a tenté de me vendre un téléphone portable. Gavrilo m'a montré sa cicatrice, on aurait dit qu'elle provenait de la morsure d'une gueule géante. J'ai souhaité voir et entendre un certain nombre de choses, d'autres se sont présentées d'elles-mêmes.

Quand j'ai demandé à Gavrilo d'où venait cette énorme cicatrice, il m'a offert des mûres puis a voulu me faire cadeau d'un porcelet, et tout là-haut, dans la montagne, une histoire sifflait et crachait, elle commençait ainsi :

Là-haut, sur la montagne…

Cette histoire commence avec un paysan nommé Gavrilo, non, c'est une nuit de pluie à Višegrad, non, c'est ma grand-mère saisie de démence, non. Cette histoire commence avec l'embrasement du monde par l'addition des histoires.

Encore une ! Une dernière !

Je commencerai plusieurs fois et trouverai plusieurs fins, je me connais bien. Sans digressions, mes histoires ne seraient pas du tout les miennes. La digression, c'est mon mode d'écriture. *My own adventure.*

Tu te trouves dans l'étrange, l'obscure caverne du temps. Un couloir fait un coude et descend, un autre mène vers le haut. Il te semble que le couloir qui descend pourrait te mener vers le passé et celui qui monte vers l'avenir. Lequel de ces deux chemins choisis-tu ?

J'ai du mal à me concentrer. À la bibliothèque de l'hôpital universitaire d'Eppendorf, je lis des articles sur la démence et sur les serpents venimeux. En face de moi, une étudiante en médecine est assise devant des fiches sur lesquelles sont reproduits des organes. Elle s'attarde longuement sur le foie.

Gavrilo m'avait offert un dernier petit verre.

Je tends une barre chocolatée à l'étudiante en médecine, elle n'en veut pas. Il suffit d'une impulsion minime, de l'idée d'une idée pour quitter ce qui est sur le point de s'imposer, ici un souvenir, là une légende, ailleurs un seul mot remémoré.

Poskok.

L'accessoire prend du poids, semble bientôt indispensable, le serpent me regarde du haut de son arbre et, depuis mon enfance, il plonge son regard au fond de moi : le mot remémoré, la peur sémantique, je choisis le chemin qui descend, aussitôt j'ai trente ans de moins, petit garçon à Višegrad. C'est un été d'avant la guerre dans les années quatre-vingt inquiètes et rêveuses, papa et maman dansent.

UNE FÊTE !

Une fête pour papa et maman dans le jardin, sous le cerisier. Sur la véranda, de la musique, maman tourbillonne au bras de papa. La radio joue pour eux. Je suis présent, mais cette fête ne m'est pas destinée et ce n'est pas une fête pour moi. J'entends la musique sans comprendre ce que mes parents comprennent. Je balaie la véranda.

Je balaie la véranda avec un balai d'enfant. Il ne balaie pas bien. Il lui manque l'essentiel, il lui manque ce qui fait qu'un balai est un balai. Les poils en plastique sont trop écartés les uns des autres. Tout ce qui est plus petit qu'une cerise passe au travers. Je grattouille la véranda au rythme d'une musique qui ne s'adresse pas à moi.

Le chien aboie après mes parents, il leur saute dans les jambes. Ce n'est pas notre chien. En guise d'animaux domestiques, nous n'avons que des hamsters pressés de mourir et des oiseaux mélancoliques. Hier déjà, le chien était là. Mes parents ne s'aperçoivent pas de sa présence ou ne le prennent pas au sérieux. Il laisse tomber, accorde son attention à quelque chose qui se sauve en sautillant dans l'herbe.

Mes parents font des mouvements qui ne me donnent pas envie de rester à côté d'eux. Je lâche le balai, bruit délibéré – mes parents continuent à danser.

J'entreprends de suivre le chien. Il se dirige au gré de sa fantaisie vers le pré où les Bohémiens ont installé leurs stands, les auto-tamponneuses et le manège. Le chien renifle les buissons, il m'ennuie.

Mes parents manifestaient moins souvent de la tendresse l'un envers l'autre qu'envers moi. Ils changeaient de voix quand nous étions tous les trois, donnaient de la douceur aux consonnes. Ils parlaient souvent une langue pleine de petits mots doux dans laquelle rien sinon l'affection ne pouvait être pris au sérieux.

Avant que mes parents ne se mettent à danser, papa avait voulu m'expliquer comment fonctionnait la canalisation. Il avait lâché une boule en bois rouge dans la rigole d'évacuation et nous avions couru jusqu'au fleuve, à l'endroit où d'après lui la boule devait ressortir par un petit trou dans la digue. Nous avions couru vite, papa et moi. C'était génial de courir vite quelque part avec papa pour ne pas louper ce qui allait se produire.

Sur la digue, il y avait un pêcheur. Des hameçons et des flotteurs accrochés à son chapeau. Papa avait ralenti l'allure, s'était arrêté, avait commencé, toujours hors d'haleine, à discuter avec le pêcheur et je me souviens que je me disais : C'est pas vrai ! Il ne pouvait pas laisser tomber comme ça, sans crier gare, ce pour quoi nous étions venus. Qu'il soit ainsi à bout de souffle devait forcément le lui rappeler.

J'ai dit quelque chose. J'ai montré le paysage autour de nous. J'ai dit : « Papa… la boule ! » Papa a levé le bras.

Je me suis accroupi. Ils ont commencé à hausser le ton l'un et l'autre. L'homme s'appelait Kosta. Papa et Kosta se chamaillaient et rigolaient. Peut-être papa voulait-il m'apprendre qu'on peut plaisanter gentiment et se chamailler âprement un samedi au bord du fleuve. Mais je le savais déjà. Ce qui aurait été nouveau, c'est que l'envie de dispute de papa ait grandi jusqu'à lui faire flanquer l'autre à l'eau.

Je me disais : « Allez papa, pousse-le ! » J'en aurais bien eu envie moi aussi. La stupide clochette de la canne à pêche tintait, l'homme avait ferré et sorti une prise.

La boule rouge, plus aucune chance de la retrouver. J'en aurais volontiers lâché une deuxième. Papa m'avait passé la main dans les cheveux.

Une fois de retour à la maison, il avait fait des pompes dans le jardin (33), s'était endormi, réveillé, avait enlevé sa chemise, tondu le gazon, m'avait envoyé chercher le journal, s'était mis à lire. Papa lisait, transpirait, les poils lui collaient à la nuque.

Il m'avait appelé pour me lire quelque chose. Une fois de plus, il était en colère. Peut-être voulait-il partager sa colère, comme avec le pêcheur. Certaines gens d'une certaine académie en Serbie avaient écrit certaines choses. Je ne comprenais pas tout. Par exemple, je ne comprenais pas *memorandum*. Je comprenais *crise importante* sans savoir de quelle crise il s'agissait. Je connaissais le mot *génocide* par l'école, or ici, il ne s'agissait pas de Jasenovac, mais du Kosovo. *Protestation* et *proclamation*, je comprenais à peu près, et j'arrivais aussi à me représenter ce que pouvait signifier *rassemblements interdits*. Mais pour quelles raisons on interdisait les proclamations et rassemblements, et papa trouvait-il que c'était bien ou mal, je ne le comprenais pas. Je comprenais *débordements*.

J'avais des questions. Mais papa était un homme calme, il avait froissé son journal en boule en hurlant « J'y crois pas ! », aussi n'en avais-je posé aucune.

Il était grimpé dans le cerisier, en était redescendu. Avait creusé un trou qu'il avait comblé. Avait allumé la radio et avait trouvé la musique.

Le rideau anti-mouche bruissait dans l'embrasure de la porte, maman, comme née de la musique, s'était faufilée hors de la maison. Mes parents s'étaient serrés l'un contre l'autre. Maman était tombée si naturellement dans les bras de papa qu'on aurait dit qu'ils s'étaient donné rendez-vous. Papa dansait, il n'était plus du tout furieux, tout s'accorde à la colère, mais pas l'étreinte.

Sur la place de la fête foraine : j'appelle le chien. Je caresse le chien. Je questionne le chien : À qui es-tu ? Sa langue rapide est orange. Dans le fourré, le chien découvre un bout de tissu bleu, blanc, rouge, comme le drapeau. J'y crois pas, je murmure. Le chien a l'odeur de l'herbe fraîchement coupée. Avec moi, le chien s'ennuie.

Un jeune gars siffle entre ses dents. Le chien se détache de moi et file pour répondre à l'appel. Le garçon a le même âge que moi et je sais aussitôt qu'il est capable de plein de choses que je ne sais pas faire. De la main, il m'indique d'approcher. Il me fait son numéro. Il marche sur les mains. Je tourne le dos, j'en ai assez vu. Tout ce qu'il aurait encore à montrer, j'arrive à l'imaginer, voilà comment je me console, lâche que je suis.

Je rentre à la maison par le chemin des écoliers. Papa et maman ne sont plus dans le jardin. À la radio, deux hommes discutent d'un ton sérieux, puis se mettent tous deux à rire, on dirait papa et l'homme du fleuve. Comme si tout le monde pouvait unir en un moment sérieux et drôlerie, être furieux et joyeux.

Que fabriquent les poules ? Elles se baladent à travers l'été. Je lorgne dans le poulailler par les fentes qui séparent les planches. Des rayons de soleil découpent l'air. J'entre, je veux chercher les œufs. Sur une estrade, le serpent.

Que peut-on dire à un serpent ?

Je murmure : « Rassemblements interdits. » Le serpent lève la tête. L'odeur est celle qu'il y a toujours dans un poulailler. La radio parle de la météo. Anticyclone, trente-cinq degrés. Le serpent se laisse glisser au pied de l'estrade.

« Protestation », je crie. Ou : « Poskok ! »

Papa m'attrape et me tire au dehors. Je résiste, comme s'il ne voulait pas agir pour mon bien. Son jean bleu délavé. Maman me tourne vers elle, ses mains sur mes épaules, elle veut capter mon regard, et voilà qu'elle se met à danser avec moi. Mais ce que je veux vraiment voir, c'est : papa luttant avec le serpent.

N'aie pas peur, dit maman.

Je n'ai pas peur d'un serpent !

Papa récupère une pierre dans le carré de légumes du potager. Papa, sur le seuil du poulailler, lève la pierre au-dessus de sa tête. Il entre, veut se rapprocher du serpent et le serpent veut aussi quelque chose, sans doute sortir. Tout allait bien pour lui avant notre arrivée.

Il fuit, se coule vers la porte, vers papa, d'une seconde à l'autre il va bondir, c'est sûr. Papa recule d'un pas, et à la radio, on entend de nouveau une danse.

Papa me montre le serpent mort.

Je demande si je peux le prendre.

Je tiens le serpent et me dis : ce n'est plus un serpent. Papa est papa, couvert de poussière. Je voulais tellement retrouver la boule en bois rouge.

Le serpent est plus lourd et plus chaud que je ne l'avais imaginé. Le tenir ainsi, c'est comme ne pas savoir ce qu'il faut dire.

« Tu as eu peur ? » demande papa.

Pourquoi parlent-ils toujours tous de peur ?

« Et toi ? » Je lui renvoie sa réponse.

« Ça va », dit papa. Il s'éponge le front du dos de la main qu'il se passe ensuite sur la bouche. Poussière et sueur. Je ne peux m'empêcher de penser : dégoûtant.

Papa dit : « Poskok. Il te saute au cou et te lance son venin dans les yeux. » Papa me pince la joue. Prend la main de maman.

Ce jour-là, mes parents avaient dansé ensemble pour la dernière fois avant la guerre. Ou alors je les avais vus danser ensemble pour la dernière fois. En Allemagne non plus, je ne les ai pas vus danser ensemble.

Papa s'est douché avec le tuyau d'arrosage. J'ai creusé une tombe pour le serpent. Il y est toujours : *poskok*. J'y crois pas.

LES SOLS QUI GRINCENT DANS LES PIÈCES
À VIVRE PAYSANNES

La viande fumée et le trajet jusqu'à la ruine de la maison de mes arrière-grands-parents avaient assoiffé Gavrilo et Grand-mère, les avaient rendus bavards. Sur le chemin du retour, ils ont bu l'eau du vieux puits en commençant leurs phrases par *Tu te souviens?* Dans la cime du cormier, le serpent prenait le soleil.

«Tu te souviens de la première fois où tu es venue chez nous? Ta robe, tes cheveux, tout était marron, mais quelles joues rouges!»

Grand-mère avait acquiescé, bien sûr qu'elle se souvenait, et son signe de tête n'exprimait pas un souvenir mais un constat: ici, elle n'était pas seule avec le passé. Cela devait remonter aux années cinquante, Gavrilo était encore un jeune homme.

«J'étais venue avec Pero. Ce jour-là, le beau-père était rentré tard des champs.»

«À cette époque-là, Bogosav n'était pas encore ton beau-père.»

«Mais je savais ce que je voulais! Je savais ce que nous allions devenir, Pero et moi.» Grand-mère a ri. «Pero était dans la chambre, il lisait. J'étais en train d'aider la belle-mère à préparer le dîner. Le beau-père l'a appelée, mais c'est moi qui suis sortie. Je me suis présentée, et il a répondu qu'il savait qui j'étais. Bon.

51

Je me propose de lui ôter ses bottes comme le veut la coutume. Mais non : "Tant que j'en suis capable tout seul", a-t-il dit, "personne ne doit le faire à ma place." J'ai insisté. Alors il m'a laissé faire. Il portait de grosses chaussettes de laine.

Je voulais retourner à la cuisine, mais il m'a dit : "Reste un peu. Dis-moi. De qui viens-tu ?"

"Pero n'a rien dit ?" Le voilà justement qui arrive, comme si on l'avait appelé, il serre son père dans ses bras, l'embrasse, me prend la main. Mais le beau-père veut continuer à me parler entre quatre-z-yeux.

"C'est de toi que je veux l'apprendre", dit-il. Il ajoute que Pero ne dit que ce qu'il a envie d'entendre lui-même. "Les tiens, qu'est-ce qu'ils t'ont appris ?"

Je savais que sa question visait avant tout Pero. À l'époque, il vivait déjà à Višegrad, avait fréquenté l'école supérieure, lisait des livres. Il ne voulait rien savoir de la ferme ni de la campagne. Pourtant, c'était lui le fils aîné !

Alors, j'ai expliqué au beau-père qui étaient mes parents. Des paysans comme lui. Froment et maïs. Beaucoup de moutons, quatre vaches, deux chevaux. J'ai dit que ce que ma mère savait faire de ses deux mains avec de la laine, la plupart du temps, j'en étais capable aussi. Et que j'avais appris à lire et à écrire. "Ma mère m'a aussi montré comment faire une bonne polenta !" Sur ces mots, je suis allée à la cuisine préparer la polenta. Je crois qu'il a été content que je le laisse un peu en plan.

Il n'y a pas eu ne serait-ce qu'un seul moment désagréable avec lui.

Il ignorait sûrement qu'on doit vraiment le faire exprès pour rater une polenta. »

Gavrilo souriait depuis un bon moment. Sans doute parce qu'il savait qu'une fois de plus, la polenta allait conclure le récit. Il la connaissait, cette histoire, en quoi aurait-elle donc pu être modifiée ? Jusqu'à aujourd'hui, aussi trompeuse que puisse être la mémoire de ma grand-mère, la pointe finale, avec la polenta, elle est toujours là.

Si Gavrilo connaissait déjà tout cela, à qui le racontait-elle donc ? À moi ? À son beau-père lui-même ? Louez les morts, mais ne leur mentez pas ?

Maintenant, c'était au tour des vivants. Grand-mère a demandé à Gavrilo des nouvelles de sa fille (qui fait des études), de sa mère (qui ronchonne), de son frère. À l'évocation de son frère, Gavrilo a pris un ton grave en indiquant les montagnes : « Sretoje est allé nourrir les dragons... »

Grand-mère a hoché la tête. « As-tu des nouvelles de Radenko ? »

« Il va être obligé de rester dans la vallée. » Quoi que cela signifie, après cette réponse, ils se mirent tous deux à regarder par terre.

Dans la cour, devant la maison de Gavrilo, Marija, Stevo et le café nous attendaient. Sur la terrasse, la machine à laver tournait, et dessus, un chat somnolait. Sous un auvent, recouverte de cartons, était garée une vieille Lada jaune.

« Elle roule encore ? »

« Plus besoin. » Gavrilo me pinça la nuque. « Qu'est ce que t'as à te traîner comme ça, t'es déjà fatigué ? Tiens, du café. »

Le café avait un merveilleux goût de bouilli et l'énumération se poursuivit. Celui-ci ne venait plus qu'en été à Oskoruša. Celle-ci ne venait même plus à ce moment-là. L'un qui s'appelait Radoje avait vendu toutes ses bêtes après avoir calculé qu'il en tirerait assez d'argent pour tenir jusqu'à sa mort. Mais voilà qu'il a vécu déjà bien plus longtemps qu'il ne l'avait imaginé et a du mal à joindre les deux bouts. En plus, ses bêtes lui manquent.

L'autre, qui s'appelait Ratko, s'était cassé la jambe sur le Vijarac, dans les roches de feu. La fracture ne guérissait pas. Ce n'est qu'après avoir consulté une femme qui s'y connaissait en simples qu'il est allé mieux. Ratko n'avait pas voulu dire ce qu'elle lui avait demandé en échange, mais maintenant, en tous cas, dès qu'il prononce les lettres E ou I, il ne peut retenir une grimace de douleur. Il est devenu inventif et parle comme un beau monsieur, parce qu'il ne dit plus canasson mais cheval et qu'au lieu de manger il prend son repas. Il ne va d'ailleurs plus aux chiottes mais à la selle.

En parlant de corps. Qui est très amoché, et de quelle façon, ou malade ? Les os, les tumeurs, la peau, le sang. Pareil pour la terre. Comment va le sol, comment était la récolte, que devient la pluie ? « Les mûres », s'écrie Gavrilo. « Tout le monde plante des mûres. Tout ça parce qu'il y a quelques années, dans la vallée, un type s'en est fourré plein les poches avec des mûres. »

Les Dragulović ont suivi le mouvement. Les derniers installés ici, leur petite fille était le seul enfant du village. Ils n'avaient pas trouvé de travail à la ville, et tentaient maintenant leur chance à Oskoruša, avec les mûres.

Une fois que Grand-mère et Gavrilo ont eu réglé leur compte au passé et au présent, l'heure du gâteau est arrivée. Marija nous a régalés d'une tarte aux mûres.

Nous nous sommes servis, avons mangé, l'avons félicitée.

Gavrilo s'est adossé dans le soleil. Grand-mère le dévisageait. Tu es encore vivant, disait son regard. Tu es encore ici, tu es en bonne santé. La vieille femme et le vieil homme étaient liés par leurs précédentes rencontres dans ces montagnes et par les regards destinés à l'autre quand il regardait ailleurs : sympathie teintée de retenue.

Aujourd'hui, Grand-mère se souvient parfois de Gavrilo, d'autres fois ce nom ne lui dit rien. Maintenant, un voile d'autrefois s'est posé sur son aujourd'hui. Tissé de moments fictifs. Qui ont du sens pour moi. Ma grand-mère est une petite femme qui ne mourra jamais.

« Ici, vous ne m'avez jamais mal accueillie », a-t-elle dit à Gavrilo.

« Tu as toujours été sincère, ce n'était pas difficile. »

« Je n'ai pas toujours été sincère. Je voulais mon Pero. Je vous ai raconté un peu des bobards, à l'occasion. »

À ce moment-là, Gavrilo – étonné par ce que disait Grand-mère – m'a semblé beaucoup plus jeune qu'elle. Jusqu'alors, on aurait dit qu'ils avaient répété leur dialogue. Tout d'un coup, Grand-mère improvisait, brisant le rite du souvenir commun et identique.

Se penchant vers elle : « Qu'est-ce que tu nous as raconté comme bobards, Kristina ? »

« On ne demande pas ce genre de chose à une dame. » Grand-mère jouait l'indignation. Grand-mère n'était pas une dame.

Gavrilo a acquiescé, l'air satisfait de cette réponse qui n'en était pas une.

« Vous ne m'avez pas rendu les choses difficiles. Ni le village, ni les beaux-parents », dit Grand-mère. Voilà qui me plaisait : Ne pas rendre les choses difficiles à quelqu'un, c'est justement ce qui devrait toujours être l'essentiel. « Et si j'avais dix ans de moins, celui-là » – moi – « devrait me bâtir une petite maison ici. »

« Il n'est pas trop tard », dit Gavrilo.

« Pour lui, non, en effet. »

« Pour moi, ce serait trop loin », je réponds.

« Trop loin de quoi ? »

« De l'Allemagne. »

« L'Allemagne, à un certain moment, c'était loin, non ? »

Je ne voulais pas dire que je ne pouvais pas m'imaginer vivre ici. Sans doute que Gavrilo aurait préféré entendre la vérité. Ou bien une fois de plus je projetais, me posais à moi-même une question qui ne m'avait pas été posée.

L'alcool me libéra. Je bus pour ne pas avoir à m'expliquer davantage. Et quand Marija avait commencé à débarrasser, je m'étais empressé de lui apporter la vaisselle dans la maison – tandis que les autres restaient assis dehors.

Les sols qui grincent dans les pièces à vivre paysannes.

Les murs lambrissés.

Seul élément de décor : un cavalier vise un dragon de sa lance. Deux figurines en bois, l'or de l'auréole, le vert du reptile et le rouge du sang. Le cavalier, ses cheveux bouclés, sa cape, la monture au regard flamboyant, j'avais même pensé à première vue qu'il y avait des bougies dans ses orbites.

Le dragon tente d'éviter la lance, il se tord, son corps se courbe dans l'esquive. La queue du cheval est teintée de sang.

Les images scintillaient. La lumière si chargée d'adjectifs que je clignais des yeux. L'homme à la lance et le dragon, frémissants, comme s'ils luttaient pour de bon. J'étais ivre. Je me suis détourné.

La table rustique, dessus une toile cirée. Marija apportait de la cuisine des plateaux de viande, de fromage et de pain. Alors que nous venions de manger des gâteaux ! Des couverts pour six personnes. J'ai demandé si on attendait d'autres convives.

« On ne sait jamais combien de gens vont venir », a-t-elle répondu.

Sur l'étagère une petite télé. Une mouche s'est posée sur l'écran. Sur l'appareil un ouvrage au crochet et dessus deux photos dans des cadres, les criminels de guerre Radovan Karadžić et, en uniforme, Ratko Mladić.

J'ai été obligé de m'asseoir.

« Encore ? » a demandé Marija. Elle ne voulait tout de même pas sérieusement parler de nourriture ? La viande grise était empilée devant moi, je n'aurais pas avalé une bouchée de plus. Ou parlait-elle d'autres photos de la vie à la campagne, vouée à la mort, en même temps que d'autres plats remplis à ras bord ? D'autres brimborions des origines, que je pourrais reproduire ?

Elle pensait peut-être aux dalmatiens de porcelaine à côté des criminels, sur l'étagère ?

Encore plus d'émotions fortes, ça te dirait ?

Elle pensait peut-être à Gavrilo, son mari. Je voulais peut-être qu'il me montre encore autre chose ?

Ou pensait-elle à elle-même ? Davantage de biographie : une femme qui était allée à l'école dans un pays appelé la Yougoslavie, huit années, le salut des pionniers, une excursion en train au musée ethnologique de Sarajevo, le plus grand voyage de sa vie.

Pensait-elle au cavalier et au dragon ? Et que – si je le voulais – je pouvais voir plus que la surface des choses. C'était bien là ce que je voulais ! Avec tous les adjectifs. Dans la lumière pâle, dans la pièce confinée, face au rude sommet du Vijarac.

Le dragon était touché, le sang jaillissait de son cou. Je jure qu'il n'y avait pas autant de sang l'instant d'avant. Les yeux du saint cavalier étaient marrons comme tous ceux d'ici. Comme les miens.

C'est lui le monstre, me suis-je dit, lui.

Murmurant à mon oreille, Marija : « Le vainqueur du dragon. » Son haleine sentait l'agneau rôti. Elle cracha par trois fois sur le sol de sa propre demeure, me prit la main et dit : « Mes mains sont plus grandes que celles de mon mari. »

Ses mains, cette maison, Oskoruša. Ce jour doux amer avec les vivants et les morts, un vrai serpent ou un animal symbolique. Le pique-nique sur la tombe de mes arrière-grands-parents. Tout cela est devenu une sorte de décor originel pour mon autoportrait avec ancêtres. Et c'est aussi le portrait de mon désarroi devant cet autoportrait.

Les autres sont entrés, se sont lavé les mains, se sont assis. Chacun fatigué à sa façon. Gavrilo a demandé si j'aimais voyager. Enfin, me suis-je dit, quelque chose qui me permet de briller. J'ai énuméré les pays, parlant d'Instituts Goethe, d'universités, d'éditeurs, évoquant ma situation d'insouciant boursier à l'étranger.

J'avais été aux USA, au Mexique, en Colombie, en Inde, en Australie. Plus ces lieux s'éloignaient d'Oskoruša, plus cette énumération me semblait absurde. Je me suis entendu dire que j'avais bu à Guadalajara la meilleure Tequila de ma vie. Je supposais que Gavrilo considérait comme une prouesse de boire un bon schnaps. Je voulais lui plaire. Gavrilo n'a pas bronché. Les criminels de guerre dans la vitrine pas davantage.

Gavrilo a entrepris de parler de *son* voyage. Un beau jour, des chercheurs en linguistique s'étaient pointés au village. Ils lui avaient mis un micro sous le nez en disant : s'il vous plaît, parlez là-dedans, nous voudrions entendre l'effet que ça produit.

Il avait voulu les flanquer dehors, parce qu'il ne faut pas s'occuper de la bouche de celui qui parle mais de ce qu'il dit avec cette bouche. Mais il s'est retenu et a demandé aux linguistes ce qu'ils avaient à dire de leur côté.

Et voilà qu'ils se sont mis à parler de son dialecte. Disant qu'il était particulier et contenait certaines expressions qui ne se retrouvaient qu'au Monténégro, dans un village situé à des centaines de kilomètres.

Voilà qui a plu à Gavrilo. Que dans un endroit tout à fait différent, quelqu'un parle comme il le fait ici. Il a noté le nom du village et a flanqué les linguistes dehors. Avant la fin du jour, il a chargé son cheval et s'est mis en route. Des jours et des jours, rien que lui et son cheval, autrement dit un cheval et un vieil âne, a dit Gavrilo. À la fin il a trouvé ce qu'il espérait trouver. Il a extrait de sa vitrine un dossier relié de cuir, l'a ouvert et a dit : « L'histoire de la façon dont tout a commencé. »

Le dossier se donnait des airs anciens, avec un papier vieilli artificiellement. Une photo y était collée. On y voyait, pas très net, un parchemin sur lequel était inscrit un texte. Deux semestres d'études slaves suffisaient pour établir qu'il s'agissait de slavon d'église, mais pas pour comprendre le texte.

« Comment tout a commencé ! » a répété Gavrilo et il s'est mis à raconter : Trois frères monténégrins se révoltent contre le gouverneur turc et enlèvent son cheval, ou ses trésors, ou sa femme – il n'est pas clairement établi de quoi il retourne exactement, ça n'a d'ailleurs pas d'importance. Ils fuient la ville. Leur tête est mise à prix, la somme est tout sauf modique. Deux d'entre eux se déplacent à pied, mais le troisième – et c'est au plus tard ici que tout est devenu étrange, mais qui suis-je pour condamner les choses étranges ? – le troisième est monté en l'air sous l'apparence d'un dragon, afin de détecter les dangers des environs et de trouver un lieu approprié à un nouveau début.

« Sous l'apparence d'un dragon ? » j'ai demandé.

« Les chevaux ne volent pas bien », a dit Grand-mère.

« Un Stanišić, un autre et encore un autre », jubilait Gavrilo. Il avait le souffle court, se redressa pour se donner de l'espace. L'air était lourd de pressentiments, d'ancêtres. « Et ils ont trouvé un lieu approprié », s'est-il exclamé. « Ce lieu, c'est ici ! Oskoruša ! C'est là qu'ils ont fait souche ! Stanišić, Stanišić, Stanišić. Et maintenant – maintenant, c'est à toi ! »

D'en parler dans mes récits ? Parler d'ancêtres et de descendants. De tombes, de nappes et de revenants. De survivants. Et sans doute maintenant aussi de dragons.

J'ai demandé à Gavrilo ce qui est arrivé ensuite au dragon, et il m'a tapoté le front en disant qu'il ne fallait pas que je prenne tout au pied de la lettre. Peut-être qu'il avait simplement été le plus rapide des trois.

Le soir venu, Stevo nous a ramenés à Višegrad. Une fois à la maison, Grand-mère a tenu à faire mon lit. Je l'ai remerciée de m'avoir emmené là-bas.

Pas moyen de m'endormir. J'ai rallumé la lumière et fait des recherches sur internet. Les frères-dragons Stanišić n'étaient mentionnés nulle part. À mon grand soulagement.

Grand-mère a frappé, est entrée. Elle avait vu, dit-elle, que j'avais encore de la lumière et voulait me souhaiter une bonne nuit. Elle m'a couvert. Est restée debout près de mon lit comme si j'étais encore le petit garçon dont elle réchauffe les mains dans les siennes quand il rentre après avoir joué dans la neige.

Je ne savais pas si elle attendait que je dise quelque chose et elle ne savait peut-être pas non plus si j'attendais qu'elle dise quelque chose, aussi sommes-nous restés silencieux l'un et l'autre.

Les jours suivants, je suis souvent allé tout seul faire un tour en ville. Un jour, en revenant d'une de mes balades, j'ai trouvé Grand-mère en compagnie d'un jeune homme bien coiffé. Un gars qui avait de l'allure. Un jean, un T-shirt blanc. Il était assis à côté d'elle sur le canapé.

Grand-mère me l'a fièrement présenté comme «mon Andrej». Et son Andrej m'a serré la main, la gardant à mon goût deux secondes de trop, le temps qu'il lui a fallu pour me dire : «Donc, tu es celui qui écrit.»

J'ai regardé le vase. Mon livre n'était plus dessus.

« Et toi, tu es le flic. »

Dans le vase, il y avait un tournesol.

GRAND-MÈRE ET LE SOLDAT

Grand-mère va chez le boucher, mais à la porte qu'elle secoue, ça fait dix ans qu'il n'y a plus de boucher. Grand-mère prépare un plat de haricots, son mari va rentrer d'une minute à l'autre du travail, et les haricots, c'est son plat préféré.

Depuis qu'elle a du mal à marcher, les voisins lui font ses courses. Elle aime surtout y envoyer Andrej, le policier d'en face aux cheveux bien peignés. Il n'est pas, dit-elle, corrompu comme le sont les autres policiers, un jour, il a arrêté Emir Kusturica et à la question que lui posait ce dernier : « Au fait, est-ce que tu sais seulement qui je suis ? », il a répondu : « Votre permis, les papiers de la voiture, s'il vous plaît. Ça y sera marqué. »

Elle ne demande jamais aucun service à l'officier en retraite du quatrième, alors qu'il lui propose toujours son aide. Grand-mère n'aime pas les anciens militaires barbus. En outre, le policier lui apporte toujours une bricole et reste gentiment pour le café.

Parfois, ma grand-mère se demande ce que sont devenus tous les soldats qui d'un seul coup ont disparu. Les guerres, elle les a vécues chez elle. La Seconde Guerre mondiale à Staniševac, le village de son enfance, la guerre de Bosnie à Višegrad.

Le seul grand voyage qu'elle ait jamais entrepris, c'était début 2000 pour rendre visite à son fils et à sa belle-fille – mes parents – aux USA, où ils avaient émigré parce qu'ils n'avaient plus le droit de rester en Allemagne.

L'avion de ma grand-mère devait se poser à vingt heures, elle était arrivée par un vol qui atterrissait à dix-sept heures. « Pourquoi attendre si longtemps ? » avait-elle répondu à mes parents époustouflés quand elle s'était retrouvée devant leur porte, sans s'être annoncée et en avance. Un Slovaque blafard portait ses valises. Ils se comprenaient grâce aux origines slaves des deux langues. Grand-mère aurait voulu que le Slovaque reste pour le café, mais il avait prétendu ne pas avoir le temps et s'était esquivé.

En 1944, les soldats allemands étaient entrés dans Staniševac. En 1944, Grand-mère avait douze ans.

« Tu te souviens de leur arrivée, Grand-mère ? »

« On aurait plutôt pu parler d'une entrée sur la pointe des pieds. L'échine courbée. Il en sortait de partout. »

« Tu avais peur ? »

« Tout le monde avait peur. Les Allemands avaient peur et c'est pour ça qu'ils avançaient comme ça, furtivement. Et nous avions peur, parce qu'ils se faufilaient partout, il se racontait des choses. Chacun avait peur de l'autre, et c'est ça qui m'a fait peur.

Nous sommes sortis de nos maisons, les mains en l'air, et les Allemands y sont entrés, les mains sur leurs armes. Mais comme personne dans les maisons n'était prêt à tirer ou même que rien n'était susceptible de le faire, dans un premier temps, ils ont reposé leurs armes. Et comme ils avaient chaud et suaient comme des cochons dans leurs uniformes, nous leur avons proposé de l'eau, mais ils ont préféré boire celle de leurs gourdes. »

Mis à part l'eau, c'est seulement à la tombée de la nuit qu'on avait de nouveau échangé quelques mots. Il fallait bien que les soldats dorment quelque part, c'était facile à comprendre, et dès que quelque chose est facile à comprendre, la peur diminue de part et d'autre. On pouvait bien changer les bêtes d'étable, ça puerait toujours autant.

La première nuit, personne n'a bien dormi. La deuxième pas davantage. À chaque fois qu'au matin on pouvait faire sa toilette sans un pendu dans l'arbre d'à côté ou sans que quelqu'un ait été égorgé dans son sommeil, on arrivait plus facilement à s'endormir le soir et de temps en temps même, les casques étaient retirés.

Zagorka savait dans quelle maison les soldats étaient accroupis torse nu devant le poêle pour s'épouiller mutuellement. Grand-mère y avait accompagné sa sœur. Zagorka avait demandé s'il y avait un pilote parmi eux. Elle avait l'intention de suivre un pilote quand ils poursuivraient leur route. Mais aucun d'eux n'était pilote. Zagorka fut déçue et ronchonna un peu, d'une certaine manière, les soldats étaient eux aussi déçus, sans doute qu'ils auraient tous aimé être pilote.

Grand-mère racontait qu'un officier avait été logé chez eux. Il avait des mains fines et une peau tendre comme celle d'un enfant. Et de toutes petites lunettes. Le matin et le soir, il se lavait et demandait bien poliment avant d'aller se coucher s'il y avait du lait. Il proposait quelque chose en échange, malheureusement rien de ce qu'il voulait troquer n'aurait pu rendre service à qui que ce soit. Même si Grand-mère aurait volontiers accepté la craie, mais son père ne le lui avait pas permis.

Après avoir obtenu son bol de lait, l'officier s'enfermait dans sa chambre. En ressortait, le bol vide. Il remerciait, souhaitait une bonne nuit, le fit pendant quelques jours en allemand, puis quelqu'un lui avait appris à dire *laku noć* et aussi *mlijeko, molim* – du lait, s'il vous plaît. Un jour, un beau jour ma grand-mère avait du haut de ses douze ans voulu savoir à quoi ressemble un soldat allemand en train de boire du lait.

Elle s'était cachée dans l'armoire et avait lorgné par la fente entre les battants de la porte. L'officier était entré dans la chambre, il s'appelait Georg, il avait posé le bol de lait par terre, ses petites lunettes à côté. Puis il s'était agenouillé, avait joint les mains, et s'était mis à murmurer. À voix basse, très basse, cela n'avait pas duré très longtemps.

À la fin, il s'était signé et avait porté à ses lèvres le bol qu'il tenait à deux mains, pour boire le lait.

Lui aussi rend maintenant de temps en temps visite à Grand-mère. Comme la petite fille qui est dans la rue. L'officier allemand de ma grand-mère s'agenouille sur la vieille voie ferrée. Grand-mère peut le voir de sa fenêtre. Les lunettes, et tout le reste.

Il n'est pas comme la petite fille, il n'a pas besoin d'aide. Pour lui, elle ne bouge pas. Grand-mère pense qu'il n'aime pas être dérangé.

MIROSLAV STANIŠIĆ MONTRE À SES MOUTONS COMMENT ON FAIT

Il n'est pas convenable de dire du mal des morts en leur présence. Mais pire encore serait de ne pas du tout parler d'eux. La terre n'est certes pas une compagne muette. Mais il lui manque la chaleur de la voix humaine et notre tendance à la digression. La terre n'en rajoute pas, elle va droit au fait. Les morts aiment l'exagération.

Au printemps 2009, le mort le plus frais d'Oskoruša s'appelait Miroslav Stanišić. Gavrilo nous avait montré sa tombe.

« Puisse la terre lui être légère », avait soupiré Grand-mère.

« Miki avait annoncé sa propre mort », dit Gavrilo. « Puisse celui qui vole et porte trois cornes lui pardonner sa suffisance. »

« Annoncé ? Comment donc ? » j'avais demandé, mais en fait, celui qui vole et porte trois cornes m'aurait davantage intéressé.

« Il disait toujours : "Vous allez bien voir. Tel et tel jour" qu'il disait. Et c'est ce qui s'est passé. Au jour dit. »

« Ce don, il le tenait d'où ? » j'ai demandé.

« C'était un homme ponctuel, voilà. »

« Recordman aux dominos », a dit Marija.

« C'est un parent à toi », a dit Gavrilo comme pour conférer davantage de poids à ce qui allait suivre. « Pendant les mois qui ont précédé sa mort, Miki a dressé ses moutons. On a d'abord pensé que c'était une lubie, à cause de la maladie. On disait :

"Ça alors, Miki, qu'est-ce que tu fabriques ?"

"Je leur montre comment on fait", répondait Miki.

"Comment on fait quoi, Miki ? Puisse l'éclair te frapper avec douceur !"

"Comment on fait sans moi." Il s'est agenouillé devant ses moutons et s'est mis à leur parler. Leur montrant quelque chose. Des exercices, en bêlant, en plein milieu du pré. »

« Il avait perdu la raison ? » ai-je lancé imprudemment, et tous se sont mis – même Stevo – à me considérer comme si c'était moi qui bêlais à quatre pattes dans le pré.

« Mon Saša, mon ânon », a commenté Grand-mère d'un ton de pitié.

« C'est seulement si les moutons n'avaient rien appris que ça aurait été signe de folie », a complété Gavrilo. « Mais les moutons ont fait ce qu'on attendait d'eux, chacun ce qui lui convenait le mieux. »

« Il y en avait un qui savait ouvrir les portes », a dit Marija.

« Un autre avertissait des dangers », a dit Gavrilo.

« Trois ont appris à tirer l'eau du puits. »

« Un jour, y en a un qui a croisé Cigo, le chien de mon frère Sretoje, un animal sensible, et le mouton a apaisé sa colère en lui léchant son museau plein d'aboiements. Encore jamais vu, ce genre de chose. »

« Jamais », a acquiescé Marija.

« Ils sont encore là aujourd'hui. Enfin, certains non, pour des raisons d'âge. Mais le troupeau ! Le troupeau est encore là. Notre Miki a enseigné à son troupeau comment survivre ! Au matin du jour où son cœur a acquitté ses dernières dettes, il a libéré ses moutons, et en rangs serrés, comme des soldats ou des fourmis ou je ne sais quoi, ils sont partis vers la forêt en gravissant le Vijarac. » Gavrilo a ôté sa casquette. « Alors, Miki s'est allongé et nous a quittés. »

« Puisse son cercueil tenir le coup », a dit Grand-mère.

« Puisse l'érosion épargner le cimetière », a dit Marija.

« Les moutons », s'est exclamé Gavrilo, « ils divaguent en liberté à travers le pays. Ils se multiplient ! Les moutons prospèrent, Saša ! Ils prospèrent ! Ils sont si bien organisés. Notre pays tout entier irait mieux sous le gouvernement de ces moutons que sous celui de cette bande de criminels ! Je ne plaisante pas. Et tout ça parce que quelqu'un a parlé leur langue. Miki ! »

J'ai soupiré : « Puisse la terre lui être légère. »

« Quatre mois sans jamais perdre », a soupiré Marija en faisant le signe de croix en direction du Vijarac.

J'ai levé les yeux vers le sommet. Le soleil brûlait les rochers qui resplendissaient d'une lumière blanche et crue, un phare dans une mer de collines.

« Et Miki et moi, nous sommes parents », j'ai dit. Comme si je voulais donner plus de poids à ce qui allait suivre.

LES PETITS CROCHETS
DANS NOS NOMS

Nous portons dans nos noms des petits crochets. Un jour, quelqu'un qui m'aimait bien a qualifié les miens de « bijoux ». En Allemagne, j'ai souvent trouvé que c'était plutôt une gêne. Ils rendaient sceptiques fonctionnaires et propriétaires d'appartements et, aux frontières, le contrôle d'identité durait plus longtemps que pour Petra qui était devant moi et pour Ingo derrière.

En outre, dans mon passeport, pendant douze semestres en tout, figurait une mention précisant que je ne pouvais résider en Allemagne qu'à la condition expresse d'y poursuivre des études. Aussi les plus zélés des gardiens des frontières m'interrogeaient-ils sur ce que j'étudiais. Les matières figuraient elles aussi sur le passeport, mais ils m'interrogeaient tout de même. C'était un test. Si on se plantait en répondant, signe qu'on ne connaissait pas ses propres matières, le visa était vraisemblablement un faux.

À l'aéroport de Francfort, avant un voyage aux USA où je devais travailler comme assistant d'allemand, un douanier s'est à ce point délecté avec mon passeport en prenant tout son temps que la queue qui s'était formée derrière moi serpentait, cherchant depuis un bon moment à repérer les issues de secours. Au bout d'un certain temps, le fonctionnaire, faisant mine de décou-vrir à l'instant même mon visa, s'est exclamé : « Tiens ! Tu fais des études ! Quoi ? Quel genre d'études ? » Il hurlait. Il hurlait chaque mot, comme si c'était à chaque fois le mot essentiel.

« Études de slavistique ! » Ma réponse s'était haussée au même niveau sonore.

Ce qui lui avait arraché un signe de tête complice. « Beaucoup de maths, à coup sûr », s'était-il exclamé. Il avait continué à feuilleter mon passeport et avait ajouté : « Et ! Qu'as-tu fait ! En Tunisie ! »

« *All* ! *Inclusive* ! Et moi ! Surtout ! Profité ! Buffet ! » J'aurais pu m'en moquer, de cette exotique parti-cularité des noms, il m'arrivait d'ailleurs moi aussi d'avoir du mal à me repérer sans préjugés au milieu des noms allemands. Lors d'une conversation au sujet d'un couple que je ne connaissais pas, j'avais demandé qui des deux était la femme, Hauke ou Sigrid. Et voilà que toutes deux étaient des femmes ! Je m'étais fait avoir.

Cependant, si à la vingtième visite d'appartement on n'accède pas à la shortlist, *Saša* finit par devenir *Sascha.* Bien sûr, ça ne marchait pas là non plus du premier coup, mais au moins, cette fois, c'était à cause de la profession. (« Dans notre immeuble n'habitent en principe que des andrologues, des avocats et des architectes. Et un amateur de philologie classique que nous n'arrivons pas à faire déménager. ») Par la suite, j'ai été lauréat d'un prix littéraire et pendant six mois, j'ai donné l'impression de gagner des sommes tout à fait respectables. Soudain, à partir de là, ni le nom ni le métier n'étaient plus un obstacle.

Avant de découvrir le cimetière d'Oskoruša, je n'attachais aucune importance à la notion d'origines au sens d'origines familiales. Mes grands-parents étaient là, tout simplement. Il y avait encore un des deux grands-pères, l'autre non. L'un était un pêcheur à la ligne bienveillant, l'autre avait été sa vie durant un communiste à l'imagination fertile.

Je ne savais pas grand-chose du passé de mes grands-mères, elles étaient partie intégrante et évidente de mon présent. Gentilles avec moi, pleinement dans la vie. Parfois un peu bizarres avec les haricots. Nous avions du temps devant nous, c'est ce que j'espérais, pour nous connaître comme il faut.

Les lieux non plus n'étaient pas surchargés de sentiments d'appartenance. Višegrad, c'était le récit fait par maman d'un hôpital sous la pluie, les courses à travers les rues en jouant au gendarme et au voleur, c'était entre les doigts la douceur des aiguilles de pins, la cage d'escalier chez Grand-mère avec une foule d'odeurs, les descentes en luge, l'école, la guerre, c'était un temps révolu.

Heidelberg, c'était la fuite et repartir à zéro, c'était la précarité et la puberté, les premiers contrôles de police et les premières amours, les meubles récupérés à la décharge et les études. Et à un moment donné la conscience de soi qui s'exclamait d'un ton de défi: Parce que je peux le faire!

Mais ensuite, au cimetière d'Oskoruša, j'ai lu mon patronyme sur la moitié des tombes. Et j'ai aussitôt accordé plus d'importance à ce qui avait trait à l'origine, à ma famille inconnue et à mes lieux connus. À ce qui était révolu dans ce Višegrad que je croyais connaître et aussi à ce que j'avais gagné au contact de cette ville de Heidelberg qui au début m'était étrangère.

À Oskoruša, je n'avais été qu'un touriste en shorts. Un type qui boit de l'eau-de-vie sous le petit arbre généalogique de ses grands-parents chargé de fruits. Tout en trouvant le paysage d'une incroyable beauté et les ruines incroyables. Et qui se demandait : quel genre de gens pouvaient bien être les miens ? Ça concernait d'ailleurs aussi ceux qui étaient encore en vie, Grand-mère, debout à mes côtés avec ses boucles violettes frisées aux bigoudis. Qui disait : « À Oskoruša, je ne vois que printemps. »

Pourquoi disait-elle ça ? Je ne le saurais que bien plus tard : Grand-mère n'était jamais venue dans ces montagnes qu'au printemps avec Grand-père. Notre voyage lui aussi était plein d'avril.

Après cette visite au cimetière, les idées se sont mises à tourner dans ma tête, complètement folles et déplacées, me disant que j'étais le dernier descendant mâle des Stanišić. Que je pouvais mener à une impasse pour peu que je n'aie pas d'enfant. J'ai commencé à me préoccuper de mes origines même s'il m'a fallu longtemps pour le reconnaître. Il me semblait passéiste, et à proprement parler destructeur, de parler de *mes*, de *nos* origines à une époque où la filiation ou le lieu de naissance sont de nouveau utilisés comme des caractéristiques permettant de différencier les gens, où les frontières sont de nouveau renforcées et où des intérêts qualifiés de nationaux ressurgissent du marais asséché où foisonnent les petits États morcelés. Où l'exclusion fait partie de programmes politiques et où l'on peut à nouveau se permettre de lui accorder son suffrage.

Dans la plupart des textes que j'ai écrits après Oskoruša, je m'intéresse sous une forme quelconque de manière explicite à des gens, à des lieux et à ce que cela représente pour ces gens d'être nés précisément en ces endroits. Et aussi à ce que cela veut dire de ne plus avoir le droit d'y vivre, ou de ne plus vouloir y vivre. Qu'est-ce qui est donné, accordé à quelqu'un par l'intermédiaire de sa filiation ou de ce qui a fait de lui ce qu'il est devenu. Et tout autant : de quoi un individu est-il privé au nom de sa filiation ? J'ai écrit là-dessus, sur le Brandebourg, sur la Bosnie, l'ancrage géographique n'est pas l'essentiel, le stress identitaire se soucie comme d'une guigne des latitudes. J'ai parlé du racisme, de la violence, de la fuite. Rares sont ceux de mes personnages qui restent où ils sont. Peu d'entre eux arrivent à l'endroit où ils voulaient se rendre initialement. Rares sont ceux qui trouvent le bonheur dans la sédentarité. Ils fuient une menace qui, à des degrés divers, met en jeu leur existence. Être en route, c'est tantôt un fardeau, tantôt un cadeau.

Ils parlent rarement de pays natal. Et quand ils le font, ils ne pensent pas à un lieu concret. Le pays natal, dit Mo le globe-trotter, c'est là où on a le moins de choses compliquées à faire.

Le pays natal, je l'affirme, c'est précisément le sujet de mon écriture. Les grand-mères. Quand ma grand-mère Kristina a commencé à perdre les souvenirs, je me suis mis à les rassembler.

L'autre grand-mère, Mejrema, je l'appelais Nena. Que restera-t-il de Nena ? Qu'elle aimait passionnément aller au cinéma, c'est ce que ma mère m'a raconté. Dans les années soixante-dix, elle a vu tous les films projetés à la *Maison de la Culture*, sans exception.

Même des films du genre de *Rambo II*. C'est elle qui m'a emmené voir mon premier film d'horreur, une quelconque version filmée de *Dracula* – bien trop tôt pour moi, ça a tourné à la catastrophe, nous avons dû quitter la salle avant la fin. Heureusement, avec le temps, j'ai oublié les images. J'en ai retiré une sorte de sympathie angoissée pour les chauves-souris.

Que Nena fumait beaucoup, ça, je l'ai vécu moi-même. S'il te plaît, sois gentil, passe-moi le cendrier. Qu'elle aimait s'asseoir en tailleur. Qu'elle cousait beaucoup pour fumer moins. Qu'elle s'installait à sa fenêtre quand elle attendait de la visite ou que quelqu'un allait revenir d'on ne sait où. Les haricots lui avaient indiqué l'heure approximative de l'arrivée. Qu'elle balançait doucement son corps quand elle était nerveuse, mais aussi quand elle était calme ou fatiguée.

Qu'est-il resté de son père, mon arrière-grand-père Suljo ?

Il était flotteur de radeaux sur la Drina. La première chose que j'ai entendu dire de lui : un des meilleurs.

La deuxième : qu'il ne savait pas nager.

FRAGMENTS

L'an dernier, ma cousine a eu son deuxième enfant, une petite fille appelée Ada. Elles vivent en France, à Montpellier. Le mari de ma cousine est un médecin moustachu. Ses parents sont des immigrants tunisiens, il est français. Il offre mes livres à sa mère. « Parce qu'ils parlent de ce que c'est que d'être étranger. » Après tant d'années passées en France, c'est toujours pour elle le sujet principal. Le jour du premier anniversaire d'Ada, en avril 2018, je suis de nouveau en train d'errer entre les tombes dans les montagnes de Bosnie.

Ma famille est dispersée sur la terre entière. Nous avons éclaté en même temps que la Yougoslavie et n'avons plus jamais réussi à nous retrouver tous ensemble. Ce que je voudrais écrire sur le sujet des origines est aussi lié à cette dispersion qui au cours des années a contribué à définir l'endroit où je suis : quasiment jamais à l'endroit où on pourrait parler de famille.

L'origine, c'est Grand-mère. Et la fillette dans la rue, que seule Grand-mère voit, elle aussi est origine.

L'origine, c'est Gavrilo, qui au moment des adieux veut absolument que j'emporte un de ses porcelets en Allemagne.

L'origine, c'est à Hambourg le petit garçon qui porte mon nom. Il joue avec un avion. Je lui demande : « Tu vas où ? » – « À Split, voir Nana. » Il roule sur sa draisienne. Je lui demande : « Tu vas où ? » – « En Afrique, chez les dinos. »

L'origine, c'est Nana. Ma mère, sa grand-mère. Après l'Allemagne et l'Amérique, depuis quelques années de nouveau installée en Croatie, dans un immeuble, de la terrasse elle peut voir l'Adriatique.

L'origine, ce sont les hasards doux-amers qui nous ont ballottés de-ci, de-là. C'est l'appartenance à laquelle on n'a pas contribué. La famille inconnue dans la terre acide d'Oskoruša, l'enfant inconnu là-bas, à Montpellier.

L'origine, c'est la guerre. C'était ça pour nous : maman et moi nous sommes enfuis en traversant la Serbie, la Hongrie et la Croatie, jusqu'en Allemagne. Le 24 août 1992, nous sommes arrivés à Heidelberg. Papa nous avait fait passer la frontière serbe et était retourné à Višegrad pour rester auprès de sa mère. Il nous a rejoints six mois plus tard en apportant : une valise marron, un manque de sommeil et une cicatrice à la cuisse. Je n'ai jusqu'à maintenant jamais demandé l'origine de cette cicatrice.

Si tu arrives des Balkans, que tu t'es enfui et ne parles pas la langue du pays, cela constitue tes véritables qualifications et références. Maman, politologue, avait atterri dans une entreprise de teinturerie. Pendant cinq ans et demi, elle a manipulé des serviettes brûlantes. Papa, l'économiste, s'est retrouvé sur un chantier.

Ont-ils tous les deux été heureux en Allemagne ? Oui, parfois. Et oui, trop rarement.

En 1998, il leur a fallu quitter ce pays. Pour éviter d'être renvoyés vers une Višegrad passée par le nettoyage ethnique, ils sont partis pour la Floride. Ils y ont trouvé des jobs dont ils n'auraient pas osé rêver en Allemagne. Ils jouaient au poker avec leurs amis américains et faisaient des grillades avec leurs amis bosniaques. Ils mirent un peu d'argent de côté et un jour, dans leur jardin, près de la mare, ils croisèrent un alligator.

Et donc aujourd'hui, une vie de retraités américains en Croatie, où ils ne peuvent jamais séjourner plus d'une année sans aller passer trois mois dans un État situé hors de la zone Schengen. En 2017, près de 47 000 personnes ont quitté la Croatie. Encore un pays européen qui se voile la face quant à sa politique migratoire.

Notre premier appartement allemand se trouvait dans une zone d'activités entre les villes de Wiesloch et de Walldorf, juste au bord de la départementale. Le seul avantage, c'est que la gare n'était pas loin et qu'il était facile de quitter la ville. Nous vivions dans le seul immeuble d'habitation à la ronde. Nous étions cernés par les cheminées d'usines, les hangars, les concessions automobiles. *Imprimeries de Heidelberg. PENNY* – Entrepôt général. *Car-wash-Center Tunnels de lavage & aspirateurs.* Je ne sais pas si tout ça existait déjà à l'époque. Aujourd'hui, je lis ces indications sur *Google Maps.*

Dans cet immeuble vivaient six autres familles de réfugiés. Tous déçus en permanence. Par les administrations, les prix, parce que seules deux plaques de cuisson chauffaient, par eux-mêmes. Ils attendaient tous de bonnes nouvelles et une vie meilleure, il ne s'agissait même pas qu'elle soit bonne. Ce qui était bon, c'était d'être encore en vie.

Nous, les enfants, nous avions le droit de regarder la télé autant que nous voulions. Nous regardions le catch, des pornos soft et nous chahutions sur des vieux matelas dans la cour. Les matelas ne sentaient pas bon. Ils portaient les rêves et les pellicules de leurs précédents propriétaires. Des amateurs de catch : Bodyslam. Piledriver. Neckbreaker.

La décharge, pour la plupart d'entre nous, c'était une attraction énorme. Comment les gens pouvaient-ils ainsi bazarder leurs affaires ! Ces objets me dégoûtaient beaucoup. Mais nous n'avions pas de meubles, pas d'argent et par conséquent pas le choix. Pendant un certain temps tout de même, en signe de protestation, j'ai dormi par terre. J'étais trop fier. Mon catcheur préféré, c'était *Undertaker* (il l'est resté).

Maman et moi, on passait des heures à la cabine téléphonique de la gare. Quand quelqu'un d'autre voulait téléphoner, on sortait et maman grillait une sèche. On essayait, la plupart du temps en vain, de joindre quelqu'un – mari, père, frère, grand-mère. Pendant des semaines, on ne passait pas, pendant des semaines, on ne savait pas si celui à qui on voulait parler était encore en mesure de le faire.

Maman se souvient aujourd'hui encore de l'annuaire en lambeaux, de l'odeur de sueur, du graffiti sur la fenêtre, un cœur noir. Nous n'avons jamais réussi à déchiffrer les deux lettres gravées dedans.

Le déménagement vers Heidelberg avait facilité pas mal de choses. Nous partagions une maison individuelle toit-terrasse avec la famille de ma tante Lula, la sœur de ma mère. Au début de la guerre, ma tante et son mari étaient installés en Allemagne comme travailleurs immigrés. Quand on nous avait retenus à l'aéroport de Munich, maman et moi, et qu'on avait prétendu nous renvoyer d'où nous venions, ils s'étaient tous deux engagés par écrit à subvenir si nécessaire à nos besoins. C'était alors seulement que nous avions été autorisés à entrer en Allemagne. Alors que tant d'autres n'avaient aucun garant !

Nous avons passé quatre ans sous le même toit.

Après la guerre, la famille de ma tante a pu retourner à Zavidovići. Cette ville se trouvait dans la partie bosniaque de la fédération nouvellement créée, leur appartement était toujours à eux et presque intact. Ils ont repeint les murs, replanté le jardin. Ils élevaient des poules (ma tante) et des pigeons voyageurs (mon oncle). À cette même époque, des étrangers vivaient dans notre appartement de Višegrad. Grand-mère s'est longtemps battue pour obtenir qu'ils payent un loyer.

Je ne sais pas quel est le métier exercé actuellement par ma tante, je crois qu'elle ne travaille pas. Mais d'une certaine manière, je n'ai pas envie de poser cette question. Je sais ce qui la met en joie. Avec ses soixante ans, ma tante pratique la danse folklorique et en été, elle passe quelques jours au bord de l'Adriatique. De plus, elle prend sans doute plaisir à s'occuper de ses poules. Elle parle de ses poules, les photographie et poste leurs photos sur *Instagram*. On peut par ailleurs voir sur son compte que la section locale du parti social-démocrate, sur la liste de laquelle elle a failli entrer au conseil municipal, organise volontiers des excursions dans la nature (des camarades membres du parti sont assis sur un rocher remarquable en pleine forêt et regardent l'objectif d'un air sérieux). Ma tante prépare une très bonne pita et rit en roucoulant comme une colombe, ce qui me réjouit. Ma tante ne m'a jamais fait de vacherie.

Ses fils, mes cousins, ont tous les deux la petite trentaine. L'aîné s'occupe de placer des joueurs en Allemagne, a de larges épaules et un petit garçon très rapide. Il savait que le HSV, le club de Hambourg, allait redescendre dans le classement bien avant que cela soit le cas. Il sait que le HSV va remonter. À Wiesloch, son catcheur préféré était «Macho Man», Randy Savage.

Le cadet a fait des études de germanistique pour finir par travailler en Bosnie dans un *call center* allemand. Mais depuis, il a ouvert son propre *call center*. Il est en train de développer une appli fitness permettant à des sportifs de haut niveau d'expliquer à tout un chacun comment ils s'entraînent. Si elle est développée un jour, je la recommanderai à tous ceux qui veulent faire des pompes comme Mario Götze, parce que mon cousin, je peux le recommander. À Wiesloch, son préféré, c'était le même que le mien, Undertaker.

Mon oncle, le frère de ma mère, des francs-tireurs serbes l'ont traîné en août 1992 dans des toilettes et on voulu l'obliger à se déculotter pour voir s'il était circoncis. Il les a baratinés, s'est démené, a fait passer le temps. Mon oncle était bon, et les applaudissements ont duré la minute qui a permis à quelqu'un qui passait par là de le reconnaître et de dire aux individus qui le molestaient : que lui voulez-vous donc, c'est seulement l'acteur. Ils l'ont laissé tranquille. Mais à partir de ce jour-là, il a été obligé de se présenter au poste de police tous les jours. Les gens qui se présentaient quotidiennement au poste de police disparaissaient au bout de

quatre ou cinq fois. À Višegrad on disait à ce sujet:
«L'obscurité les a avalés.» Mon oncle et sa famille ont
échappé à l'obscurité. Ils ont voyagé pendant des mois
et ont trouvé un nouveau cadre de vie à Salzbourg.

Mon oncle a réfléchi: quels rôles pouvait-il jouer,
avec ses trente-quatre ans, dans un pays étranger
dont il ne connaissait pas la langue. Les théâtres ne
s'intéressaient pas à lui, les agences ne lui laissaient
aucun espoir. Il a donc joué pendant un an le livreur
de journaux, jusqu'au moment où il a eu l'idée d'un
rôle pour lequel la langue n'était pas nécessaire. Les
Yougos ne louent pas de clowns, mais les jardins
d'enfants et le secteur autrichien de l'immobilier les
apprécient beaucoup. Il a trouvé un partenaire et à
partir de ce moment-là, affublé d'un nez rouge, il a
titubé à des fêtes d'anniversaires et fait du monocycle
à des fêtes d'entreprise. Pour finir, il a même organisé
une petite tournée aux USA avec un numéro où, pendant une heure, il tentait de grimper sur un tout petit
mur.

À la suite d'une dispute avec son partenaire, il a rac-
croché, a quitté ses chaussures trop grandes, a fabriqué
une table de poker et a organisé avec ses deux filles un
club de poker dans leur chambre d'enfants. Au début,
ils jouaient avec des voisins, ensuite, on y venait de
toute la ville.

Pendant le week-end, mon oncle pêchait dans la
Salzach, et depuis peu, il pêche à nouveau dans la
Drina. Il s'est construit une petite maison pas loin de
Višegrad. Pour la retraite. Six mois en France chez
ses filles et ses petits-enfants, six mois au bord de la
Drina, à attendre que le silure morde, voilà comment
il voit les choses.

Ses enfants, mes cousines, vivent donc en France. Autrefois, à Višegrad, nous avons souvent joué ensemble. Nous jouions à la marchande. Je m'occupais de la caisse. Nous jouions à la poupée, je flanquais une raclée aux poupées. Les cousines pleuraient un peu, et puis nous passions à autre chose.

Il y a une photo de mes cousines et moi, deux ans avant le début de la guerre. Nous sommes assis sur un escalier. J'entoure de mon bras la plus jeune, l'aînée appuie sa tête sur mon épaule. Nous sommes en joggings. Nous grimaçons dans le soleil, sourions à l'appareil. Je n'ai jamais davantage eu le sentiment d'être grand frère.

Aujourd'hui, quand nous nous rendons visite, nous faisons quelque chose qui requiert de l'attention. Nous parlons de ce que nous sommes en train de vivre. Pour évoquer ce qui a été, il faudrait être au calme, faire preuve d'attention aux autres et surtout avoir le courage de poser des questions. Depuis Višegrad, nous ne parlons plus de Višegrad.

Quand nous étions enfants, le présent nous suffisait aussi. Le soleil. Se reposer avant le jeu suivant. Maintenant, nous avons des enfants à notre tour, donc nous parlons d'eux. De leurs jeux. De vrais brise-fers. Nous discutons la façon de servir la sauce (directement sur les pâtes, comme ça vient, ou dans des petits récipients à part). Nous disons que ce serait bien que nos enfants se voient plus souvent. Nous avons tous les trois gardé un tirage de la photo où nous sommes sur les marches, au soleil.

LES FLOTTEURS DE RADEAUX DOIVENT-ILS SAVOIR NAGER ?

Le mari de la plus jeune de mes cousines s'appelle Muhamed, comme le père de ma mère. Un uniforme bleu de la compagnie de chemin de fer faisait partie intégrante du père de ma mère, auquel s'ajoutait en hiver un manteau. Ce manteau était particulièrement épais et lourd, pour que Grand-père ne meure pas de froid dans le train. Mon grand-père Muhamed s'y occupait du freinage. Dans sa petite cahute, il transpirait l'été, gelait l'hiver. Il avait aimé les trains depuis sa plus tendre enfance. Il aurait préféré être conducteur de locomotive, mais bon...

En 1978, la circulation des trains entre Sarajevo et Višegrad avait été suspendue et grand-père Muhamed avait été mis à la retraite anticipée. Au premier jour de sa retraite, il avait plié son manteau si lourd, l'avait attaché avec une ficelle, avait déposé le reste de l'uniforme dessus avec la casquette et s'était dirigé vers les bureaux du chemin de fer.

La dame de l'administration lisait en fumant. Elle lui fit signe d'attendre. Dans le couloir, pas de fenêtre, pas de chaise devant le bureau. Mon grand-père n'était pas pressé. Au-dessus de sa tête le plafond plein de taches. Il changea de place. Le bâtiment était parfaitement silencieux, le seul bruit qu'on entendait, c'étaient les pages qui se tournaient dans le petit bureau.

Ensuite, il avait été autorisé à entrer. Une pièce exiguë, en désordre, enfumée. Partout des papiers. Même sur le siège destiné au visiteur. Grand-père était resté debout. Il avait salué de nouveau et dit son nom. Avait indiqué le nombre de ses années de service, son numéro matricule. La dame de l'administration avait commencé par s'allumer une nouvelle cigarette.

Il ne la connaissait pas. Elle n'était ni jeune ni vieille, mais très pâle. Lui avait demandé ce qui l'amenait. Il avait répondu qu'il voulait rendre son uniforme et remercier. Il sourit, elle toussa. Il ne savait pas quoi faire de l'uniforme. Avait regardé autour de lui. Avait tout posé par terre. Continuait à sourire, peut-être parce qu'il ne savait plus exactement de quoi il voulait remercier. Peut-être lui était-il revenu qu'à l'hiver 1957 le manteau lui avait sauvé la vie. Peut-être avait-il même eu brièvement l'idée de remercier le manteau.

La dame fumait. Dans le magazine qu'elle était en train de lire, il y avait plein de photos. Grand-père avait souri. Ensuite, il avait dit: Bon. Avait repris le manteau, était sorti du bureau.

Le soleil brillait. À la maison, il avait accroché le manteau, retiré sa chemise et sa paire de belles chaussures, puis avait enfilé une combinaison et des bottes en caoutchouc. Il avait attrapé son matériel de pêche, le tabouret sur l'épaule. Mon grand-père avait 57 ans. Il était allé jusqu'à la Drina, j'imagine qu'il souriait en lançant sa ligne.

Grand-père Muhamed était l'homme le plus gentil qui soit. C'est ce que tout le monde pensait, tout le monde s'en rendait compte. Qu'est-ce qu'il est gentil, disait aussi à l'occasion sa femme, ma Nena, comme au sujet d'un inconnu prêt à apporter son aide. Ces paroles lui échappaient tout simplement, elle semblait sincèrement surprise, comme si elle n'arrivait pas à cesser de s'étonner du naturel débonnaire de son mari.

Il passait presque tous les jours pour demander si nous avions besoin d'aide. Il nous apportait du poisson fraîchement pêché, nous faisait des courses, taillait mes crayons. Quand quelque chose était cassé, il s'efforçait de le réparer et ne le cassait que rarement davantage.

Pendant un certain temps, je craignais les vers de terre – peut-être qu'ils me dégoûtaient. Grand-père Muhamed en avait extrait trois du sol et me les avait montrés dans sa main. Les vers de terre rampaient en traversant sa ligne de vie. Si je voulais, je pouvais, dit-il, poser ma main à côté de la sienne et les vers de terre passeraient dessus. Je l'avais fait. Ils étaient restés de son côté. Même eux avaient dû sentir sa bonté (ensuite, il les avait embrochés sur le hameçon.) La crainte qu'ils m'inspiraient, c'est une autre fois que je l'ai surmontée.

Maman raconte que quand elle était enfant, son père sentait toujours le charbon. Aucun savon ne l'en débarrassait. Le jour où nous étions allés pêcher avec les vers de terre, il sentait l'après-rasage et la terre.

C'est peut-être de la période de la guerre que vient la meilleure description de sa personnalité. Grand-père avait quitté Višegrad avec un convoi auxiliaire. Une fois sorti de la ville, le convoi avait été contraint à l'arrêt. Des hommes armés avaient pris les bus d'assaut et avaient donné l'ordre à tous les passagers de descendre. Parmi les soldats, il y avait deux hommes de Višegrad que Grand-père connaissait. Il avait souri, leur avait tendu la main et leur avait demandé comment ils allaient.

Tous les passagers avaient survécu à cette halte.

En 1995, nous avions réussi à les faire venir nous rejoindre à Heidelberg, Nena et lui. Ils restaient la plupart du temps à la maison. Grand-père se risquait de temps en temps à une promenade à travers le vignoble ou à faire des courses chez Edeka, quelques rues plus loin. Il remplissait à intervalles réguliers un jerricane d'eau à la source de la forêt. Il n'apprenait pas l'allemand, aidait un peu à tenir la maison et aimait regarder la Formule 1 à la télé.

Un jour, il était arrivé dans notre salle de séjour pendant la diffusion de *X-Files*. Il avait regardé les deux agents à l'œuvre et, à un moment donné, avait demandé s'il pouvait nous déranger et nous poser une question : « Ce truc, à la télé, c'était quoi ? »

J'avais répondu : « Un extra-terrestre. »

Grand-père avait répondu en riant : « Comme moi ! » Il avait doucement passé dans mes cheveux ses mains rustaudes. En Allemagne aussi, il était resté l'homme le plus gentil qui soit, en théorie. Mais il n'avait pas eu beaucoup d'occasions de le montrer.

Avant de rencontrer mon grand-père, ma Nena avait été mariée une première fois. Dans la famille, peu savent quoi que ce soit à ce sujet. Dans les années cinquante et soixante, en Yougoslavie, on ne parlait pas volontiers de mariages ratés, c'était presque un sujet tabou. On tenait le coup ensemble, on pouvait aussi partager sa vie avec quelqu'un avec qui on vivait à contrecœur. Quand on se quittait, c'était en secret et dans la honte.

On ne sait rien de certain au sujet du premier mari de Nena. Il était sans doute Macédonien, car elle avait été « expédiée » à Skopje. Six mois plus tard, elle était de retour. Elle était amaigrie, s'était mise à fumer et riait beaucoup. Difficile de dire ce que tout cela signifiait. S'il est jamais arrivé qu'elle parle de ce mariage éphémère, ceux qui l'ont écoutée ont tenu leur langue.

À cette époque-là, grand-père Muhamed vivait dans une baraque à la périphérie et cherchait du travail. Il avait tout son temps, et comme il n'avait pas adhéré au parti, il lui en fallait, du temps. Il aimait le passer aussi souvent que possible au bord du fleuve sous le saule pleureur proche de la maison où Mejrema habitait avec ses parents. De là, on pouvait bien regarder les trains et bien pêcher à la ligne. Or le jeune Muhamed aimait faire l'un et l'autre tout comme sans doute lui souriait la perspective de rencontrer Mejrema, si le hasard le voulait. Depuis le saule pleureur, on pouvait voir la maison dans le jardin duquel, sous un mûrier, Mejrema cousait, et – quand ses parents n'y étaient pas – fumait. Et on pouvait, en sens inverse, être vu sous le saule.

Un jour, Mejrema est descendue le retrouver. Il avait aussitôt bondi sur ses pieds dans l'attente de la voir arriver tranquillement jusqu'à lui, il triturait sa casquette, prêt à la saluer.

Elle ne le salua pas. Elle lui demanda ce qui l'amenait toujours en cet endroit.

Cette question avait un peu dérouté mon grand-père. Aussi n'avait-il pas davantage salué, pour la première fois peut-être au cours de sa vie d'adulte, mais l'avait interrogée à son tour : est-ce que ça lui ferait plaisir de pêcher à la ligne.

Sa réponse, à travers la question qu'elle lui posa en retour, fut négative : avait-elle l'air de quelqu'un qui aimait pêcher ?

À cela, que répondre ? Tout le monde, même une jolie fille comme Mejrema, devrait pouvoir aimer pêcher ! Les poissons se moquent de l'air qu'on a. Il valait mieux parler d'autre chose. Muhamed cependant ne trouvait toujours pas d'autre sujet, aussi lui demanda-t-il si elle voulait qu'il lui montre comment faire un certain nœud.

Des nœuds, elle en connaissait sûrement plus que lui, rétorqua-t-elle, et même des nœuds invisibles dans le tricot.

Là-dessus, il a déclaré qu'il voulait devenir conducteur de locomotive.

Et pourquoi donc ?

Il a répondu que pêcher et faire des nœuds, ça ne menait pas très loin. Alors, elle lui a demandé s'il voulait l'accompagner au cinéma.

Il avait six ans de plus qu'elle et sa vie durant l'a toujours saluée avec gentillesse, c'est ce que j'imagine.

Le père de ma Nena Mejrema s'appelait Suljo, c'était lui le flotteur. Activité exercée dans le vacarme au bord de la Drina, callosités et coupures, et mon arrière-grand-père Suljo au gouvernail, avec sa casquette et sa clope.

Cette image : ma mère fillette sur son radeau, chevauchant un tronc isolé. Une capitaine sur la Drina. Que son grand-père appelle chaton, elle dont la voix claire résonne dans le canyon, quand le fleuve fait trembler le tronc : « *Dedo* ! »

Il lui avait fait entrer dans le crâne qu'elle devait garder silence, en fait, elle n'avait pas du tout le droit de l'accompagner. Mais comment rester silencieuse quand on se balance si joliment ?

Suljo, sur son radeau, contournait avec dextérité un roc s'avançant loin dans le fleuve. Il était trop fier pour ne pas présenter aux autres flotteurs sa petite-fille, pour ne pas leur faire entendre sa voix.

En aval du confluent avec la Žepa, la Drina écume avec fougue, deux rapides, avant lesquels le chaton doit mettre pied à terre, c'est trop dangereux. Elle suit son grand-père depuis la rive, court pour ne rien manquer quand il vole au-dessus des rapides. Avant le second, plus étroit, plus impressionnant, de nombreux flotteurs plongent, nagent jusqu'à la rive, abandonnent brièvement le train de bois à son sort.

Le grand-père ne sait pas nager, ou n'a pas besoin de savoir. Il reste sur son radeau avec son compagnon, à l'arrière, qui tient le gouvernail. Le radeau s'incline, l'eau recouvre les poutres, quelqu'un crie, peut-être est-ce le fleuve, puis l'obstacle est franchi et ma mère, toute excitée, tape dans ses mains.

Je n'étais pas né quand Suljo a quitté ce monde. Ce n'est pas le fleuve qui l'a tué, ce sont ses reins, ils ont lâché. À partir de 1963, après la construction de trois barrages, on n'avait plus besoin de flotteurs. Les lacs de barrage avaient domestiqué la Drina.

Savait-il nager ou non ? Il existe une histoire à ce sujet. Ce qu'elle contient de vérité, ce qui est inventé, je ne le sais pas.

Mon arrière-grand-mère Rumša allait laver son linge à la Drina. Elle était analphabète et chantait des chants anciens. L'histoire raconte que Suljo avait entendu sa voix pour la première fois depuis son radeau et l'avait prise pour celle d'une des vilas, ces nymphes connues pour hanter la Drina depuis qu'à Višegrad on a contre leur volonté construit un pont sur le fleuve. On dit que Suljo a plongé, il voulait se réfugier sur la rive ou se noyer, l'essentiel, c'était de ne pas être condamné à servir éternellement ces créatures.

Au moment de sombrer, il avait vu d'où provenait en fait ce chant et c'est cet endroit qu'il voulait atteindre. Il avait donc nagé jusqu'à l'endroit de la rive où Rumša chantait, accroupie avec son baquet sous le saule pleureur.

« Eh bien, je me suis récupéré un bien vilain poisson », voilà paraît-il les premières paroles adressées par mon arrière-grand-mère à mon arrière-grand-père.

Rétrospectivement, avait coutume de dire Suljo en racontant cette anecdote, il se demandait ce qui aurait été le pire, la malédiction d'une vila ou la bouche intarissable de sa future épouse.

Quand c'était elle qui racontait, Rumša évoquait un flotteur coiffé de sa casquette et portant une chemise blanche, ou parfois, mieux encore, sans chemise, et qui descendait plusieurs fois par semaine la Drina. Il était le seul qu'elle parvenait à reconnaître de loin, sa casquette et l'élan de ses bras, et comme elle ne voulait pas se contenter de toujours le regarder de loin, elle s'était un jour mise à chanter.

« J'ai chanté pour attirer à moi mon Suljo, alors même qu'il ne savait pas encore qu'il était mien ! » Tandis qu'elle le savait déjà. « Pour quelques centimes, je vous chanterai le chant d'autrefois. Ou n'importe quel autre chant ! »

Mon arrière-grand-mère Rumša venait d'une famille nombreuse qui avait été décimée au cours de la grande guerre. Peut-être étaient-ce justement les victimes qui l'avaient rendue, elle qui avait survécu, inventive, gaie, aimant chanter…

On dit de Rumša qu'elle avait une voix limpide comme la vérité mais qu'elle n'était pas prête à proclamer cette vérité pour n'importe qui. On avait voulu la faire chanter devant les Allemands, quand ils avaient en 1944 édifié une estrade dans une ancienne étable. On lui avait demandé de chanter, mais pas de bien chanter.

Suljo et Rumša s'étaient construit une maison au bord de la Drina. Façade blanche, volets en bois de tremble, la mousse avait eu tôt fait d'envahir le toit, cinq enfants étaient nés. Installé sur la terrasse, on pouvait boire son café en surplombant le fleuve et entendre Rumša chanter. L'ombre de deux mûriers noirs protégeait les enfants qui jouaient au jardin, abritait une table et faisait prospérer les courges.

Ma mère aussi avait, enfant, passé de belles journées sous les mûriers. Rumša lui tressait les cheveux et lui avait appris à le faire elle-même selon plusieurs variantes. Elle chantait pour elle et pour le fleuve. Le grand-père emmenait son chaton sur la Drina, dans sa barque. Les arrière-grands-parents furent leur vie durant attirés par l'eau.

Et l'eau était venue jusqu'à eux. En mars 1975, il avait plu quinze jours d'affilée, dans les montagnes, la neige fondait – quand le flot s'était retiré, la maison des arrière-grands-parents était inhabitable.

La famille entière s'était rassemblée dans la pièce à vivre, de la boue jusqu'aux chevilles. Les enfants s'étaient mis à ranger, les petites-filles pleuraient – ma mère et ma tante Lula. La veille, ils avaient tous ensemble fait le ménage dans la maison. À ce moment-là, Rumša ne pouvait plus très bien se baisser ou plutôt elle n'arrivait plus très bien à se relever.

Un peu plus tard, elle devrait marcher cassée en deux comme une équerre.

Au milieu des larmes et de l'agitation, elle avait pris la parole : « Vous avez mal nettoyé, dit-elle, alors j'ai dit à la Drina de venir donner un coup de main. »

J'avais deux mois à la mort de Rumša. Il se raconte que cette nuit-là, on l'avait entendue rire puis jurer, au matin elle était morte. Sur la seule photo où nous sommes ensemble, elle me tient dans ses bras. Elle me regarde, la bouche un peu ouverte. Nous sommes aujourd'hui le 24 août 2018. L'oreille posée sur les couleurs fanées, j'écoute.

GRAND-MÈRE ET LA RONDE

Grand-mère Kristina est douée de sens pratique. En cette étrange journée à Oskoruša, elle avait dit à Gavrilo : « Ta télé, je la veux, si par hasard tu devais disparaître avant moi. »

L'après-midi, chez Gavrilo, la télé marchait mais tous faisaient une sieste repue au rythme d'une *telenovela* mexicaine, les mouches se désaltéraient dans nos cheveux. Une heure après, nous étions réveillés. Grand-mère avait pris le bras de Gavrilo, et ils étaient sortis bras dessus bras dessous. Ils n'avaient pas eu besoin de dire un mot, déjà je les suivais.

Ils ouvraient la marche, bavardant à mi-voix. Je me disais que devaient alterner les souvenirs et le blanchiment d'argent. À un moment donné, Grand-mère s'était mise à rire, incrédule comme une gamine, la voix grimpant dans les aigus.

Sortant du bois, un troupeau de moutons vint tranquillement à notre rencontre. Leurs clochettes tintinnabulaient en mineur. Grand-mère et Gavrilo s'étaient arrêtés devant une barrière. Complètement à l'abandon, bien entendu. Trois planches, un poteau, trois planches, un poteau. Ils avaient regardé autour d'eux, discutant, puis Grand-mère avait demandé si elle pouvait me photographier. Surpris, j'avais suggéré : nous trois ensemble.

Toi tout seul. « Grimpe là, sur la barrière. »

Je lui avais tendu mon smartphone. Est-ce qu'elle savait s'en servir ? Quel âne je faisais, bien sûr qu'elle ne savait pas. Je lui avais montré. Étais grimpé sur la barrière. Là ?

Non, plus à gauche. Encore un peu. Stop. Ne bouge pas !

Je ne bougeai pas.

Devant moi les prés, dans mon dos le troupeau de moutons et le sommet du mont Vijarac. Il se passa alors la chose suivante : rien.

« Grand-mère, et maintenant ?

– Reste assis.

– Vas-y, allez.

– Arrête de gesticuler.

– Appuie sur le rond rouge, Grand-mère.

– Ne bouge pas. »

Situation complètement grotesque. Au bout d'environ trois minutes, j'en ai eu assez. Je suis redescendu, mais Grand-mère et Gavrilo se sont écriés : « Stop ! Remonte ! » Ils parlaient sérieusement.

Je suis remonté sur la barrière, m'excusant presque.

« Un peu plus à gauche », a dit Grand-mère.

Les moutons nous dépassaient en piétinant. L'un d'eux avait ouvert le portillon qui donnait sur la pâture voisine. Les autres se sont engouffrés. Plus rien ne m'étonnait. Le dernier s'était allongé dans l'herbe derrière moi. Gavrilo lui aussi s'était assis. Un oiseau criait. Grand-mère s'est exclamée : « Là ! Voilà ! » J'ai regardé derrière moi. On ne voyait rien de plus que le mont, le mouton et le ciel radieux. J'ai de nouveau regardé devant, et Grand-mère a appuyé, prenant une photo de moi à Oskoruša.

Elle n'est pas plus intéressante que ça, la photo. Un homme jeune dans un paysage de collines. Cheveux trempés de sueur, collés à son front. Un mouton allongé. Le mont s'élève derrière son épaule. De gros oiseaux tournoient autour de son sommet. Le ciel est d'un bleu implacable.

Nous sommes aujourd'hui le 7 février 2018. Presque neuf années se sont écoulées depuis que cette photo a été prise. Y a-t-il encore des gens qui vivent là-haut ? Pourquoi pas, d'ailleurs ? Un peintre originaire de Leipzig pourrait être passé par Oskoruša et avoir peint douze tableaux avec des arbres fruitiers dans lesquels des serpents s'étirent. Une responsable de l'action culturelle de la Commerzbank qui s'intéresse aux serpents dans des arbres fruitiers fait l'acquisition de la série pour un montant de trois cent mille euros. Sa femme, professeur de yoga, tombe amoureuse de la contrée que représentent les tableaux, s'y rend, et voilà que les paysages réels sont encore plus beaux. Elle achète une ferme abandonnée, la fait rénover et y organise des stages d'été pour des amateurs de yoga de Leipzig et sa région. Un conseiller en entrepreneuriat chevronné s'y installe. Sa copine, une bassiste soliste, assure l'ambiance dans le silence de la nuit. Le peintre revient et portraiture Gavrilo, Marija, Sretoje, les moutons de Miroslav. Deux femmes naturopathes fabriquent du cidre dans une grange. C'est désormais une communauté. On se chamaille et on s'aime dans tous les sens. Viennent des touristes qui s'intéressent aux communautés. Des hippies doués de sens pratique réparent la machine à laver de Gavrilo et lui enseignent la méditation. D'autres maisons sont remises en état, des comptes effacés sur les réseaux sociaux et des fruits mis en bocaux. Des artisans d'art ouvrent des ateliers. En prescrivant des *vacances durables dans les montagnes bosniaques*, une dermatologue de Halle comble une lacune du marché des vacances durables. Le conseiller en entrepreneuriat chevronné découvre sur le Vijarac une écaille provenant d'un grand reptile et, après l'avoir déposée sous son oreiller, il retrouve le sommeil. Tout le monde achète son lait chez Marija et cinq porcelets à Gavrilo à l'occasion d'une fête. Un an plus tard, on entend résonner dans les montagnes les cris des premiers bébés de la communauté. Après une heure de yoga, une Russe décide d'acheter tout ce qui n'appartient à personne. Cela cause un peu de stress dans la communauté jusqu'au moment où on la connaît mieux et où on la trouve en fin de compte tout à fait *karacho*. Son mari achète Višegrad en prime. Stevo trouve un nouveau job, parce que les Russes dopent l'industrie locale. Pour Gavrilo, les criminels de guerre dans sa vitrine expriment une mise en garde. Les anciennes républiques yougoslaves se livrent à une analyse minutieuse de la guerre.

Je téléphone à Grand-mère. Je lui demande comment elle va.

« Je ne vais pas bien », dit ma grand-mère qui ne dit jamais qu'elle ne va pas bien. Elle susurre un air comme si elle était en train d'écouter de la musique. Je me la représente les yeux fermés. Elle s'interrompt, une quinte de toux.

Je lui demande si quelque chose ne va pas. Ce qui est une question débile, et donc, je m'empresse d'ajouter : « Tu as mal quelque part ? »

« Oui », répond Grand-mère qui susurre à nouveau. « Est-ce que je t'ai déjà raconté comment j'ai rencontré ton grand-père ? »

Elle me l'avait raconté. Deux ou trois fois rien que cette semaine. « Non, pas encore, Grand-mère. »

« On dansait la ronde. À Oskoruša. Il m'avait pris le bras et m'avait marché sur le pied avant même que la musique commence. Et il a recommencé dès que ça a démarré. Pour la danse suivante, je me suis installée ailleurs. Pero m'a suivie et a recommencé à me marcher sur le pied. Je préférais danser avec quelqu'un qui ne me marchait pas sur le pied, et j'ai laissé passer la troisième ronde. Et bien sûr, il a fait de même. »

Je m'imagine que Grand-mère est en train de sourire. Elle tousse. À la danse suivante, Grand-père lui avait de nouveau écrasé les orteils, et cette fois, tout simplement, Grand-mère était restée plantée là. La ronde se tendait et avançait par saccades comme une chaîne sur le point de rompre, s'ouvrit et se referma, continuant à tourner sans mes grands-parents.

Elle proposa de s'asseoir – ce qu'il comprit comme une manifestation de sympathie de sa part alors que c'était la conséquence de ses bottes lui écrasant les pieds. Grand-mère fredonne. Je connais l'air, c'est une ronde serbe, rythme pressé, simple.

« Et ensuite ? » je demande. En guise de réponse, elle continue à fredonner puis respire, lentement, avec peine. « Grand-mère ? »

Elle dit : « Tu as les longues jambes de Pero. »

Enfant, cette comparaison me plaisait, je crois que c'est parce que Grand-père me plaisait bien. Au téléphone, on a l'impression qu'il ne s'agit pas seulement pour elle de l'aspect, mais qu'il faut que je réponde moi-même à la question de ce qui se passe ensuite.

Au lendemain de notre échange téléphonique, Grand-mère a été hospitalisée pour une pneumonie. Au lieu de prendre sa maladie comme prétexte pour lui rendre visite, je suis resté à Hambourg pour parler d'elle dans mon livre. Mes parents sont allés à ma place à Višegrad. Nous sommes aujourd'hui le 7 mars 2018, ils y sont depuis un mois. C'est par eux que je le sais, Grand-mère va mieux physiquement, mais la démence la travaille plus dur que jamais. Elle parle avec des gens qu'elle est la seule à voir et en cherche d'autres qui n'existent plus.

Aujourd'hui, je l'appelle pour qu'elle puisse me souhaiter mon anniversaire. Je veux qu'elle se souvienne que c'est mon anniversaire. La conversation s'écoule tranquillement. Grand-mère parle à voix si basse que je n'ai pas besoin de lui demander comment elle va. Je dis : « Je voudrais bientôt retourner à Oskoruša. » Elle ne répond pas. Je demande : « Tu veux venir avec moi ? » Elle se tait. Je fredonne l'air de la ronde. Je m'apprête à m'interrompre quand quelque chose se réveille tout de même en elle et reprend la danse. Cette fois, elle est dans cette ronde « avec un homme ». Elle ne dit pas « Pero » ou « Grand-père ». Un homme lui marche sur les pieds.

Je voudrais savoir précisément à quel moment cela s'est passé.

« Le jour de la Saint Georges. Y a pas très longtemps de ça. Nous avons dansé ici, dans le trèfle », dit-elle, comme si elle était sur place, comme si sous les arbres étaient dressées les tables et installés les bancs, comme si elle entendait les grillons et les musiciens.

Et c'est étrange. Je ne veux pas que ma grand-mère danse avec un homme quelconque. Je veux que ce soit Grand-père qui lui marche sur le pied. Je veux que dans son souvenir, elle danse pour la première fois et échange les premières paroles avec son futur.

« C'était avec Grand-père ?

– Hein ?

– Tu étais avec Grand-père pour cette ronde, non ? À Oskoruša ? Avec ton Pero ? » Je recommence à fredonner la fameuse mélodie, mais d'un seul coup, je me fais l'impression de dresser un animal et je m'interromps.

« Avec Pero ? » dit Grand-mère d'un ton hésitant.

Voilà qui me suffit.

« Dehors, dit-elle, sous le cormier, on a parlé. Avec Pero, on pouvait sans aucun doute mieux parler que danser. Tu sais, les filles de la région sont toutes grandes et rugueuses. Comme des chênes. J'ai des articulations fines, ça plaisait à mon Pero. »

Grand-mère se racle la gorge.

« Grand-père te consacre beaucoup de temps », dit-elle d'une voix changée. Plus ferme, convaincue de ce qu'elle dit. « J'aime bien vous voir ensemble. Vous vous baladez en ville. Vous n'arrêtez pas de parler. » Elle ajoute que n'importe quel gamin de sept ans serait capable de me casser la figure mais que pour ma part, je saurais bien les embobiner et arriver à mes fins. « Ça aussi, tu le tiens de Pero. Vous êtes des vrais coupeurs de cheveux en quatre quand il s'agit des mots. »

Apparemment, Grand-père ne répondait que rarement de façon directe à toutes les questions enfantines que je lui posais, il emballait la réponse dans une petite histoire. C'est du moins ce que j'ai raconté pendant des années. C'était une bonne façon d'expliquer le plaisir que je prends à inventer des histoires. Je demande à Grand-mère si c'est vrai. J'aimerais bien que ce soit le cas. Je suis un opportuniste.

Grand-mère dit : « Il portait une veste, malgré la chaleur. Un monsieur m'as-tu-vu. Un monsieur m'as-tu-vu qui avait fière allure. »

Elle raccroche.

À côté de la sonnette de ma grand-mère, alors qu'il était mort depuis des années, on lisait toujours le nom de mon grand-père. Petar Stanišić est mort en 1986. Pendant trente ans, on a sonné à la porte de quelqu'un qui n'existait plus. Grand-mère n'avait pas permis qu'on écarte son mari de la sonnette. Elle le savait bien, quand la sonnette ne porterait plus son nom, il ne le donnerait plus qu'à une pierre tombale devant laquelle on allumerait une bougie de temps en temps.

Il est tout de même étrange que cette histoire de ronde me fascine à ce point, je sais bien qu'elle ne peut pas s'être déroulée ainsi. Mes grands-parents ne se sont pas rencontrés en dansant et pas davantage à Oskoruša. Un jour, Grand-père, employé du fisc, faisait du porte-à-porte dans un village du nom de Staniševac et réglait les affaires qui devaient l'être. Il s'arrêta un certain temps dans la plus grande des maisons. Il mangea et but avec le maître de céans, une jeune femme faisait le service. Sans échanger le moindre mot avec l'étranger, ni le moindre regard.

Un an plus tard, Grand-mère tomba de cheval et se cassa le bras. Elle fut transportée à l'hôpital de Višegrad, où dans l'intervalle Grand-père était employé comme comptable. Ils se croisèrent dans l'éclairage au néon du couloir. Il se souvenait de la jeune femme apportant de la polenta de la cuisine, et elle du jeune homme et de sa veste posée sur le dossier de la chaise. Parfois, cela suffit pour un début : le souvenir commun à un moment qui a d'abord semblé dénué de toute importance.

Mon nom est inscrit à côté d'une sonnette à Hambourg.

Enfant, j'ai quelquefois dansé la ronde.

Aujourd'hui, j'en ai oublié les pas.

Mon fils a hérité de mes longues jambes.

INTÈGRE, LOYAL, INFATIGABLE

Je suis né dans un pays qui n'existe plus. Le 29 novembre, c'est la journée où l'on célèbre la République fédérative socialiste de Yougoslavie. Ce jour-là, les Yougoslaves, nationalité qui n'existe plus, se retrouvent en des lieux yougoslaves chargés de sens et pleins de symboles yougoslaves. Quand ils se rassemblent en ce jour de la République fédérative socialiste de Yougoslavie qui n'existe plus, elle existe encore. L'autodétermination, ça compte, non ? Le 29 novembre, j'ai vu de vieux hommes et de vieilles femmes chanter, les larmes aux yeux.

Širom sveta put me vodio
Za sudbom sam svojom hodio,
U srcu sam tebe nosio,
Uvek si mi draga bila
Domovino moja mila,
Jugoslavijo, Jugoslavijo!

Dans le vaste monde m'a mené mon chemin,
je me suis soumis à mon sort,
en mon cœur je te portais,
à tout jamais je te chéris,

ô ma chère patrie,
Yougoslavie, Yougoslavie !

Une fois, le rassemblement s'est tenu au bord de la Neretva. Une autre fois on a fait rôtir des agneaux sur le mont Igman. Ljubljana, Belgrade et Jajce ont aussi déjà eu leur tour. À Drvar, il s'en était fallu d'un cheveu que les Allemands tuent Tito. Les participants font des selfies dans la grotte où Tito s'était caché avec son état-major. L'éclairage est mauvais et par conséquent les photos le sont aussi, on n'y peut rien.

On réserve un chœur pour animer la soirée. Le chœur interprète des chansons populaires et des chants héroïques, il ne faut pas qu'il coûte trop cher. Il se tient muet au fond de la salle, le chœur, à l'heure des discours. Il y a toujours quelqu'un pour parler de l'antifascisme, y compris les similitudes avec l'actualité européenne. Antifasciste un jour, antifasciste toujours. Jusqu'à la tombe.

Toutes les personnes présentes, à part le chœur – en général jeune –, sont nées en Yougoslavie et y ont grandi. Ils y sont tombés amoureux, s'y sont mariés ou pas, en général l'ont fait. Ils ont été opérés de l'appendicite en Yougoslavie, ont acheté une auto yougoslave, ont fait des dettes qu'ils ont remboursées, ont surmonté crises et bonheurs et plus d'un a conservé son appendice. La seule chose qu'ils ne pourront plus faire en Yougoslavie : y mourir. La terre, elle s'en moque, eux pas.

Ils ne peuvent guère conclure par cette pirouette de l'Histoire. En fait, conclure, il faut bien, on est réaliste. La Yougoslavie, c'est du passé. Mais justement, eux pas encore. Pour un jour et une nuit, ils ressuscitent la Yougoslavie, en pension complète, orateurs solennels, projections de diapos (voire Powerpoint) avec des photos des années cinquante et soixante, les plus téméraires montrent aussi les années quatre-vingt. La catastrophe a lieu pendant les tables rondes, il n'y a pas besoin de montrer de photos de la catastrophe. Sous des bannières étoilées ils se lèvent, le chœur entonne l'hymne :

> *Hej, Slaveni, jošte živi*
> *riječ naših djedova,*
> *dok za narod srce bije*
> *njihovih sinova.*

> *Hohé, Slaves, toujours vivra*
> *la parole de nos ancêtres,*
> *tant que pour le peuple*
> *battra le cœur de leurs fils !*

Tous chantent, main sur le cœur, enfants du socialisme, frères et sœurs des peuples. Ce sont des marchands de reliques, des retraités cultivés, des paysans et des grand-mères. Ils sont membres du *Centre Tito*, adhérents de la *Société pour la Vérité sur le mouvement de libération du Peuple*. Leurs chaises assemblées en cercle, ils discutent. Ne peut parler que celui dont c'est le tour. Leurs plus belles années, c'était sous Tito. Ils s'imaginent que c'est vrai aussi pour les autres. Le présent, c'est l'enfer succédant au paradis. Sauf pour ceux qui profitent de l'enfer – les extrémistes populistes, les entrepreneurs dénués de sens moral, les investisseurs et exploiteurs étrangers.

Un jour, se déroulait au même moment à l'hôtel de Mostar un congrès de gynécologues où l'on mangeait nettement mieux. Tard dans la soirée, un des Yougloslaves coiffa sa casquette de pionnier un peu trop petite et salua, paume à la tempe, en réponse, tous prirent leurs casquettes et répondirent à son salut. Le premier prononça le serment des pionniers, les autres le suivirent. La terre s'ouvrit, Tito surgit des profondeurs sur un escalier roulant en or pour faire son entrée dans le monde, souhaitant remettre à chacun des présents une médaille, cependant il s'avéra alors qu'il ne s'agissait pas de Tito mais d'un gynécologue égaré qui fixa les pionniers droit dans les yeux et s'enfuit à reculons ! Il était sincèrement désolé d'avoir dérangé l'assemblée.

Je leur ressemble un peu. Les anciens idéaux, j'y crois. Moi aussi, je connais encore par cœur le serment des pionniers.

Aujourd'hui, en devenant pionnier, je prête le serment des pionniers :
Je m'engage à étudier et à travailler assidûment, à respecter parents et anciens et à être un camarade loyal et honnête.
Je m'engage à aimer notre patrie auto-administrée, la République fédérative socialiste de Yougoslavie.
Je m'engage à soutenir les idéaux de fraternité et d'unité et ceux pour lesquels Tito a lutté.
Je m'engage à honorer tous les peuples du monde qui chercheront à atteindre la liberté et la paix.

C'est pas beau, ça ? Honorer tous les peuples du monde ! Comme ça paraît simple.

Après le petit-déjeuner, promenade gueule de bois au bord de la Neretva. Quelqu'un veut pisser dans le fleuve et tombe dedans. Plusieurs camarades plongent derrière lui, solidarité et stupidité se déchaînent. Montant des flots, l'*Internationale*, en aval, un pêcheur crie : « Vos gueules, bande de crétins ! »

Et : « Tous ceux qui voulaient travailler avaient un boulot. »

Et : « Oui, il y avait aussi un peu de censure et quelques prisonniers politiques. Mais largement moins que dans les États du pacte de Varsovie. »

Et : « Garanties sociales, égalité des chances, liberté de circulation. »

Et : « Si Tito était encore en vie, il n'y aurait pas eu de guerre. »

Et : « Si Tito était encore en vie, aujourd'hui, la Yougoslavie serait comme la Suisse, en moins bornée. »

Et : « Si Tito était encore en vie, la Yougoslavie serait championne du monde. Imagine ça, une équipe de foot avec des joueurs venant de toutes les parties du pays ! »

Et : « Silence, s'ils vous plaît, mes chers camarades. Le prochain orateur est Mile Radivojević. Mile, inutile de le présenter. Son exposé s'intitule : *Josip Broz Tito et la vérité sur son lumbago au moment du quarantième anniversaire de la grande révolution socialiste d'octobre.* Mile, je t'en prie. »

Et : « Nous sommes yougoslaves. La Yougoslavie, c'est notre origine, c'est notre avenir. »

Au cours de la nuit, le chœur et les nœuds de cravate se relâchent, les participants, encore presque au grand complet, poussent les tables contre le mur. On danse, et en dépit de l'interdiction, on fume. Ciel limpide sur Mostar. Plus d'une étoile a depuis longtemps cessé de briller, et pourtant, on la voit encore. Un employé de l'hôtel demande si on a encore besoin de quoi que ce soit, car sa journée de travail se termine.

On n'a besoin de rien.

La Yougoslavie danse jusqu'au petit matin. Un type qui vient de Split rêve sur sa chaise. Un autre, venant de Ljubljana, retourne à sa chambre. Un autre, de Tuzla, prend congé et monte avec une femme de Titograd vers les étages. Sur le siège des toilettes, un type de Novi Sad s'assoupit. Un autre de Skopje règle son réveil pour treize heures.

Bonne nuit, camarades, bonne nuit.

SANG MÊLÉ

En 1986, le recordman du monde de pompes (29 449) en vingt-quatre heures s'appelait Miodrag Stojanović Gidra et était yougoslave.

Les basketteurs yougoslaves ont été deux fois de suite champions d'Europe, en 1989 et en 1991.

En 1991, l'Étoile Rouge a également été sélectionnée pour la Coupe du Monde. J'ai eu le droit de veiller jusque tard dans la nuit pour regarder le match. L'adversaire venait du Chili et sur son emblème, il y avait un Indien. Nous avons joué toute une mi-temps à dix et avons quand même gagné 3 à 0.

La Yougoslavie produisait des objets qui n'étaient peut-être pas vraiment de qualité, mais ça suffisait. Ou peut-être pas, mais ils n'étaient pas chers.

La Yougoslavie, avec ses paysages, servait de décor à des westerns italiens, le genre le plus sublime quand on aime Karl May et les duels au pistolet comme moi enfant et les yeux graves d'un Clint Eastwood particulièrement crasseux comme les aimait Nena Mejrema.

La Yougoslavie, c'étaient ceux qui étaient bons. Bons en sport, bons à la guerre, bons en temps de paix, bons entre guerre et paix et à l'écart des blocs. Dans le récit yougoslave, tous tirent sur la même corde et ont les mêmes droits, quels que soient leur âge, leur sexe, leur profession ou leur appartenance ethnique.

Tous les problèmes se présentaient assortis de l'assurance qu'on pouvait les résoudre à condition de remonter ses manches tous ensemble. Ce n'était peut-être pas honnête, mais c'était optimiste. Certains problèmes furent résolus, d'autres pas.

Le problème des crédits astronomiques resta en suspens pendant des années et mena à l'inflation.

Le problème que posaient ceux qui critiquaient le pouvoir de l'État fut résolu quand on les déporta sur une île, mais ce genre de mesure ne fait bien entendu pas un effet vraiment super. Enfant, je n'avais rien perçu de tout cela. Une chose de plus que la Yougoslavie faisait plutôt bien : passer sous silence ce qui l'était moins.

La Yougoslavie soutenait la jeunesse parce que l'avenir était entre ses mains. J'étais concerné moi aussi. À dire vrai, ça mettait pas mal la pression : s'engager pour quelque chose qui n'existait pas encore et devoir en prendre soin. D'ailleurs, c'était vraiment bien téméraire de faire confiance à quelqu'un qui un jour, pour voir ce qui se passerait, avait mis dans l'essoreuse un ficus avec son pot et sa terre.

En compagnie de mes camarades pionniers, je nettoyais les rives de la Drina et je sifflotais « Wind of Change », ma chanson favorite de l'époque. J'apprenais des poésies par cœur et j'en écrivais moi aussi, mes « moi » lyriques étaient des partisans mis en vers.

Peu avant la guerre, j'ai participé à une campagne pour les dons de sang.

Un samedi de janvier ou de février, nous nous étions égayés comme un essaim, faisant du porte-à-porte et demandant aux habitants : « Au fait, à quand remonte ton dernier don de sang, camarade ? » Le quartier qui m'avait été confié était proche de la maison de grand-mère Kristina. Je connaissais les gens, ils me connaissaient. « Alors, où en est-on, vous ne voudriez pas à nouveau donner votre sang ? »

Aucun pays n'a donné autant de sang que la Yougoslavie, voilà ce que je croyais à l'époque, le sang remarquable des Serbes, des Croates, des Bosniaques, des Macédoniens, des Slovènes et de ces minorités qui n'étaient pas forcément nommées par leur nom quand on récitait la liste des peuples. Mais leur sang était super lui aussi, c'était certain.

J'étais sang mêlé. Je lisais *Winnetou*.

En 1990 des incidents se produisirent lors d'un match entre le Dinamo de Zagreb et l'Étoile rouge de Belgrade. Des spectateurs en vinrent aux mains, des Croates s'en prirent à des Serbes, des Serbes à des Croates, les footballeurs au beau milieu. Il y eut des centaines de blessés.

En 1992, les équipes nationales de Yougoslavie furent dissoutes.

En août 1992, l'Armée de la République Srpska, la République serbe de Bosnie, massacra les habitants d'un village tout entier non loin de Višegrad. Barimo. Barimo, c'est le nom du village. Vingt-six personnes furent tuées.

En 2001 le recordman du monde de pompes Miodrag Stojanović Gidra fut abattu dans sa voiture. Une balle dans la gorge, cinq dans la poitrine.

MORT AU FASCISME, LIBÉREZ LE PEUPLE

C'est au plus tard après la mort de Tito dans les années quatre-vingt que s'ouvrirent des béances dans le récit multi-perspectiviste de la Yougoslavie, et des crevasses dans les fondations de la fédération. Impossible en particulier de combler les fossés économiques à l'aide de slogans vantant l'unité et la fraternité. Les républiques les plus riches n'étaient plus disposées à contribuer à la répartition des biens et du capital, les tendances séparatistes furent nourries en sous-main par des griefs ethniques – auxquels répondirent d'autres griefs ethniques. La politique ne faisait pas diminuer les peurs, mais au contraire nourrissait les antagonismes.

La diversité ethnique cessa de jouer son rôle de ciment fédérateur, se délita au contact du nationalisme. Tito, narrateur unique du récit de l'unité yougoslave, s'avéra irremplaçable. Les voix nouvelles se lancèrent dans des tirades populistes mensongères et brutales. Leurs manifestes résonnent comme des modes d'emploi de la haine entre peuples. Ils furent soutenus par des intellectuels, diffusés par les médias et martelés tant et si bien qu'au milieu des années quatre-vingt, il était devenu impossible d'y échapper. Papa avait lu des articles sur la question avant de danser avec maman et avec le serpent.

Les nouveaux narrateurs avaient pour nom Milošević, Izetbegović, Tudman. Ils entreprirent une longue série de lectures publiques pour rencontrer *leur* peuple.

Genre : Discours colérique apparenté à un manifeste.

Cadre : Politique erratique des années quatre-vingt, crise économique et inflation.

Sujet : Victimisation du peuple dont on est issu. Honneur souillé, injustices subies, batailles perdues. L'*autre* comme ennemi.

Personnages principaux : Les gagne-petit, chômeurs d'aujourd'hui et guerriers tombés il y a des siècles.

Temps de l'histoire : Environ huit cents ans.

Style : Impératifs. Accumulation de symboles. Images brutales. Pressentiments accumulés.

Perspective narrative : Narrateur omniscient. Le pronom personnel privilégié est la première personne du pluriel. Le *nous* est utilisé de manière à exclure *ceux* qui n'en font pas partie. « Nous ne les laisserons plus nous… » et ainsi de suite.

Message : En avant vers de nouveaux actes d'héroïsme ! L'Histoire peut être corrigée ! Notre sang est vigoureux ! Nikola Tesla est Serbe. Dražen Petrović est Croate.

Structure argumentative : Affirmation d'un peuple dont l'intégrité nationale et culturelle est menacée et doit de ce fait être défendue. Affirmation d'une supériorité au choix raciale, religieuse ou morale visant à légitimer des prétentions territoriales. Folklore des origines en guise de marque d'identité. Tout ce qui vient d'en face est mensonger.

Destinataire : Poches revolver, couteau pliant et déo.

Ici, comme par hasard ! Dans ces fameux Balkans ! Au point de rencontre entre l'Orient et l'Occident ! C'est d'ici qu'ils se sont un jour ébranlés, tous ! Ont bombé le torse, ont été vaincus (ou pas), ont battu en retraite. Tous ont laissé une trace de leur passage. Rome, Venise, les armées ottomanes, l'Autriche-Hongrie. Et tous les Slaves. Les Juifs, venus de la péninsule ibérique, et qui sont restés. Des enclaves tziganes existent dans tout cet espace. Les Allemands ont dormi dans les lits de mes ancêtres. Ils sont tous passés par ici, à l'endroit où tu entonnes le même hymne dans différentes tonalités, *selon la situation*. Ici, où tu bois du café *turc*, où employer des mots empruntés à l'allemand ou à l'arabe va de soi, où dans les bois et aux mariages, tu danses avec des vilas slaves venues du fond des temps, sur des airs de variété aussi nuls les uns que les autres, qu'ils soient croates ou serbes. N'avions-nous pas fêté ensemble les buts marqués par l'Étoile Rouge ? Il semblerait que non.

Nous sommes aujourd'hui le 29 août 2018. Ces derniers jours, des milliers de personnes ont manifesté à Chemnitz, en Allemagne, contre une société ouverte. Des migrants ont été agressés, le salut hitlérien planait sur le temps présent.

Dans le blason de la Yougoslavie, entourées d'épis de blé, six flammes brûlaient, en l'honneur des six peuples. Et au-dessus rôtissait l'étoile à cinq branches. L'enfant que j'ai été trouvait ce blason superbe, même s'il se demandait pourquoi ni le blé ni l'étoile ne prenaient feu.

En 1991, l'appartenance était devenue un brûlot. Tous carburaient à la même source. Chaque origine pouvait être celle qu'il ne fallait pas. Le feu, on a soufflé dessus.

Après l'embrasement de 1991 en Croatie, à Višegrad, je me suis engagé dans une action en faveur de la paix. Notre groupe de jeunes de huit à quatorze ans avait élaboré un programme récréatif qui lui était dédié. Grand-mère Kristina nous avait aidé à trouver une scène appropriée. Elle connaissait le propriétaire d'un restaurant situé en centre ville qui sans doute avait une dette envers elle. Nous avions pu accéder gratuitement à son jardin aménagé en buvette et par-dessus le marché, les boissons nous étaient offertes.

Nous avions décoré les tables de l'étoile rouge et accroché aux murs des fanions et des couronnes de verdure. Elles étaient censées représenter des couronnes de la paix, mais donnaient plutôt l'impression que Bonhomme Hiver allait passer.

Nous avons déclamé des poèmes à la gloire de la Yougoslavie, chanté la lutte pour la libération des peuples, la solidarité collective, l'enfance, la pluie, l'Étoile Rouge (par ma voix).

Nous avons entonné des chants de partisans et des chansons pop américaines. Une table ronde avait discuté différents sujets. Je me souviens que se sont succédés les dinosaures et la litanie antifasciste. Pendant trois après-midi, Grand-mère avait organisé une tombola et avait pour sa part gagné deux fois. Ma prof d'anglais avait fait un discours sur un sujet que j'ai oublié, j'étais resté scotché à ses lèvres. Nos mères ont préparé jour après jour des sandwichs pour le buffet. Au bout de deux semaines, l'inflation avait tellement fait monter leur prix que nous les donnions.

Après les représentations, il y avait de la musique. Dans la même période, je m'employais aussi avec succès à séduire une belle. Elle avait dansé avec moi et tout semblait incroyablement *bon* et *réussi.* Puis la belle avait dansé avec un autre Saša, ce qui me sembla incroyablement *mal* et *raté.* Et même, pendant qu'ils dansaient (amertume et dérision), on jouait « Wind of Change » des Scorpions.

Pratiquement un an jour pour jour après notre spectacle, un soldat serbe essaiera de débusquer ma mère dans l'appartement de ma grand-mère Kristina. Il ouvrira toutes les portes et vérifiera même qu'elle ne s'est pas pendue au balcon. Il se servira un verre de lait et demandera à ma grand-mère comment elle a pu permettre que son fils épouse « une Turque ». En guise d'adieu, il lui donnera même un conseil :

« Décroche de ton mur le portrait de Tito ! »

« Les racistes sont par définition des gens malpolis », avait paraît-il un jour dit grand-père Pero. Pendant toute une période, en Yougoslavie, c'était bien d'être contre le racisme et le fascisme. L'assurance avec laquelle des racistes se sont mis dans les années 1990 à défiler dans les rues à Belgrade, à Zagreb, à Vukovar et même à Višegrad est d'autant plus inouïe.

Des mondes s'écroulent si on ne barre pas à temps et avec fermeté la route de ceux qui veulent les faire disparaître. Nous sommes aujourd'hui le 21 septembre 2018. Si on votait pour le Bundestag dimanche prochain, l'AfD, le parti d'extrême droite, obtiendrait 18 % des suffrages.

Aujourd'hui, le portrait de Tito est toujours accroché chez ma grand-mère. Les enfants de Višegrad ont deux semaines d'affilée occupé un lieu au nom de la paix. Ils ont sans doute un jour chanté :

Dans le vaste monde m'a mené mon chemin,
je me suis soumis à mon sort,
en mon cœur je te portais,
à tout jamais je te chéris,
ô ma chère patrie,
Yougoslavie, Yougoslavie !

GRAND-MÈRE ET TITO

« Tito est mort », a murmuré Grand-mère. Elle a vidé son café dans l'évier, s'est essuyé la bouche avec le torchon, a ouvert la porte qui donne sur la cage d'escalier et a crié : « Tito est mort ! » Je l'ai prise par le bras, elle a continué à clamer, en criant plus fort : « Tito est mort ! » Heureuse, ou horrifiée ? « Tito est mort ! »

Grand-mère ne s'était jamais mêlée de politique. La politique, c'était le domaine de mon grand-père, c'est lui qui avait accroché au mur le portrait de Tito, et c'est seulement parce que Tito avait fait partie de son mari qu'elle ne l'avait pas décroché. Pour sa part, elle répartissait les gens en bons et mauvais, selon qu'ils mangeaient bien ou mal, ou s'occupaient bien ou mal de leur famille. S'occuper, c'était aussi la vie après la mort, l'entretien des tombes et le souvenir. Venaient en tête ceux pour qui leur famille prenait la première place.

Sur les photos, Tito avait l'air bien nourri, et il s'occupait de la famille yougoslave. Cela devrait avoir suffi à Grand-mère. Mais ses effusions me semblaient excessives. Elle écarta ma main d'une tape : « Tito est mort ! » Elle voulait descendre, aller dans la rue.

« Aujourd'hui, en devenant pionnier, je prête le serment des pionniers. » Je n'avais pas parlé à voix haute, mais Grand-mère s'arrêta. Je chuchotai : « Tito, il est clandestin, tout en bas. Dans sa grotte de Jajce. » Du pouce et de l'index, je tirai la fermeture Éclair de mes lèvres.

« Voyons, la grotte, c'était à Drvar ! » dit Grand-mère. Ses yeux brillaient. Elle fit demi-tour d'un pas hésitant. Ouvrit la biographie de Tito et regarda les images. Le passage concernant la cachette de Tito dans la grotte de Drvar, elle me dit de lui en faire lecture. Elle me demanda de fermer portes et fenêtres et ajouta à voix basse : « Dis-moi la vérité, a-t-il besoin de notre aide ? »

« La révolution a besoin de tous ceux qui veulent s'engager sincèrement pour la lutte du prolétariat », lui répondis-je en portant ma main à ma tempe.

« Je ne veux qu'un pistolet, imbécile », murmura-t-elle.

Je lui ai répondu que j'allais voir ce qu'on pouvait faire. « Je vais peut-être demander à Andrej. »

« Quel Andrej ? »

« Ton voisin. Le policier ? »

« Il n'y a pas de policier ici. » Grand-mère fit un geste de dénégation.

Je compris : « Ici » ne se situait pas aujourd'hui. Grand-mère se trouvait à l'époque de la mort de Tito, en 1980.

J'ai continué à lire la biographie, Grand-mère avait l'air absente. L'allusion faite à Andrej l'avait déstabilisée. Elle regardait devant elle dans le vide. Avait fini par poser la tête sur l'énorme livre et s'était endormie, l'image de Tito sous sa joue.

DANS DES BOÎTES À CHAUSSURES, DANS DES TIROIRS, DANS LE COGNAC

Grand-mère a évacué de chez elle bien des choses ayant appartenu à son mari. Elle a conservé : des documents et des photos, qui attestent qu'il a vécu ; sa petite bibliothèque (des livres qu'elle n'a pas lus et ne lira jamais) ; ses insignes et ses trois vestes (l'une d'elle me va comme un gant, les deux autres sont moches). Pendant qu'elle dormait sur la biographie de Tito, j'ai exploré l'appartement, en quête de traces de Grand-père. Le sommeil de Grand-mère m'arrangeait, je ne voulais pas qu'elle sache ce que je faisais, je ne sais pas pourquoi.

Grand-père était une béance dans mon souvenir, comblée par des anecdotes rapportées ou des inventions personnelles. Je voulais maintenant en quelque sorte une rencontre avec lui à travers du concret. À travers des papiers d'identité et des factures d'électricité établies à son nom. Je démarrai par un petit verre de son cognac. La bouteille était plus vieille que moi. Je n'eus pas le courage de boire plus d'une gorgée. Le cognac était trop sucré et avait un goût de « à quoi bon ».

Petar « Pero » Stanišić repose dans des cartons à chaussures, dans des tiroirs, enfermé dans des documents plastifiés. Depuis qu'elle est malade et déambule à travers les périodes passées en méditant comme une poétesse, Grand-mère a recommencé à l'évoquer souvent. La plupart du temps, on ne sait pas si elle se souvient vraiment ou si elle fabule. Ce qui est certain, c'est qu'elle voudrait qu'il soit là d'une façon ou d'une autre. Je ne me souviens plus de les avoir vus ensemble en un même lieu.

Et pourtant, les voici assis l'un près de l'autre sur cette photo prise lors d'une fête. Une tablée ici, dans cet appartement. Grand-mère et Grand-père au milieu de leurs invités. Il fait chaud dans la pièce, elle a le goût des rires qui flottent au-dessus des assiettes. Sur la table, la bouteille de cognac. Accrochée au dossier de la chaise de Grand-père, sa veste – celle qui me va bien.

Je l'ai enfilée.

Grand-père est tourné vers Grand-mère, elle debout près de lui, une main posée sur son épaule, l'autre gesticule en l'air. Grand-mère parle. Personne ne saura jamais de quoi. Elle n'en a sûrement pas le moindre souvenir. Et les autres personnes autour de cette table sont déjà toutes mortes.

Grand-mère n'avait sans doute pas l'intention d'ériger un monument à la mémoire de son mari. Simplement, elle n'a pas jeté quelques objets qui lui semblaient importants. J'ai aussi trouvé une liste de courses (pain, lait, pommes, farine, salami) et feuilleté un carnet de chansons enfantines maculé de graisse. Il s'agissait là de ses archives privées, nul autre n'avait besoin de les comprendre.

GRAND-PÈRE EST INSOUCIANT ET ARMÉ

Nous sommes aujourd'hui le 18 juillet 2018. Je ne trouve pas d'autre façon de mettre en lumière ce que j'ai appris au sujet de mon grand-père que de dresser la liste des éléments découverts comme on le ferait des ingrédients pour la recette d'une biographie. Le grand narrateur de Grand-père est une liste poussiéreuse.

DIPLÔME
DE L'ÉCOLE PUBLIQUE DE RUDO

Stanišić Petar, *fils de* Bogosav, *né le* 14.10.1923 *à* Oskoruša, *Confession:* chrétien orthodoxe de Serbie, *a fréquenté la* quatrième *année de l'école primaire en 1934-1935, et s'est vu remettre le présent livret scolaire:*

Rien que des 4 (deuxième meilleure note). Même en *Chant*, en *Écriture* et en *Travaux Manuels et Artisanaux mettant en œuvre des motifs populaires*. Le seul 5 (la meilleure note) est obtenu en *Religion et Morale*.

Conduite: 5
Jours d'absence justifiée: 3
Jours d'absence injustifiée: 0

Photo noir et blanc de Grand-père âgé d'environ seize ans
Un couteau passé dans la ceinture. La casquette de guingois, le regard plein de défi, la main sur la hanche. Grand-père est insouciant et armé, et je me dis : c'est peut-être vraiment toi.

LIVRET MILITAIRE DE L'ARMÉE YOUGOSLAVE

Titulaire : Camarade Stanišić, Petar.
Adresse au moment de l'incorporation dans l'Armée Yougoslave : Oskoruša
Activité civile : Agriculteur
Taille : 1,76m
Poids : 72 kg
Période de service dans l'Armée Yougoslave : du 12.02.1945 au 18.01.1946
Arme : Infanterie
Compétences acquises pendant le Service militaire susceptibles d'avoir une utilité dans la vie civile : Aptitudes au combat

CERTIFICAT DE BONS ET LOYAUX SERVICES

Camarade Stanišić, Petar, ce certificat atteste de ta contribution à la reconstruction de notre patrie. Mort au fascisme – Liberté pour le Peuple !
Višegrad, le 05.02.1948

Stanišić, Petar est membre de la Ligue des Communistes de Yougoslavie depuis le 08.09.1949.

Étui (contenant une montre de la Maison de la santé):
01.10.1967 – pour vingt ans de loyaux services.

Photo: fête de famille en noir et blanc
Une table chargée de victuailles. Maman, souriante. Grand-père a passé son bras autour de son épaule. Les deux grands-mères, toutes deux permanentées et sans canines. Grand-père Muhamed, sourire gêné. Il a toutes ses dents. Préférerait être à la pêche plutôt que de fixer un objectif. La bouteille de cognac inspire confiance. Levez vos verres! Nena, mains posées sur ses genoux, elle ne boit pas d'alcool. Sont-ils en train de fêter ma naissance?

Résultats d'examens des services de Cardiologie et de Rhumatologie de l'Hôpital de Banja Vrućica, Dossier N° 3605 pour Stanišić, Petar
DIAGNOSTIC:
Calcul rénal 1. Sin
Varices bilat. membres inf.
Hypertension artérielle osc.
Cardiomyopathie hypertensive

J'ai immédiatement tout recherché sur Google: Calculs rénaux, varices, cardiomyopathie (ou alors pathologie du myocarde) résultant d'une hypertension artérielle. La pression plus forte sur la paroi des artères sollicite davantage le cœur, entraînant une augmentation de volume du ventricule gauche qui perd progressivement en efficacité.

J'ai alors pris conscience des battements de mon cœur. Fait des recherches sur les précautions à prendre (sport, régimes). Il y a quelques mois, mon père s'est vu prescrire un traitement hypotenseur.

Le patient a interrompu le test d'effort sur vélo ergométrique au bout de 11 minutes / 150W (correspondant à un effort physique intense) par suite de fatigue et de difficultés respiratoires.

J'ai appelé mon médecin pour un rendez-vous de test d'effort.

Photo: Grand-mère, Grand-père et moi à table en couleurs

Un gâteau d'anniversaire avec huit bougies. Grand-mère en robe rouge, elle me regarde. Grand-père en veste, fixe l'objectif. L'enfant en pull regarde le gâteau. C'est la dernière photo où nous sommes réunis. Bien des mois plus tard, je la montre à mon fils. « C'est qui ? » et j'indique le garçon en pull. « C'est moi », dit mon fils.

Annonce nécrologique dans le journal local, 24.07.1986
Petar Pero Stanišić, comptable à la Maison de Santé, combattant pour la libération du Peuple, communiste dont l'engagement social et politique fut

exemplaire, est décédé brutalement... Cette nou-
velle a plongé dans la tristesse sa famille à Višegrad
et Oskoruša, où il était né –

L'annonce est accompagnée d'une photo de la foule en deuil assemblée pour les obsèques. Le cercueil, en tête, a largement franchi le pont alors que la queue du cortège est encore sur l'autre rive. Je ne suis pas là. On n'a pas voulu que j'assiste à l'enterrement, mes parents avaient craint que tout cela ne m'impressionne trop. J'étais resté chez une voisine, nous avions joué aux dominos. Aujourd'hui, j'envie ceux qui l'ont porté en terre. Et cela, mon absence dans le cortège funèbre, m'a amené ici, jusqu'à ces boîtes à chaussures.

C'est là-dedans que se trouve mon seul vrai souvenir de ce fils de paysans, ce partisan engagé dans les combats, ce membre permanent du parti : un vieil homme et un petit garçon, penchés sur une grille de mots croisés. Le vieil homme donne des indices, emballés dans des questions simples, jusqu'à ce que le garçon, comme s'il y arrivait tout seul, tombe sur le mot recherché. Le garçon inscrit les lettres dans les cases avec un gros stylo-bille quatre couleurs.

Bon, encore une gorgée. Dans le meuble bar, derrière la bouteille de cognac, la dernière trouvaille. Placée de manière à ce qu'on soit *obligé* de la trouver : une photo de Grand-père, assis sur une palissade (trois planches, un poteau, trois planches, un poteau), derrière lui des montagnes en guise de dossier. Il s'agit des forêts et prairies d'Oskoruša, des sommets du Vijarac.

Grand-père a l'air détendu. Un visage anguleux, est-ce ainsi que l'on dit ? Des pommettes hautes.

Affichant la sévérité, on devine qu'il va se mettre à sourire dès qu'on aura appuyé sur le déclencheur.

Qui a pris cette photo – Grand-mère ?

Elle entra dans la pièce, comme si je l'avais appelée. « Pero, que fais-tu donc ici ? »

« C'est moi, Grand-mère. »

Il a fallu un moment à Grand-mère pour se repérer, dans l'espace, dans le temps, c'est l'impression que j'ai eue. Elle a attrapé l'une des photos, l'a regardée et a caressé le papier comme une peau. « Tu n'as pas demandé si tu avais le droit... Qu'est-ce que tu cherches donc ? » Elle s'est rapprochée davantage.

« Je ne sais pas, je ne sais pas ce que je cherche... »

« Alors, commence par réfléchir ! »

« Désolé. »

Elle était debout devant moi. « Tu devrais te faire couper les cheveux. »

« Pourquoi donc ? »

« Ça n'aurait pas plu à Pero. »

Je lui ai demandé si ça lui plaisait.

« Bah... » Grand-mère s'appuyait lourdement sur mon épaule. « Montre-m'en d'autres », dit-elle. Elle voulait voir davantage de photos. Je lui ai montré Grand-père en uniforme. Si toutefois c'était lui. Avec une casquette et même une barbe, difficile de se prononcer. J'ai demandé : « C'est Grand-père, non ? » En ajoutant qu'il avait été blessé. C'était noté sur son livret militaire. Où ? ai-je demandé. Comment était-ce arrivé ?

Grand-mère a contemplé longuement la photo, l'a mise de côté puis a dit : « Il n'a pas fait la guerre. Mon Pero détestait la guerre. »

Mes souvenirs sont des variables de la nostalgie. Les souvenirs de Grand-mère des variables de la maladie.

Elle a tapoté du bout du doigt la photo du grand-père près de la palissade. Sous son doigt le sommet du Vijarac. « Là-haut, c'est là-haut qu'il voulait monter. Jusqu'aux roches de feu. Comment se fait-il qu'il tarde tant ? » Elle ôta son doigt. Une silhouette au-dessus du sommet. Comme un dragon. Un fil sur la lentille ? Ailes écartées. Des ailes ? Un fil sur la lentille.

Grand-père est assis sur la palissade à l'endroit précis où je m'étais moi-même assis le jour où Grand-mère m'avait emmené à Oskoruša.

Des ailes ? Un fil. Une silhouette. Un sommet.

« Où donc es-tu, Grand-mère ? » j'ai demandé.

« Et toi, où es-tu ? » a demandé – à moi ? – Kristina.

GRAND-MÈRE ET L'ALLIANCE

Grand-mère ne retrouve pas son alliance. Elle la cherche partout, disparue ! Elle voit un homme sur la colline. Il lui semble le connaître. Grand, il porte une veste, ce profil, voyons, c'est lui – elle en est presque certaine. Grand-mère dévale l'escalier, traverse la cour, et arrivée au pied de la colline, elle l'appelle par son nom : « Pero ! » crie Grand-mère, « Pero ! »

Plus aucune trace de l'homme.

Une passante demande si tout va bien.

Rien ne va, répond Grand-mère. Elle ajoute que ce n'est sûrement pas le problème de cette dame.

Nous sommes le 17 avril 2018. Ma grand-mère, en bas noirs, attend près des garages. Elle attend au pied du Vijarac, à Oskoruša, par un jour de printemps, vers 1960. Elle a un parapluie, le ciel est clair, il ne va pas tarder à pleuvoir.

Son mari est dans la montagne. Elle ne sait pas vraiment ce qu'il y fait. Parfois il cherche des champignons, parfois il se promène au sommet, il fait les cent pas pour réfléchir. À chaque fois, quand il est là-haut, c'est un vrai déluge.

Grand-mère tourne et retourne son alliance et se demande quoi faire. Est-ce qu'elle l'a toujours eue au doigt ? Peu importe. L'essentiel, c'est qu'elle est revenue.

Grand-mère fait demi-tour. Pour l'instant, elle ne le suit pas, ne part pas à sa recherche, dans cette obscure forêt.

PLUS PRÈS DU PÔLE NORD

Zoki entre dans la classe, pose une feuille sur le bureau du prof et lance : « Tout le monde s'inscrit. »

Il y a trois colonnes : *Musulman / Serbe / Croate.*

Tous se pressent, tous hésitent.

« Allez, les gars. » Zoki inscrit son nom dans la colonne *Serbe.*

Kenan lui prend le feutre des mains et s'inscrit sous *Musulman.*

Les deux Goran sous *Serbe.*

Edin sous *Musulman.*

Alen sous *Musulman.*

Marica sous *Serbe.*

Goca sous *Serbe.*

Kule demande pourquoi ce cirque.

Zoki répond : « Pour qu'on y voie clair. »

Kule dit : « Va te faire foutre. »

Zoki dit : « Mais tu es musulman. »

« Je suis *Va te faire foutre* », dit Kule.

Elvira ouvre une nouvelle rubrique intitulée *Ne sait pas* sous laquelle elle marque son nom. Alen reprend le crayon et raye son nom pour l'inscrire sous *Ne sait pas.* Goca fait de même.

Marko s'inscrit sous *Serbe.*

Ana dans la colonne *Ne sait pas*, puis réfléchit un instant, raye son nom, ouvre une cinquième rubrique intitulée *Yougoslave* sous laquelle elle s'inscrit.

Zoki inscrit Kule dans la rubrique *Musulman.*

Kule s'écrie : « Zoki, t'es aussi con qu'un cheval, ta mère, je la nique. »

Les deux Goran se campent devant Kule. Celui qui a des grandes canines dit : « Kule, qu'est-ce qui te prend, t'as un problème ? »

Kule arrache le feutre des mains de Zoki, il veut griffonner quelque chose sur le front de Goran qui le repousse, Kule pousse à son tour, nous nous interposons.

Tout le monde crie. Kule lève les bras comme pour dire *ça va, ça va, je me contrôle.* Il s'approche du bureau et trace une sixième colonne intitulée : *Allez tous vous faire foutre.* Kule y inscrit *Kule*, piétine le feutre qui se brise et sort de la classe.

Personne n'a suivi Kule. La liste a disparu.

Quelques mois plus tard, dans de nombreuses villes, les musulmans furent contraints à porter un brassard blanc.

Une famille eskimo vivait à Višegrad au-dessus du supermarché de la rue Tito. Ils n'avaient rien à voir avec les Inuit, ça avait juste été une blague lors du recensement de 1991, une blague qui avait été enregistrée pour de bon dans les statistiques et fut bientôt connue dans toute la ville. Le père la répéta lors de l'occupation serbe, mais elle ne fit plus rire personne. Il quitta alors la ville avec sa femme et leur petite fille. Ils vivent maintenant plus près du pôle Nord et parlent tout à fait bien suédois.

UNE QUESTION CRUCIALE

Je n'ai jamais eu de cours de religion. Dans mon entourage, personne n'était ouvertement pratiquant, personne même pour dire: « Je ne crois pas en un Dieu de l'église, mais à l'existence éventuelle d'un être de ce type, ça oui. » J'en suis très content. J'ai pensé pendant un certain temps, sans blaguer, que l'on était musulman parce qu'on ne mangeait pas de porc – qu'il s'agissait par conséquent simplement de gens qui suivaient un régime spécial.

Nena Mejrema croyait à ses haricots rouges et au talent d'acteur de Clint Eastwood. Je ne l'ai jamais vue prier. Si elle était d'une façon ou d'une autre proche de l'islam, c'était de manière très discrète. Allah était présent dans certaines expressions. C'était vrai pour chacun de nous.

Grand-père Muhamed aimait trop les gens pour croire en un Dieu. Comment peux-tu être pieux si tu es trop bon pour adorer un être particulier ? Cordialité, canne à pêche, cousins et parents. Voilà ce qui comptait pour Muhamed, l'homme le plus altruiste qu'il m'a jusqu'à maintenant été donné de rencontrer.

Tout ça comptait, et aussi une bonne lame de rasoir. Grand-père Muhamed s'est servi sa vie durant du même rasoir, un petit manche en chrome avec un peigne dentelé en guise de tête, modèle allemand de la marque Rotbart. Décoré d'une inscription gravée, *Mond Extra*. Il tenait ce rasoir de son père, qui l'avait troqué avec un soldat allemand contre je ne sais quoi. Grand-père renfermait ce rasoir dans un étui rouge en fer-blanc ; la couleur s'écaillait, et le rasoir avait aussi par endroits perdu de son éclat. Grand-père y tenait comme à la prunelle de ses yeux. Il se rasait tous les deux ou trois jours, et le résultat était parfait.

Grand-père Pero était sans doute le seul croyant de toute la famille. Il croyait au triomphe du socialisme et comme il n'en a pas vécu la défaite, il n'a en fait jamais été déçu sur ces questions quasi-religieuses.

En avril 1992, à Sarajevo, un homme pas rasé en tenue de camouflage est monté sur le toit de sa maison et a vidé son chargeur sur le soleil, parce que ce jour-là, il faisait trop chaud à son idée. Il avait fait le signe de croix ou s'était agenouillé vers La Mecque en clamant : « La paix soit avec vous. » Puis il était redescendu de son toit, avait préparé son sac à dos et était parti vers les montagnes, et ce fut la guerre.

En avril 1992, quelqu'un a crié très fort le nom de ma mère dans la rue Tito de Višegrad. Maman a sursauté. Un homme assis sur le muret devant l'hôtel de ville lui a fait signe d'approcher. Chemise de policier, pistolet à la ceinture et pantalon de jogging. Ma mère avait l'impression de connaître son visage, mais son nom, elle n'en a aujourd'hui pas le moindre souvenir.

Quand elle s'est retrouvée devant lui, il a répété son nom plus doucement et en feignant l'inquiétude. Il a demandé à maman si elle savait l'heure qu'il était. Maman a aussitôt compris qu'il ne voulait pas parler de l'heure à la pendule, mais elle lui a tout de même répondu.

MAMAN AIME BIEN UNE CIGARETTE
AVEC SON CAFÉ

Maman a appris très tôt à lire l'heure, c'est le destin des filles de cheminots. Elle connaît toutes les heures d'arrivée et de départ des trains, elle sait aussi à quelle heure son père doit revenir. Elle l'attend par tous les temps au bord des voies. Il descend de sa locomotive, sale, las, lourd comme la fumée, la soulève bien haut et la porte jusqu'à la maison où un repas bien chaud les attend.

Aujourd'hui encore, le voyage signifie pour ma mère : le bonheur de savoir qu'une personne qu'elle aime est arrivée quelque part. Elle voudrait que chacun de nous, et moi aussi, la prévienne quand c'est le cas. Je ne l'ai jamais entendue parler avec émotion de ses propres voyages, proches ou lointains. Son enfance au bord de la voie ferrée n'était que cela : une enfance au bord d'une voie ferrée. Les trains ne véhiculaient pas l'appel du lointain. Des voyages en famille, la famille ne pouvait pas s'en offrir.

Ma mère a traversé les années soixante yougoslaves pleines d'assurance avec l'ambition modeste d'une jeune femme qui réussissait ce qui lui semblait important. Elle avait de bonnes notes à l'école et des amis. Au lycée, elle lisait Marx et Kant et savait préparer tous les plats que sa mère préparait. Ma mère, jeune femme, était belle. Avait des cheveux longs qu'elle n'attachait pas. Nous n'avons jamais parlé d'affaires sentimentales. Ni des siennes, ni des miennes.

Maman s'était inscrite à Sarajevo pour des études de Sciences politiques avec le marxisme comme matière principale. Elle n'avait pas d'ambition personnelle, cela l'intéressait. Désormais, elle empruntait souvent à son tour le train entre Višegrad et Sarajevo, et lors d'un de ses premiers trajets, deux femmes plus toutes jeunes avaient entonné un chant de partisans. Maman ne les avait pas accompagnées, elle avait trouvé ça trop bête. Un jour, elle avait pris un train dans lequel son père était freineur, et était arrivée en retard.

Le train suivait la vallée de la Drina. Maman lisait. Apprenait. Ne perdait pas de temps. Au dehors, la Yougoslavie s'évanouissait vaguement. *La violence est l'accoucheuse de toute ancienne société grosse d'une société nouvelle.*

Dans sa colocation étudiante, pendant l'hiver, le chauffage tombait tout le temps en panne. Maman dormait habillée de pied en cap, comme pour chevaucher des rêves couverts de neige. Sarajevo fleurissait et puait et dansait et se querellait. Maman se retrouva enceinte. Pour son examen, j'ai révisé avec elle, mais l'essentiel m'est sorti de l'esprit.

Avoir de très bonnes notes semblait plus difficile quand on était une femme, dit ma mère, et elle travaillait tout simplement davantage que les hommes. *Les hommes font leur propre Histoire, mais dans des conditions directement données et héritées du passé.*

Maman avait pris un petit crédit étudiant et ne s'accordait qu'un repas chaud par mois en dehors de ceux du restaurant universitaire. Quand un de ses trains faisait halte à Sarajevo, Grand-père lui apportait à manger de Višegrad. Maman l'attendait au bord de la voie. Il descendait, souriant et couvert de suie. Sentait le charbon qui avait tenu chaude dans la locomotive la pita qu'il lui apportait.

Elle avait regagné Višegrad en 1980 avec pratiquement les meilleures notes de toute sa promotion aux examens de fin d'études, était devenue professeur de marxisme au lycée et faisait la queue pour acheter des denrées de qualité médiocre vendues bien au-dessus de leur prix. Elle s'énervait de l'incompétence des élites dirigeantes et de l'inégalité sociale. Avait peur du nationalisme renaissant sans le prendre réellement au sérieux. La crise, pour maman – et pour la plupart des gens – avait été supportable avant de menacer leur existence. Avant de proférer, chemise de policier, ceinturon et pantalon de jogging, une amicale mise en garde sur un ton de menace.

Maman souffre du passé sans aucun romantisme. Elle avait surmonté les obstacles liés à son origine sociale – ses parents n'étaient pas riches, ils avaient dû emprunter. Femme et issue d'un milieu éloigné de la culture, elle était la seule de leurs trois enfants à avoir fait des études. En 1990, à une époque où c'était encore inhabituel, elle avait acquis son autonomie.

L'origine ethnique cependant, à cause de son nom à consonance arabe, lui collait à la peau comme une rumeur tenace. Elle était souillée aux yeux des nouveaux décideurs, une souillure que ni l'ambition ni l'éducation ni l'habileté ne pouvaient corriger. *La religion est le soupir de la créature accablée par le malheur, de même qu'elle est l'esprit d'une époque sans esprit.*

Quand, à l'âge de trente-cinq ans, maman a dû abandonner sa vie à Višegrad, elle a quitté et perdu un lieu déjà chargé de bons souvenirs, de succès, de bonheur privé. Ce qui lui manque, aujourd'hui, elle ne le remplace pas par des créations de l'esprit, comme je le fais. Ce qui est parti est parti. Elle se souvient de l'odeur de son père avant qu'il se mette en route (eau de Cologne) et de celle qui sera la sienne à son retour (charbon). Ma mère aime bien fumer une cigarette pour accompagner son café tout en grignotant des Twix. Les origines, c'est sursauter lorsque dans sa ville natale quelqu'un l'interpelle en criant son nom.

J'ai deux photos préférées de ma mère. Sur la première, un portrait, elle a dix-huit ou dix-neuf ans. Ses traits sont – je ne peux pas le dire autrement – d'une infinie douceur. Ses longs cheveux noirs et lisses. Et le regard : intérieur. Elle est entièrement en elle-même. Enfant, on n'aime pas trop voir sa propre mère plongée en elle-même, mais plutôt tournée vers soi. Aujourd'hui, cette intériorité dans laquelle elle est engloutie, je la trouve infiniment belle. D'autant plus qu'il ne m'a pas été souvent donné de la connaître. Maman était en priorité là pour moi, puis pour les autres, et après seulement pour elle-même.

Sur la deuxième, elle est avec des amis. Pantalons pattes d'eph, favoris, alcool et désirs de toutes sortes. Papa est là, mais n'est pas encore mon père. Maman sourit, les autres sont plongés dans une conversation sérieuse, gestes congelés d'une période mouvementée. Maman sourit comme si elle était hors champ. Elle sourit comme si elle en savait plus que les autres. Ou en savait moins, mais était plus heureuse.

En avril 1992, quand le policier lui a fait comprendre qu'il fallait qu'elle quitte Višegrad parce que les musulmans y seraient bientôt pris comme dans une souricière, dans la vie que j'aurais voulu écrire pour elle, sa réponse aurait été : « Qui a décidé que je suis musulmane ? »

Maman n'a rien dit de tel. Et ce fut avisé. Elle a remercié pour l'information. Elle a été nous chercher, moi chez Grand-mère et papa à son travail. Au moment où nous faisions nos bagages – de quoi aurions-nous plus particulièrement besoin ? – dans les montagnes, les premières maisons musulmanes étaient en flammes.

Maman a téléphoné, a transmis autour d'elle la recommandation du policier. Papa et moi, nous avons chargé notre Yugo. Ils sont ensuite allés tous les deux dans le jardin. S'y sont étreints, à l'endroit où – j'avais l'impression que ça s'était passé la veille et en même temps lors d'un été si lointain – ils avaient dansé pour la dernière fois ensemble. Papa me tournait le dos, maman était face à moi. Son expression, yeux grands ouverts, c'était la même que sur la photo, toute d'intériorité. Elle était physiquement avec son mari mais par ailleurs plongée en elle-même, avec sa peur, sa peur pour moi, pour nous, et aussi plus loin, déjà par-delà l'adieu, déjà dans l'aujourd'hui, déjà loin.

Nous sommes allés chercher grand-mère Kristina, qui n'allait nous accompagner que jusqu'à la frontière et revenir ensuite en arrière avec papa. Elle voulait avoir la certitude que nous avions quitté la ville vivants. C'est ce qui s'est passé, nous avons survécu et sommes, chacun de son côté, sortis de nos vies.

HEIDELBERG

En Bosnie, le 24 août 1992, ça tirait de partout, à Heidelberg, il pleuvait. La pluie aurait tout aussi bien pu être celle d'Oslo. Être chez soi quelque part, c'est une question de hasard : tu nais là-bas, l'exil t'amène ici, ailleurs encore tu lègues ton rein à la science. Avoir de la chance, c'est réussir à influencer le hasard. Ne pas partir contraint et forcé, mais par libre choix. Avoir de la chance, c'est satisfaire ses désirs géographiques. Ce sont alors de superbes voyages linguistiques, des résidences pour retraités en Floride et la République dominicaine pour des femmes en quête d'hommes de belle prestance.

Pour moi, Heidelberg a commencé comme une ville du hasard. J'avais quatorze ans, n'en avais jamais entendu parler, et je ne me doutais pas le moins du monde combien il serait agréable, plus tard, de se promener au bord du Neckar en compagnie d'une étudiante en philosophie.

Notre séjour était envisagé comme une solution temporaire pour nous préserver de l'irréalité devenue réelle de la guerre. Si nous devions fuir maintenant, autrement dit si les conditions aux frontières extérieures de l'Union Européenne avaient été vues de manière aussi restrictive en 1992 qu'actuellement, nous ne parviendrions jamais à Heidelberg. Le voyage prendrait fin devant des barbelés hongrois.

Le 24 août 1992, à Heidelberg, le soleil succéda à la pluie. Maman voulait réconforter le gamin déstabilisé par la guerre que j'étais. Elle cachait autant que possible qu'elle l'était tout autant. Je me souviens d'un trajet en bus, les fenêtres trempées de pluie, un masque, et derrière, la ville semblable à un secret.

Elle nous avait acheté une glace au chocolat chez un glacier. Nos cornets à la main, nous avons arpenté une rue toute en longueur avant de suivre un cours d'eau. Nous avons marché sans but à travers un monde dans lequel tout était encore sans nom : les rues, le cours d'eau, nous-mêmes.

Personne ne nous comprenait, nous ne comprenions personne. La seule chose que je savais dire en allemand, c'était Lothar Matthäus. Vinrent alors s'ajouter : « Je m'appelle », « Réfugié », « Heidelberg », et « Šocolat ». Les deux derniers mots étaient particulièrement faciles.

À tout cela vint aussi s'ajouter le château : *Mais pesamment sur la vallée se suspendait l'énorme fort / Augure du Destin, jusqu'en son fond / Par les orages déchiré ; Et pourtant, le soleil éternel répandait / Sa jouvence de lumière sur le colosse / Vieillissant, et alentour le lierre verdoyait / Vivant*[1]

Même s'ils avaient connu Hölderlin, pour la mère épuisée et pour son fils, ces vers n'auraient guère eu de rayonnement. En ce premier jour à Heidelberg, rien ne

---

1. Hölderlin, *Heidelberg*, in : Anthologie bilingue de la poésie allemande ; Bibliothèque de la Pléiade, p. 471, traduction de Philippe Jaccottet.

portait la marque de l'Histoire, de connaissances préalables ou de la littérature. Des toits, des façades, des matériaux de construction. Des matériaux. Des gens dans l'air clair qui suit la pluie. Souvenirs de coups de fusil. C'était tout.

Soudain, sans qu'on y attende, la vue se dégageait vers le haut, de biais, à l'endroit où le soleil éternel répandait effectivement sa jouvence de lumière sur les ruines d'un château au cœur des bois et des monts. J'avais vu plus de maisons détruites que je ne l'aurais souhaité – c'était pour moi le premier château en ruines. La ruine, toute ruine qu'elle fût, était cependant magnifique, magnifique et fière à la fois – ce faisant en quelque sorte à nouveau intacte. On aurait dit que le château avait été enchâssé dans ce mont en l'état d'une ruine rouge pâle. Qu'il ne pouvait exister qu'ainsi et en ce lieu, libéré du doute, dans une harmonieuse proximité avec le fleuve paisible, avec le visage de la vieille ville désormais débarrassé de son masque.

Et nous aussi devenions pour nous-même évidence. Une mère et son fils en Allemagne sur une petite place qui aurait bientôt perdu son anonymat : Karlsplatz. Comme d'autres mères et d'autres fils sur d'autres places. Comme le goût de la glace au chocolat. Comme s'arrêter au pied d'un édifice majestueux que l'on voit pour la première fois.

La vue du château aura à tout jamais pour moi le goût du chocolat. Mon premier bonheur en Allemagne est une attraction touristique. Rétrospectivement, je sais que ce bonheur surgit parce que pour la première fois depuis notre fuite, nous nous sentions en sécurité. En ce lieu remarquable où il t'a été donné de te dresser sous la forme d'une gigantesque ruine, tout simplement, et des Japonais te crapahutent dessus, tu es un peu hautain, un peu grotesque, et tu ne vas pas tarder à être aussi un peu « mien » – en ce lieu, il ne pouvait rien nous arriver. Nous aussi, comme ce château en ruine, nous traverserions le temps.

Seules les villes où poussent des oliviers peuvent sécher après la pluie aussi bien que Heidelberg. Cette image aussi est un vestige de cette fin d'été 1992.

Maman pensait que la guerre serait vite finie et que nous pourrions rentrer chez nous. Dans notre première maison allemande, nous partagions la salle de bains, le téléviseur et la moindre poignée de porte avec d'autres réfugiés. À l'étranger, nous partagions avec des étrangers une vie étrangère. Ne nous appartenaient en propre que trois valises marron. C'était assez parce qu'il le fallait. Nous apprenions une langue dont le noyau était aussi dur que celui d'une prune.

Notre deuxième maison était située au sud de Heidelberg, dans un quartier qui s'appelait l'Emmertsgrund, un projet d'architecture urbaine pour lequel on n'avait pas lésiné sur le béton. Il était en contrepartie construit à flanc de coteau, vue sur la plaine du Rhin et il y avait tout de même des vignobles sur les contreforts du *Parc naturel Neckartal-Odenwald.*

Par une douce nuit d'été, pendant ma deuxième année allemande, mon cœur s'est épris d'une jeune fille aux cheveux roux qui essayait de m'inculquer la place du verbe dans les propositions relatives allemandes, toujours à la fin, ce que je savais depuis longtemps, mais elle l'expliquait si joliment.

À l'Emmertsgrund vivait un nombre particulièrement important de migrants. En Allemagne, c'est partout la même chose : les migrants habitent en général des endroits où ils sont particulièrement nombreux. Les touristes ont tendance à aller en premier à la porte de Brandebourg pour y voir d'autres touristes, ensuite ils vont à Neukölln pour prendre un café et reluquer des Arabes, et ça ne va pas changer de sitôt, on aura beau écrire des tonnes de dialogues interculturels destinés au théâtre.

Rares étaient les touristes qui se rendaient dans le quartier d'Emmertsgrund, c'est ailleurs qu'on étudiait le baroque. Ils loupaient pas mal de choses. Heidelberg a un cou gracile (l'étroite vallée du Neckar) et des bras frêles (les ruelles de la vieille ville). Ses façades de grès rougissent toujours délicatement – pudiques, conscientes de leur beauté. L'Emmertsgrund est la main droite de ce corps plein de grâce. Grande et forte, noueuse, parfois poigne.

S'y tendaient la main : des Bosniaques et des Turcs, des Grecs et des Italiens, des Allemands de Russie et des Allemands de Pologne, des Allemands d'Allemagne. Parfois surgissaient sans crier gare des groupes importants de Noirs maigres et silencieux aux yeux injectés de sang et une certitude s'imposait alors : ça a de nouveau canardé quelque part en Afrique. Nous étions voisins, copains d'école, collègues. La queue devant le supermarché parlait sept langues différentes.

L'organisme social qui a fait le plus pour notre intégration, c'était une station service Aral datant de Mathusalem. À la fois maison des jeunes, buvette, dancing, toilettes. Union des cultures à la lumière des néons et dans les vapeurs d'essence. Sur le parking, nous nous apprenions mutuellement un allemand plein de fautes et comment on réinstalle des autoradios. La seule règle : à proximité des pompes à essence – défense de fumer.

Les dimanches, c'était particulièrement sympa. À midi, les Polonais nous rejoignaient après la messe et se soûlaient la gueule pour glisser lentement vers l'après-midi. Des hommes généreux, blonds, encore légèrement embrumés par le sang du Christ, avec de petites moustaches et ces vestes toujours un poil trop grandes. On parlait de formation, de ressorts, de Bundesliga, d'armée fédérale, de paramètres hépatiques et arrivait toujours le moment où il était question de reproduction. *Kurwa, Kurwa, Kurwa*, inoubliable.

La station Aral était la Suisse de Heidelberg : territoire neutre où l'origine valait rarement la peine d'un conflit. En tous cas, un dialogue multiculturel au rythme des coups de poing, ça ne s'y produisait guère. Mais des attaques à main armée, ça pouvait arriver. Même dans ce cas-là, on s'entendait au préalable afin d'éviter que se pointent le même soir un Allemand et un Allemand de Russie avec un pistolet à gaz.

Aucun de nous autres qui habitions le quartier d'Emmertsgrund ne voulions bosser là. Le job, c'étaient des espèces de hippies de Kirchheim, quarantième semestre d'Histoire de l'Art, qui le faisaient, des créatures pitoyables auxquelles on ne voulait pas faire le moindre mal, question de principes. C'était un défilé incroyable. Mais depuis la station Aral, ils avaient une vue sensationnelle. Les bons jours, on pouvait voir la France, les mauvais, c'était le canon d'un pistolet.

Au pied de la station Aral s'étendait Leimen. La ville natale de Boris Becker. Parfois, Boris Becker rendait visite à sa ville natale. Assis dans les vignes au pied de la station service, nous buvions la bière locale, la Leimener Bergbräu qui, à l'instar de Boris, dut un jour mettre un terme à sa carrière, et nous parlions de Steffi Graf. Aucun de nous n'a fait carrière dans le tennis.

Nous étions une statistique du présent aux confins d'une ville au riche passé qu'elle célébrait dans l'aujourd'hui. Nous étions la criminalité, le chômage des jeunes, la place prise par les étrangers. La vieille ville et les admirateurs américains de ses pavés, ses "baisers d'étudiants", de délicieux chocolats, ses centres d'éducation canine, ses dimanches d'ouverture des magasins et ses cinémas communaux, c'était un monde de conte de fées où nous pénétrions tout au plus quand l'école nous y obligeait. Les enfants de la station Aral en excursion au musée des traditions populaires.

Pour mes études, je me suis installé pour de bon « en bas », dans les quartiers ouest de la ville. Ma coloc était plus haute de plafond que n'était large notre bloc de béton de l'Emmertsgrund. En face, c'était le cimetière, à côté, les voisins cultivaient une espèce rare de choux de Bruxelles et étaient abonnés au magazine populaire *Stern*.

Quand mes parents ont été contraints de quitter l'Emmertsgrund et l'Allemagne, rien ne m'y a plus vraiment attiré. Les rencontres avec les copains vivant au flanc de la colline se sont elles aussi raréfiées. La station Aral appartenait à la génération suivante.

Après l'Emmertsgrund, secteur mal dégrossi, j'ai bientôt pu considérer comme mienne la vieille ville, un vrai bijou. Ce n'étaient pas des migrants qui habitaient les pentes les mieux exposées, mais les membres des associations étudiantes, les *Burschenschaften*. La vieille ville était fière d'elle-même. De ce qu'elle vieillissait sans en avoir l'air. La décrépitude était tenue en lisière ou masquée. On s'enorgueillissait de la place occupée par l'université dans les classements internationaux, on était fier d'avoir été épargné par les bombes américaines. On était de toute façon fier des étrangers de l'Emmertsgrund. Tant que nous ne faisions pas de conneries.

À l'Emmertsgrund, ma qualité de Bosniaque et de réfugié était demeurée une note de bas de page. Dans le monde universitaire, elle focalisa souvent l'intérêt. J'étais préparé, j'avais sous le coude deux ou trois anecdotes à propos de la guerre, en général l'attention accordée ne supportait pas davantage de souffrance.

La bibliothèque de la faculté de lettres restait ouverte tard le soir. Pendant mon troisième semestre d'études, je m'y attardais souvent et faisais mine de lire Adorno. Je portais un pull à col roulé, même au mois de juin. En récompense, j'avais droit à quelques promenades avec *elle* au bord du Neckar. À elle, je racontais spontanément d'où je venais, ce que j'avais vécu. Je me disais qu'un destin de réfugié, ça permettait peut-être de marquer des points.

Elle citait parfois les philosophes, je ne sais plus lesquels ni de quelles citations il s'agissait. Je me souviens encore du goût du premier baiser (nous avions mangé des kefta, des boulettes).

J'avais un petit boulot au Café Burkhardt du Mémorial Friedrich Ebert. Ce qu'était la station Aral pour les jeunes de l'Emmertsgrund, le Café Burkhardt l'était pour la vieille ville : un univers entier dans une coquille de noix aux murs revêtus de boiseries. Tout le monde y passait : la section locale du SPD, pour noyer une fois de plus des élections perdues dans du Grauburgunder, des grands-mères diabétiques qui s'éventaient mutuellement pour se rafraîchir après la deuxième part de *Schwarzwälder Kirschtorte*. Des étudiants inscrits au Département d'études orientales qui parlaient arabe en mangeant des *knödel* à la semoule.

On y voyait rarement des gens d'en haut, de l'Emmertsgrund. Dans l'intervalle, ils avaient des emplois fixes, avaient fondé des familles, mais parlaient surtout d'avant, de la station Aral, de la jeunesse. De notre unique Hollandais, notre Michel, qui un jour, lors d'un contrôle de police, à la question : « Né ? » avait répondu « Oui. »

Quand je me suis retrouvé à Heidelberg en août 2018 avec mon fils qui avait alors trois ans, je suis allé à l'Emmertsgrund, comme je le fais à chacun de mes passages dans la ville. Le parking d'Aral était vide, la station service avait été rénovée. Comme autrefois, je me suis acheté un billet de loterie, et comme autrefois, je n'ai rien gagné.

Sur le chemin du bungalow où nous avions habité pendant quatre ans, j'ai rencontré la mère de Martek, un de mes copains de la période Aral. Il faisait très chaud, déjà près de trente degrés avant midi. Madame König était assise sur sa terrasse et buvait de la limonade. Elle nous a salués sans se lever : « Bonjour, Saša, comment va ? » Comme si nous nous étions parlé pour la dernière fois la veille et pas vingt ans plus tôt. « C'est à toi ? »

« Oui, exact », ai-je répondu. « Il est à moi. »

« Martek en a déjà trois », a dit madame König. « Je reviens de chez lui, de New York. J'y ai passé trois

mois. Maintenant, j'ai besoin de trois mois de repos. »
Elle a ri.

Les grillons stridulaient. Vingt ans plus tôt, je demande si Martek est à la maison.

« Oui », répond madame König. « Va le retrouver si tu veux. » Le joli « r » roulé polonais. Les mots qui me reviennent. Va le retrouver si tu veux.

Martek lit une BD.

« Ça boume ? »

« On peut y aller. »

« Aral ? »

Martek se passe la main dans les cheveux : « Où d'autre ? »

J'ai pris congé de madame König, nous avons monté les marches menant à notre ancien bungalow. Près de la sonnette, un nom turc. Dans ce petit jardin, j'avais appris du vocabulaire. Par la suite, à jouer de la guitare. Dans la salle de bains à côté de la cuisine je m'étais entraîné à embrasser, « avec la langue ». Mais ça n'avance pas à grand-chose si tu as mangé des kefta juste avant.

Nous sommes descendus jusqu'aux vignes. La ville bruissait et digérait doucement dans la chaleur de midi. On entendait des voix, brouillées, puis plus nettes. Une jeune fille enseignait l'allemand à un gar-çon. Il répétait ce qu'elle disait avant lui, sans doute maladroitement, car elle riait et il pestait – et riait lui aussi – en bosniaque.

« Chaque ville », a écrit l'écrivain anglais John Berger, « a un sexe et un âge qui n'ont aucun rapport avec sa démographie. Rome est féminine. Paris est un homme d'une vingtaine d'années, amoureux d'une femme plus âgée. »

Heidelberg est un garçon venu de Bosnie à qui une jeune fille enseigne l'allemand dans les vignes de l'Emmertsgrund. Il ne prendra conscience que beaucoup plus tard du hasard qui a fait de lui un garçon de Heidelberg. Qui appellera ce hasard chance et dira de cette ville qu'elle est sienne.

BRUCE WILLIS PARLE ALLEMAND

Tu es devant la porte et tu lis : *Tirer.* Voici une porte.
Voici des lettres. T. I. R. E. R. *Tirer.* Bienvenue à la
porte qui ouvre sur la langue allemande. Tu la pousses.

Nous sommes le 20 septembre 1992. Tu es en
Allemagne depuis un mois. La porte est celle de ton
école, aujourd'hui, c'est ton premier jour de classe. Tu
portes ton jean neuf. Ta mère te l'a acheté parce qu'elle
ne voulait pas que tu ailles à l'école allemande avec
un pantalon déchiré. Elle trouvait le jean trop cher.
Maman n'a pas le droit de travailler et vous n'avez pas
beaucoup d'argent. Ce jean-là ou rien, c'est ce que
tu as dit. Dire ça, c'était nul et tu le savais, maman le
savait aussi mais elle te l'a tout de même acheté.

À ta gauche est assis un Finlandais. Il s'appelle
Pekka. Pekka a dessiné un flip book sur son cahier.
C'est vraiment chouette. En fait, Pekka pourrait rentrer tout de suite chez lui et ne jamais revenir à l'école,
il pourrait passer sa vie à dessiner des flip books.

À ta droite est assis Dedo. Un Yougo comme toi.
Avant l'arrivée du maître, Dedo gueule un coup, à titre
préventif. Pendant toute une période, Dedo va crier ou
se taire. Ensuite, ça ira mieux, il criera moins.

Dans la classe, personne n'est d'ici. Personne ne
parle allemand. En fait, c'est super, on se comprend

tous un peu et personne ne doit rien expliquer parce qu'en fait on ne sait rien expliquer.

Le prof de géographie présente des cartes et désigne des fleuves et des montagnes, des forêts et des villes, tu copies *Rhin* et *Feldberg* et *Odenwald* et le prof dit : « Je suis né à Mannheim. Pekka, où es-tu né ? » Pekka répond : « Dans l'Odenwald. »

Donc pour la nouvelle école allemande un nouveau jean. Nouveaux sont aussi les principes qui régissent le jeu de la langue et la plupart des jeux. Et aussi le fait que papa manque. Papa est encore à Višegrad. Maman et toi, vous passez des heures à la cabine téléphonique qui vous dit « occupé ». La voix de papa est pleine de trous : toussotements et silences. Il n'a pas de réponse à la plus importante de nos questions : « Quand vas-tu venir nous retrouver ? »

Tu griffonnes ton nom et la date dans le jaune de la cabine téléphonique. 1. 10. 1992.

Papa n'est là que six mois plus tard.

Tu dis : « Comment ça va ? »

Il te serre longuement dans ses bras. Il a le même air que d'habitude, les cheveux juste plus longs. Il parle peu. Dit qu'à Višegrad la situation était calme. À la fin. Que Grand-mère va bien. Compte tenu des circonstances. Sur la nature concrète de ces circonstances, il garde silence, ce qui ne les améliore pas vraiment. Il n'en dit pas davantage quant à celles qui expliquent la cicatrice de sa cuisse. Tu ne t'y connais pas suffisamment pour pouvoir affirmer qu'elle fait penser à un impact de balle guéri. Tu n'insistes pas. Ton père a apporté sa valise marron. Votre dernier voyage ensemble avec vos valises marron vous avait amenés sur les rives de l'Adriatique à l'été 1990.

La nouvelle langue, on arrive assez bien à la prendre en mains, mais plutôt mal à la transporter. Tu comprends plus que tu ne réussis à exprimer. Tu oublies des désinences sur les tapis roulants qui transportent les déclinaisons, les mots allemands sont trop encombrants, les cas se mélangent et ta prononciation se fait toujours remarquer, quelle que soit la façon dont tu organises tes phrases.

Il y a belle lurette que tu les as pris en mains, les jours de la semaine et les mois de l'année, mais il s'en écoule un paquet avant que tu aies des copains. Ils sont plus faciles à trouver quand on partage une langue. Tu comprends quelle équipe de foot ils aiment. Pour Olli, d'Eppelheim, c'est une équipe de Hambourg. Son père vous emmène assister à un match à Karlsruhe. C'est la première fois qu'en Allemagne quelqu'un t'invite. Le père d'Olli hurle contre l'arbitre. Tu apprends l'expression «Va-te-faire…». À la mi-temps, il vous paye un hot dog. Tu chantes toi aussi : «Gars de Hambourg, gars de Hambourg, on est tous des gars de Hambourg.» Pendant 90 minutes, tu es un gars de Hambourg. Ton équipe, c'est le HSV. Le HSV perd. Tu vas t'y habituer.

Le prof de géo sort des cartes murales et énumère États fédéraux et villes. Il demande à Pekka le nom de la capitale de son pays d'origine et Pekka répond : «Stuttgart.»

Le prof de géo dit : «Très drôle.»

Tout le monde rit, même ceux qui sont traumatisés.

Le prof de géo me demande le nom de la capitale de mon pays et je réponds : «Belgrade et Sarajevo et Berlin.»

Pour jouer au foot, il ne te faut pas beaucoup de langue. Il est plus important de ne pas être le dernier choisi par une équipe. Mais ton jean neuf se déchire au genou, maman explose, puis elle pleure, ensuite elle finit par rapiécer ton jean. Pendant ce temps-là, assis sur le canapé, tu attrapes une mouche. Le canapé vient de la décharge, et la panique de la mouche te chatouille la paume. Tu la relâches, à tout hasard.

Soudain ceci : tu tombes un peu amoureux. Susanne a des cheveux blonds, longs, bien coiffés, un papillon dedans, une barrette rouge, légère. Susanne ne parle ni serbo-croate, ni anglais. Ton allemand est encore trop indigent pour être sincèrement amoureux. Comment raconter ? On hausse les épaules quand arrive une question et on se tient par la main.

« Quel genre de musique écoutes-tu ? »

« Oui, musique, bien ! »

Vingt-quatre heures plus tard, Susanne annonce : « C'est fini. »

« Fini, quoi ? » tu demandes.

« Eh bien, fini, nous deux. Je ne veux plus sortir avec toi. »

« Sortir où ? » demandes-tu. « Promener ? »

« Non – tu ne comprends pas – la fin. »

« Toi faim ? »

Tu apprends « se prendre par la main » et « baiser d'adieu ».

Pluriels irréguliers. Tu distribues les journaux. Tu fais connaissance avec les voisins et avec le mot « pourboire ». Six mois plus tard tu fais encore des fautes dans la construction des phrases, mais tu as de quoi payer une écharpe allemande *made in Taïwan* que tu offres à ta mère. Elle pleure.

Discours indirect. Maman pleure souvent. Tu ignores en général si c'est de joie, de tristesse ou de peur. Elle travaille dans une grande teinturerie. Elle dit qu'il y fait si chaud que son cœur se met à bouillir.

Tu arrives à raconter ta première blague en allemand. Personne ne rit, sauf Pekka, ce qui cette fois ne tient manifestement pas à la langue, mais au fait que tu ne t'y prends pas très bien pour raconter des blagues.

Pronoms relatifs. Un pays dont on comprend la langue n'est pas obligatoirement davantage ton pays mais tout est moins relatif.

Vous avez une petite télé. Le soir on y montre aussi rapidement ta guerre. Tu changes de chaîne : « Piège de cristal » avec Bruce Willis. Bruce Willis parle allemand. Tu le comprends très bien. Physiquement, il ne va pas si bien que ça. « Yippie-kay-yay, pauvre con » dit-il en se battant pour sa famille.

Plus-que-parfait. Cours d'histoire, avec monsieur Gebhard, sujet : le national-socialisme. Tu te lèves, même si en Allemagne on n'a pas besoin de se lever quand on veut prendre la parole, et tu cries, même s'il ne faudrait pas parler si fort : « À mort le fascisme, libérez le peuple ! »

Futur. Sciences politiques. Tu dis : « Le capitalisme se dévorera lui-même. »

Te revoilà devant la porte. Tu ne remarques plus l'inscription « Tirer ». Savoir faire quelque chose, c'est ce qu'il y a de mieux. Davantage remplie, la valise que constitue la langue s'est allégée. L'ensemble des multiples expressions, règles et compétences te font entreprendre un nouveau voyage. Tu commences à raconter des histoires.

Sur un mirador dans la forêt. Dans les vignobles de l'Emmertsgrund. Sur le canapé récupéré à la décharge, du papier sur les genoux. Une des histoires raconte comment ton père tue un serpent. Dans une autre, tu as été faire de la luge, tu rentres à la maison et

Grand-mère réchauffe tes mains dans les siennes. Dans une troisième, ton père prend une balle. Grand-mère Kristina est seule à Višegrad. De tout cela, tes histoires traiteront bien des années plus tard.

Le bus de la ligne 31 t'amène du quartier d'Emmertsgrund à Rohrbach-Sud. Là, tu prends le tram ligne 3 jusqu'à l'arrêt Ortenauer Straße. D'où tu vas à pied jusqu'à l'école. Le trajet n'a rien de particulièrement intéressant, n'est ni beau ni dangereux. C'est le chemin le plus court. Pendant quatre ans, c'est ton chemin. De part et d'autre de la rue, les maisons sont identiques. Certaines ont un jardin devant, d'autres derrière. Certaines ont dans leur jardin un arbre, d'autres pas. Des haies séparent les terrains, et les fenêtres ont des rideaux blancs. Tous les toits sont marron. Les boîtes à lettres sont blanches ou marron.

Jamais dans cette rue on ne t'a crié des insultes. Jamais tu n'y as souffert de la faim. Tu étais souvent stressé avant les contrôles. Tu as eu des hallucinations. Tu as eu chaud ou froid, mais jamais trop. Jamais tu n'as, Ortenauer Straße, pissé dans une haie ou cassé une vitre, pourquoi l'aurais-tu fait d'ailleurs, et un jour, tu étais en première – la guerre avait cessé en Bosnie – tu as franchi la haie d'un jardin, comme ça, tout simplement. Il y avait un petit toboggan, des jouets autour, et sur une table sous le pommier, des pommes dans un compotier. Sur le tapis brosse on lisait *Home Sweet Home.* À côté de la sonnette, les noms d'une femme, d'un homme, d'une fillette. Le nom de la fillette avait été rajouté d'une écriture enfantine.

Tu as regardé tes tennis. Ta mère les avait achetés chez Deichmann. Pas chers, mais comme il fallait, simples, noirs, l'herbe était rase, des fleurs jaunes dans les massifs. Dans un coin une cabane à outils, tu as ouvert la porte et dans la pénombre tu as inspiré profondément, l'air sentait l'huile de graissage et le ciment. Puis tu as pris une pomme dans le compotier qui était sur la table et tu as regagné la rue.

LES MAINS LIÉES

Si, aujourd'hui encore, la langue est mon outil de travail, si j'ai la possibilité de me livrer à l'écriture littéraire, c'est un privilège. Je me rappelle l'impression que cela fait de *ne pas* avoir de langue pour dire quelque chose. Souvent, je m'en souviens, j'aurais préféré interrompre tout net mainte discussion quand mes interlocuteurs avaient peine à dissimuler leur impatience, car il me fallait vraiment longtemps pour m'exprimer. J'ai eu honte des connaissances linguistiques tout au plus moyennes de mes parents au bout de trois ou quatre années passées en Allemagne. Alors qu'en fait, être dans la moyenne, c'était déjà super ; en effet, rares n'étaient pas ceux qui n'avaient aucun accès à la langue, par manque de volonté ou d'occasion.

Au début, papa avait posé sa candidature pour toutes sortes d'emplois – certains pour lesquels il était compétent et d'autres dont il disait : j'aurai vite fait d'apprendre. Tant qu'il n'était pas question de cuisiner, tout lui semblait possible. Jardiner, enseigner, vendre des chaussures. Et tout type de chantier. Il était rarement convoqué à un entretien d'embauche. Si par hasard ça marchait, il me demandait de l'accompagner pour que je puisse traduire si nécessaire.

Qu'un candidat ait avec lui quelqu'un qui puisse l'épauler de la sorte, cela pouvait parler en sa faveur et exprimer sa grande motivation. Mais cela pouvait aussi jouer contre lui. Je me souviens du regard de la responsable du personnel d'une entreprise de transports quand j'avais expliqué pourquoi j'étais venu. C'était le regard apitoyé auquel j'étais habitué de la part d'Allemands certes bien disposés, mais pas à engager ce genre de candidats.

En tous cas, elle mena l'entretien jusqu'au bout, même si elle et moi et sans doute papa savions bien qu'il n'en sortirait rien. Elle prit congé en nous disant : « Pour être honnête : vous m'êtes sympathiques, mais j'ai les mains liées. »

Voilà qui était nouveau et intéressant : *les mains liées.* Les mains de la responsable du personnel étaient posées sur le bureau, poings serrés. Juste à côté, une tasse portant le logo de l'entreprise de transports et l'inscription *Le monde est petit.*

Papa l'avait remerciée. Remercier, il avait vite appris à bien le faire depuis sa récente arrivée en Allemagne. « Merci beaucoup ! » lançait d'une voix tonitruante mon père, économe de trente-huit ans, spécialisation logistique et accent prononcé, en s'adressant à ce monde tout petit.

QU'ON LES PENDE !

Le 24 août 1992, à Rostock, des néonazis lancent des cocktails Molotov dans un foyer pour travailleurs vietnamiens. Des spectateurs assistent à la scène. Des habitants de Rostock. Des touristes de la haine, venus exprès. La police.

« On va les enfumer ! »

« Qu'on les pende ! »

« *Sieg Heil* ! »

Des dispositifs incendiaires sont placés dans les étages inférieurs. La foule entonne le chant populaire qui célèbre un si beau jour : *So ein Tag, so wunderschön wie heute.* Il y a des kiosques, on s'achète une bière et une saucisse et on regarde les flammes. Les pompiers arrivent, les accès sont bloqués. Un pogrom allemand aux allures de fête foraine.

Je n'en avais pas entendu parler. Ça valait mieux. Nous venions tout juste d'arriver en Allemagne et avions assez à faire avec nous-mêmes. Où trouver des draps, comment les payer ? Quel bus pour aller où, est-ce qu'on achète le ticket au conducteur, comment le paye-t-on ?

À peine trois mois plus tard, un lundi de novembre, un prof a apporté en cours de langue des coupures de presse parlant de Lichtenhagen. Exercices de vocabulaire. Ça peut sembler cynique, mais il avait un objectif: parler avec nous qui étions étrangers de la haine des étrangers.

Nous avons lu en silence et après avoir lu, nous sommes restés muets. D'ordinaire, il y avait toujours un élève pour lever le doigt parce qu'il n'avait pas compris quelque chose. Mais cette fois, nous avions sans doute tous compris l'essentiel. Cette fois, c'était de nous qu'il s'agissait.

Dans mon cahier de vocabulaire, à la date du 19 novembre 1992, on peut lire vingt mots:

tournesol (m)
énervé
milice citoyenne (f)
parasite
déroulement (m) se dérouler (aux. être)
désordres (m. pl.)
remettre en liberté (aux. être)
bricoler (aux. avoir)
explosif (m.)
étouffer (aux. avoir ou être)
extinction (f.) éteindre (aux. avoir)
se retirer (aux. être)
laisser le champ libre à quelqu'un
couvrir quelqu'un
buté
intervention (f.)
afflux (m.)
maltraiter (aux. avoir ou être)
entrave (f.)
droit fondamental (m.)

Nous avons cherché Rostock sur la carte. Nous avons cherché Hoyerswerda. Avons cherché le Vietnam. Pekka a dit : « Je viens de Rostock pas. »

Ce jour-là, rentrer à la maison par la Ortenauer Straße m'a paru plus long que d'habitude. Un drapeau allemand (m.) était accroché à un des balcons. Je l'avais déjà vu avant, mais là, je me demandais qui l'y avait accroché et pourquoi (accrocher, aux. avoir ou être).

Une fois à la maison : quel rapport y a-t-il entre nous autres Yougos et les Vietnamiens ? Et déjà je me mettais à chercher, avec le peu que je savais du Vietnam (j'avais lu des choses sur la guerre du Vietnam, j'avais goûté deux fois à la cuisine vietnamienne, j'avais connu un Vietnamien à l'école), en quoi ce pays et ses habitants pouvaient susciter la haine. Le plus horrible : j'évaluais en quoi, en tant que Yougoslave, j'étais différent, en quoi j'étais *meilleur*, pour m'assurer en quelque sorte qu'à nous, qui étions les bons, rien de semblable ne pouvait arriver.

À la bibliothèque de l'école, il y avait des journaux. J'avais pris l'habitude de les feuilleter pendant la pause de midi. Au début, je me contentais de lire les gros titres, puis des reportages complets. En plus du cahier de vocabulaire, je tenais un cahier d'actualités. Boris Becker gagne contre Jim Courier. Entrée en vigueur d'un blocus maritime contre la Serbie. À Mölln, une fillette de dix ans et une autre de quatorze ainsi que leur grand-mère meurent dans un incendie criminel. Important incendie au château de Vienne, la Hofburg, on sauve les chevaux Lippizans et des milliers de livres.

Le 29 mai 1993, cinq personnes sont mortes au cours d'un incendie d'origine criminelle perpétré par des militants d'extrême-droite. Faits (m. pl.).

Déroulement (m.) Déroulement des faits (m.) Tous sont encore là, sauf les morts. Travail de deuil (m.)

En 2017, on a relevé entre 264 et 1 387 attaques perpétrées contre des centres d'hébergement pour réfugiés (le chiffre varie selon les sources). Nous sommes aujourd'hui le 28 août 2018. Sebastian Czaja (FDP) déclare dans un tweet : « Les antifascistes sont des fascistes eux aussi. »

SCHWARZHEIDE, 1993

À l'été 1993, papa a trouvé un boulot. Il devait désormais passer la semaine à Schwarzheide. Sonorités mystiques, inquiétantes, jusqu'au moment où papa avait expliqué qu'avant, c'était en RDA et que maintenant, c'était la BASF, aussitôt le mysticisme avait fait long feu.

À Schwarzheide, la BASF construisait de nouvelles installations de production. Papa y travaillait pour un Yougo du nom de Haris que tout le monde appelait Harry, peut-être parce qu'il aurait préféré être Yankee plutôt que Yougo, ou simplement parce qu'il trouvait son nom débile.

C'était le premier job de papa en Allemagne. Il entrait dans des tuyaux et y faisait ce qu'on lui disait d'y faire. Les tuyaux étaient si grands qu'il pouvait s'y tenir debout. À la fin de la journée, il avait parfois parcouru avec ses collègues plusieurs kilomètres de tuyaux. Et quand ils n'avaient pas envie de faire le trajet inverse, ils s'y installaient pour la nuit, le lendemain, l'équipe du matin leur apportait des petits pains et de la charcuterie. Des Yougos prenaient leur petit-déjeuner dans des tuyaux situés en Lusace.

Aujourd'hui, papa dit que je raconte des sornettes. Que les tuyaux de Schwarzheide, ça s'était passé bien autrement. Ils n'étaient pas si grands que ça, il n'a jamais été question d'y passer la nuit et d'ailleurs : « Tu n'as qu'à demander, et tu n'auras pas besoin d'inventer des contes à dormir debout. »

En fait, je ne savais vraiment pas grand-chose de la période où papa a travaillé en Lusace. Il n'en avait guère parlé spontanément et à l'époque, en pleine puberté, j'étais champion du monde dans l'art d'esquiver les discussions avec les parents. Ce n'était que maintenant, alors que papa avait rectifié, que je voulais en savoir plus. Papa avait dit qu'il m'écrirait un mail. Ce qu'il fit d'ailleurs. Il avait indiqué en objet : La vie à Schwarzheide.

Ce mail était étrange de bout en bout. *Je suis logé dans un ancien baraquement militaire et je partage ma chambre avec deux autres ouvriers*, écrivait papa, il racontait au présent. C'était comme si j'avais reçu de lui une lettre écrite en 1993. Ou comme s'il y était toujours. *Près du baraquement, il y a une cabine téléphonique, le soir, je téléphone pour savoir comment vous allez, où tu es et ce que tu fais.*

Ces coups de fil, je m'en souviens. Le téléphone sonnait après le dîner. Maman était déjà en train d'attendre. Quand, à l'occasion, je parlais à papa, ça ne durait pas longtemps. Il s'agissait de l'école, il s'agissait toujours de moi.

Ici, il y a un troquet, un vendeur de kebab, un supermarché, voilà ce qui nous occupe pendant notre temps libre, écrivait papa et aussi que les kebabs de Schwarzheide étaient les meilleurs qu'il avait jamais mangés.

Je l'imaginais. Papa avait maigri en Allemagne, joues creuses, il flotte dans ses jeans, il mange un kebab à

Schwarzheide. Sur ses tempes, à la lueur des néons, ses cheveux ont un éclat blanc.

Plutôt intéressant, le travail ici, et aussi après le travail. Il se passe toujours quelque chose, pas un jour comme le précédent. Beko et un autre Bosniaque ont atterri en prison et il s'en est fallu d'un poil qu'ils y restent un bon moment.

Papa à une table haute devant le stand à kebab, il trinque à la santé des collègues qui viennent du coin, il leur parle de la Yougoslavie, ils lui parlent de la RDA. Ils sont d'accord, à la lueur des néons de Schwarzheide, pour dire qu'ils trouvent merdique ce qui a remplacé leurs États disparus.

Les tuyaux doivent être posés en suivant au point près des plans isométriques. Tu n'as pas droit à l'erreur. Quand tu commences à installer un tuyau, il doit aboutir de manière précise à l'endroit prévu. Nous sommes toujours plus rapides que les Allemands. À ce moment-là, ils nous regardent, mais que peuvent-ils faire?

Papa ne précisait pas pourquoi Beko et l'autre s'étaient retrouvés en prison.

Olja est un Serbe de Krajina, un ancien garde-forestier. Il fait partie du même commando de tuyauterie que papa. À son retour de la guerre, il a atterri à Ludwigshafen et passe cinq jours par semaine à Schwarzheide. Il y raconte depuis le premier jour la même blague et le fait même volontiers plusieurs fois de suite. Mais il peut aussi se taire, te parler tout à fait normalement.

Voilà la blague : des partisans et des Allemands se battent dans une forêt, arrive le garde-forestier qui les fiche tous dehors.

Au début, c'était drôle, mais c'était bientôt devenu inutile et gênant. Et maintenant, ça suffit, Olja, à quoi ça rime ? Mais Olja n'arrêtait pas. La nuit, Olja se réveillait en sursaut et racontait sa blague à l'obscurité de la baraque, il réveillait tout le monde. Personne ne se mettait en colère contre Olja, on ne pouvait pas.

Seulement un jour, un des gars a pris un ton sérieux. Un Albanais, qui comme Olja vivait à Ludwigshafen, et le prenait en voiture sur le trajet vers Schwarzheide et retour. Il s'est dirigé sur lui, sa pince à tuyaux à la main, et a dit d'un ton neutre : Olja, je ne le supporte plus. Je ne parle pas de la blague. Je parle de *ça*. Nous ne pouvons pas t'aider. Comprends, s'il te plaît.

Un Albanais la pince à la main. Peut-être aussi triste, qui sait. Debout là, attendant qu'Olja comprenne, et Olja avait fait signe de la tête, parce qu'il avait compris. Puis avait raconté sa blague une fois de plus.

Il a continué pendant quelques semaines encore à faire le trajet aller-retour vers Schwarzheide, mais par le train, l'Albanais ne voulait plus le transporter.

Un certain lundi, il n'est pas venu. Le lundi suivant, un autre a commencé et a repris le travail d'Olja.

Papa ne sait pas ce qu'est devenu Olja.

Des partisans et des Allemands se battent dans une forêt, arrive le garde-forestier qui les fiche tous dehors.

Des partisans et des Allemands se battent dans une forêt, arrive le garde-forestier qui les fiche tous dehors.

Des partisans et des Allemands se battent dans une forêt, arrive le garde-forestier qui les fiche tous dehors.

Des partisans et des Allemands se battent dans une forêt, arrive le garde-forestier qui les fiche tous dehors.

Des partisans et des Allemands se battent dans une forêt, arrive le garde-forestier qui les fiche tous dehors.

Des partisans et des Allemands se battent dans une forêt, arrive le garde-forestier qui les fiche tous dehors.

Des partisans et des Allemands se battent dans une forêt, arrive le garde-forestier qui les fiche tous dehors.

Des partisans et des Allemands se battent dans une forêt, arrive le garde-forestier qui les fiche tous dehors.

Des partisans et des Allemands se battent dans une forêt, arrive le garde-forestier qui les fiche tous dehors.

Des partisans et des Allemands se battent dans une forêt, arrive le garde-forestier qui les fiche tous dehors.

Des partisans et des Allemands se battent dans une forêt, arrive le garde-forestier qui les fiche tous dehors.

LA PEINTURE PHOTORÉALISTE

À l'école, semaine projet. Je m'étais inscrit en Arts plastiques, *Peinture photoréaliste*. Et pour éviter tout malentendu : j'avais fait ce choix non parce que je m'intéresse au photoréalisme ou parce que je dessine bien, ou même que j'aime particulièrement dessiner, je m'étais inscrit parce que Rike l'avait fait. Rike, de la Seconde B2, Rike aux cheveux roux, Rike aux yeux verts, que j'avais tellement plaisir à regarder, au point d'être sans arrêt obligé de détourner les yeux. J'avais par conséquent choisi le photoréalisme dans l'espoir d'épater Rike d'une façon ou d'une autre. De quelle manière, je l'ignorais encore. Ou plutôt, sans aller jusqu'à l'épater, je pourrais peut-être par ma simple présence dans la même pièce cinq jours d'affilée l'informer de mon existence. Toutes les tentatives pour engager la conversation avaient jusqu'alors échoué parce qu'elles n'avaient pas eu lieu, sauf dans ma tête. J'avais déjà mené ainsi une centaine de conversations très réussies avec Rike. Sur l'élevage des animaux, sur Nirvana, sur l'Inde, rien que des sujets peut-être susceptibles d'intéresser Rike.

Le premier jour de la semaine projet, j'étais entré, nerveux mais d'un pas décidé, dans la salle d'Arts plastiques. Nous devions choisir une photo et réaliser un dessin qui y ressemble, et soit même plus réaliste que la photo, hyperréaliste, avait dit le professeur, tous dans la salle n'avaient peut-être pas immédiatement compris, mais pour ma part j'en avais eu immédiatement la certitude : cet objectif était parfaitement irréaliste.

J'avais choisi la photo d'une bicyclette appuyée contre un mur. Cela semblait être le plus simple de tous les sujets. Plat en quelque sorte, très peu de couleurs. Une bicyclette noire, un mur orange.

C'est alors seulement que j'avais compris que Rike était absente. Elle est peut-être en retard, avais-je pensé, mais elle n'était pas venue du tout, et pas davantage le lendemain.

Il m'avait donc fallu me débrouiller sans elle, et j'en été réduit à discuter avec Andreas de la Bundeswehr, car rien d'autre n'intéressait Andreas. Andreas voulait faire l'armée. Il voulait devenir général ou au moins faire un jour ou l'autre la guerre. Il dessinait encore plus mal que moi, c'est un fait, je n'aurais pas cru que c'était possible. En plus, il rouspétait, il trouvait le dessin stupide. Dessiner, disait-il, c'est pour les « minettes ». Je lui avais demandé pourquoi il s'imposait cette corvée. Parce qu'à l'armée aussi, il se retrouverait dans des situations qu'il détesterait, avait répondu Andreas. Des situations qui le dépasseraient et l'épuiseraient.

Il avait choisi un arbre fruitier mais ce qu'on voyait sur sa feuille n'avait rien d'un arbre fruitier, on aurait plutôt dit une Golf GTI, j'avais pour ma part dessiné une bicyclette appuyée à un mur et le seul élément hyperréaliste, c'était la sonnette. Le prof l'avait dessinée pour me montrer « comment on fait ».

Ce travail me frustrait. J'étais le seul étranger de la salle. Peut-être qu'en général, les étrangers dessinent à contrecœur, ou bien c'était peut-être l'effet du hasard, je n'en ai aucune idée. Le premier jour, le guidon était trop tordu, le deuxième, je m'emmêlai dans les rayons. Mais j'avais continué, à côté d'Andreas qui rêvait d'une voix grave d'avions de chasse, et le troisième jour, je m'étais senti bien. J'étais détendu, je ne sais pas pourquoi. Ça faisait trois jours que je dessinais. Quand on plissait les yeux, elle n'était pas si mal que ça, la bicyclette.

J'étais content pour Andreas qu'il ait un rêve aussi précis. Et qu'il se donne de la peine même sur les derniers mètres. Son dessin avait toujours l'air nul, mais il se tenait planté devant la toile, sa petite langue pointée mine de rien entre ses lèvres, comme c'est beau, quelqu'un qui se concentre !

Le vendredi après-midi, nous avions terminé. Les tableaux ont été accrochés à la cantine où on pourrait les voir pendant un mois. Le mien, comme si ça allait de soi, parmi les autres, une vieille bicyclette avec une sonnette photoréaliste appuyée contre un mur, voyons, laissez-moi deviner, au Portugal.

Des semaines plus tard, Rike et moi, on s'était retrouvés par hasard à la même fête dans les vignes. J'avais dans ma tête engagé par huit fois la conversation avec elle, et voilà qu'elle était devant moi et m'avait abordé (personne ne va sans doute me croire, mais je raconte tout de même) :

« Hé, salut. C'est toi qui as peint la bicyclette, non ? »

« Oui ! » J'avais répondu très fort, tellement j'étais surpris.

« Cool, ce tableau », avait dit Rike et attention, en souriant : « La sonnette est super. »

« Oui ! » À nouveau, j'avais crié.

« Je trouve ça bien que tu n'aies pas fait l'ensemble de façon photoréaliste. Seulement la sonnette – l'élément capital. »

« OUI ! »

« J'étais malade, dommage, je n'ai pas pu venir. » Et, pour se présenter, Rike avait dit : « Rike. »

« Je sais », avais-je répondu. « Saša. »

Et Rike avait ajouté : « Avec une fioriture au s, je sais. »

Rike s'intéressait vraiment aux conditions de l'élevage de masse, elle aimait moyennement Nirvana et trouvait qu'en Inde, le tourisme n'était que « l'exploitation subtile du subcontinent ».

Il fallait que je parle de moi, mais il ne me venait une fois de plus rien d'autre que cette guerre débile. Ce n'était pas ce que je voulais. Alors, je me suis souvenu d'Andreas et j'ai raconté à Rike que j'aimais les avions de chasse, que je trouvais cool de sauter en parachute et que j'admirais la qualité supérieure des armes allemandes, à quoi Rike avait répondu : « Ah bon, intéressant. »

J'ai peint un tableau. Sans le moindre talent et sans aucun amour des arts plastiques. Avec un peu de temps et de tranquillité et les matériaux mis à ma disposition. Avec Andreas. Sans Rike. À notre deuxième rencontre, je lui ai avoué que mes propos belliqueux étaient des mensonges et Rike a répondu : « Bon. Tant que tu aimeras peindre, tout va bien. »

MOI, SLOVÈNE

Dans les premiers temps, en Allemagne je refusais deux identités : celle de Yougo et celle de réfugié. Je voulais me laisser pousser les cheveux, d'abord pour cacher mes boutons d'acné, et aussi pour ressembler à Kurt Cobain. Je voulais apprendre la guitare et chanter comme lui. Je voulais des fringues comme une Janis Joplin au masculin, je trouvais les T-shirts en batik super. Je voulais apprendre l'allemand encore mieux afin qu'en ma présence, les Allemands n'aient pas besoin de se donner autant de mal pour cacher qu'ils me croyaient bête.

Quand je rencontrais des gens pour la première fois, il m'arrivait de dire que je venais de Slovénie. La république alpine était celle qui avait le moins fait les gros titres, on me prendrait, espérais-je, davantage pour un skieur que pour une victime.

Quand on me demandait pourquoi j'étais en Allemagne, je répondais quelque chose comme : « Mon père a eu une proposition exceptionnelle de la part de BASF, pas question de refuser. »

Je poussais un soupir et ajoutais : « Les Alpes me manquent. »

Que les Alpes manquent à quelqu'un, je l'avais appris, c'était très bien vu en Allemagne.

À l'école, ma qualité de Slovène était obsolète. L'école internationale de Heidelberg était résolument tournée vers l'international et bien adaptée aux origines diverses de ses élèves. Les étrangers n'y étaient pas des animaux exotiques qu'il fallait placer au milieu de la photo de classe pour qu'on les distingue mieux, mais on ne prenait pas pour autant à la légère le fait que nous étions nombreux.

J'étais l'un des Yougos, ou plus exactement l'un des nombreux Yougos. Les camarades qui n'étaient pas des Yougos ne s'intéressaient pas vraiment au genre de Yougo que j'étais, la plupart avaient assez à faire avec leur propre origine. Si quelqu'un s'en était préoccupé, il aurait eu des problèmes. La discrimination n'était en aucun cas tolérée.

Se débrouiller, à la fois besoin et action, presque tout le monde connaissait cela dans notre école internationale. Certains y parvenaient mieux que d'autres, c'était la seule différence. Les attentes des nouveaux venus se ressemblaient ou on pouvait les imaginer. Arriver à s'exprimer, à se faire des amis. Arriver à un quotidien ordinaire. Rentrer chez soi, pour autant qu'existe encore quelque part un chez soi.

Les écoliers allemands étaient parfois minoritaires. Se retrouver pour une fois minoritaire là où d'ordinaire on est majoritaire est une expérience extrêmement précieuse. Ils étaient bien évidemment intégrés à la vie de l'établissement. Ils nous laissaient copier et copiaient sur nous. Nous étions victorieux ou perdants avec une seule et même équipe, celle de l'école – la nôtre, et nous décidions de manière démocratique de l'acquisition de plantes carnivores pour le jardin de l'école. D'autres établissements scolaires de Heidelberg nous considéraient comme une meute sauvage et anarchiste, ce qui n'est pas le pire, quand on a entre quatorze et dix-huit ans.

Comme je n'étais pas germanophone, j'avais commencé par fréquenter une classe spéciale dont les objectifs essentiels étaient l'apprentissage de l'allemand et la découverte de sujets favorisant l'intégration. En outre, on nous donnait un aperçu des contenus du programme pour faciliter l'accès ultérieur aux classes normales. Il y avait de l'aide aux devoirs et des périodes de pause, ce qui pour la plupart d'entre nous n'était pas fréquent à la maison.

Les professeurs avaient une certification complémentaire pour l'enseignement de l'allemand langue étrangère, *Deutsch als Fremdsprache*, et savaient dans les grandes lignes ce qu'ils faisaient, ou bien ne le savaient pas vraiment mais étaient motivés, ce qui revient quasiment au même. La plupart d'entre eux prenaient des égards envers les nouveaux arrivants. Posaient les questions importantes sans en poser trop, impossible de savoir quels traumatismes on avait devant soi ou ce qui guettait les élèves à leur retour à la maison.

Mais certains terminaient nos phrases à notre place et plus d'un débitait son enseignement sans doute comme il l'aurait fait devant des Jeunes Catholiques dans une école privée bavaroise. Rien à redire là non plus. Nous autres, nous ne voulions pas avoir en permanence le sentiment que les cours se traînaient à cause de nous.

Il y avait bien sûr aussi un prof qui picolait en cachette, et la collègue irascible ne pouvait pas non plus manquer au tableau. Un ou deux étaient particulièrement rasoir, et dans ce cas-là, que tu viennes du Haut-Palatinat ou du Moyen-Orient, ça ne change pas grand-chose – des cours rasoir, c'est rasoir d'où que tu sois.

L'école internationale était un espace protecteur, dédié à l'apprentissage de la langue, c'était le quotidien, les plateaux en plastique avec les frites toujours trop molles de la cantine. Je m'installais dans le coin fumeurs alors que je ne fumais pas et je discutais de musique grunge. Je jouais au basket, je faisais le pitre à droite et à gauche. Jeune immigré, on avait parfois l'impression d'être un jeune tout à fait normal à une époque tout à fait normale dans une ville tout à fait normale. Cela me permettait de prendre de l'assurance. J'avais des bonnes notes. Pendant un an, l'école m'a payé des cours de guitare. Je voulais apprendre à jouer des airs de Nirvana, en fait je me retrouvais avec des menuets de Bach. En classe de première, j'avais même voulu prendre des responsabilités et m'étais présenté aux élections comme délégué de classe, mais ma classe n'était pas encore mûre pour le socialisme réel.

Hors de l'école, j'ai longtemps cru qu'on pouvait me repérer et m'attaquer en tant que migrant. Comme si on percevait en me regardant ce qui me dérangeait moi-même, les aspérités de mon discours, et aussi la précarité, qui d'ailleurs se marquait à travers mon manque d'assurance, mon accent, mes fringues. Un jour, pendant un match de basket, j'ai juré en serbo-croate, à l'attaque suivante, un joueur m'a brutalement mis par terre, accompagnant son geste d'une phrase débile. J'ai réussi les deux lancers francs.

En faisant des courses avec Grand-père, nous discutions dans la queue devant la caisse du magasin Edeka : ce jour-là, il était question du salami emballé dans une feuille de cellophane, Grand-père trouvait ça d'un comique achevé. « Un salami, ça doit être libre ! » s'est-il exclamé en brandissant le salami au-dessus de sa tête comme Dejan Savićević sa coupe du championnat national. Nous avons ri, et ça nous a fait manquer le moment où la queue avançait. « Eh, Canaques, c'est pour aujourd'hui ou pour demain ? »

Je n'ai pas traduit pour mon grand-père. Je me suis retourné et me suis excusé.

D'une manière différente de ce que faisait pour moi l'école, le travail poussait mes parents aux limites d'une vie physiquement supportable. Papa passait la sienne sur le chantier à Ludwigshafen et au fin fond du Brandebourg. Il se bousillait le dos et n'était à la maison qu'aux week-ends.

Maman endurait mille morts dans l'atmosphère surchauffée de la teinturerie. Comme « non allemande », originaire des Balkans de surcroît, elle était sur la dernière marche de l'échelle de l'emploi, et on le lui faisait bien sentir.

On nous rappelait aussi souvent qu'en Allemagne, on doit se conformer « aux règles ». Comme si ailleurs les règles avaient été totalement inconnues. « Ici, on parle allemand », nous lançait-on en dialecte, à mon cousin et à moi, dans le tram, ce n'était certes pas une règle à prendre au sérieux, mais la formule était énoncée avec grand sérieux. En public, quand mes parents s'entretenaient en serbo-croate, ils baissaient le ton rien que pour prévenir les remarques. Quiconque respectait les règles, même celles qui n'en étaient pas, on aurait pu, c'était du moins l'impression que nous avions, lui pardonner son existence de migrant. Et chaque rappel à l'ordre revenait à marteler l'essentiel : ici, vous êtes des étrangers.

Avec le temps, nous connaissions les préjugés et avions appris à entendre parler de nous sans que cela corresponde à ce que nous étions. Agressifs et arriérés, hors la loi. Des oignons à toutes les sauces, des germes, des maladies. L'exil comme infiltration. Au fond, nous menions un travail d'éducation en nous comportant comme nous l'aurions fait partout, comme des gens que le hasard empêchait d'être là où ils auraient préféré être. Pas besoin de jouer un rôle.

Nous sommes le 1er décembre 2018. Mon cousin m'envoie une photo. On y voit le toit du garage sur lequel nous avons joué au foot dans le quartier d'Emmertsgrund. Une surface dégagée, de la mauvaise herbe entre des plaques de béton, des cartables d'écoliers en guise de buts. La photo montre le panneau avec un ballon barré et le message « Jeux de ballon interdits ». Il commente la photo en ces termes : « L'enfance en une image. »

Nous avons tout de même joué. On nous a parfois dit : Vous ne savez pas lire ? Alors, nous allions un peu plus loin, mais étions vite de retour.

AU CHÂTEAU, AVANT L'ATTAQUE
DES ORQUES

À dix-sept ans, j'ai passé un nombre inouï de week-ends avec des formules magiques, du Coca, des arcs et des flèches. Notre terrain de jeux, c'étaient des crayons, du papier, et une bonne dose d'imagination. Un dé à vingt faces décidait de notre destin.

Ce qu'avait été la station Aral pour ma socialisation dans la zone inculte de l'Emmertsgrund, les jeux de rôle de l'univers de la fantasy l'ont été pour mon initiation à – à quoi, en fait ? En tous cas au combat contre le mal. D'autres jeunes, à dix-sept ans, se consacraient à leur propre corps, ou les uns aux autres, expérimentaient avec des substances qui augmentent la perception et s'appropriaient le monde qui les entourait. Mes copains de jeux de rôles et moi, nous nous consacrions dans un premier temps à l'armée des Orques en progressant dans le pays de Svellt.

Olli venait d'Eppelheim, sa sorcière d'un œuf de sorcière. C'était un gars tranquille dans ma première classe normale, du genre : *Je lève le doigt quand j'ai la certitude de savoir la réponse.* Un jour, Olli avait raconté que le samedi il jouait à *L'œil noir* avec des copains. Un jeu de rôles de l'univers de la fantasy.

Sur PC ?

Non, de tête.

J'avais été immédiatement conquis. De tête, ça, je savais faire. Et me voilà invité à jouer avec eux. Je suis allé chez Olli un samedi, dans sa chambre Jo, Peter et Seb étaient déjà assis sur le tapis, enfouis tous les trois jusqu'aux coudes dans des sachets de chips au paprika.

Une feuille couverte de chiffres avec l'image mal dessinée d'un personnage en armes était posée devant chacun. Il s'agissait des qualités et portraits des personnages représentés par les joueurs. Je jouais un elfe de la Comté. Mes parents étaient morts lors d'une attaque des Orques, je devais me débrouiller comme orphelin et y parvenais très bien, car j'étais doué de pouvoirs magiques et chanceux aux dés.

Fulminictus, droit au but, hurlais-je, le poing dressé.
Bannbaladin, suis ton ami, hurlais-je en regardant droit dans les yeux celui qui me faisait face.

Jo jouait une sorcière charismatique. Quelques mois plus tard nous nous épousions dans une clairière, très haut dans des montagnes pleines de fées.

Je décrivais au téléphone à grand-mère Kristina ce qui se passait dans nos jeux de rôles. Je lui expliquais : c'est comme au théâtre, chacun joue un rôle qu'il s'est lui-même inventé, dans un monde magique avec des démons sur lesquels prolifèrent des plantes grimpantes. Il y a des gentils géants et des super dragons, et tout ça sans scène, ni script ou régisseur.

« Et aussi sans public », supposait à juste titre Grandmère.

« Oui, dans la tête, le public ne ferait que gêner », fut ma réponse. « Quand nous entrons dans une pièce, nous n'y entrons pas réellement – ou plutôt si, mais c'est dans une réalité que nous décrit le maître du jeu. Il nous dit à quoi ressemble la pièce et ainsi de suite. »

Grand-mère restait silencieuse.

J'ajoutai: «C'est très excitant.»

«Ça n'a absolument rien d'excitant», dit Grand-mère en demandant si au moins ça permettait de gagner de l'argent. À ce moment-là, je m'efforçai de détourner la conversation, de lui parler d'elle, de Višegrad.

Ça faisait trois ans que nous ne nous étions pas vus et nous ne nous téléphonions pas souvent. La guerre n'avait pas détruit la ville, mais à part ça, elle n'avait pas épargné grand-chose. On découvrait peu à peu l'ampleur des violences exercées à l'encontre de la population musulmane. Je ne l'interrogeai pas sur ce sujet-là. Je lui demandai si elle se sentait seule. Elle dit qu'elle serait contente que je vienne la voir. Elle ajouta: «Mais ne m'arrive surtout pas en elfe, tu m'entends?» Et: «D'ailleurs, quand est-ce que tu viens?»

QU'EST-CE QUE TU VEUX FAIRE
PLUS TARD ?

Au cours des étés 1995 et 1996, j'ai regardé le Tour de France avec Olli sur la vraiment grande télé de ses parents, même les étapes de plaine. Depuis qu'il avait écrasé un pigeon, Olli ne faisait plus de vélo. C'était un vrai drame, car le vélo, il aimait beaucoup. Impossible pour lui d'oublier le bruit des os se brisant sous le pneu. Pour ma part, je n'avais pas de vélo, je me rendais à Eppelheim en bus et en train. Pour être honnête, je ne m'explique plus comment d'un seul coup je me suis mis à aimer le sport cycliste, peut-être parce que j'aimais bien Olli et qu'en été, au bord d'un lac, je ne quittais qu'à contrecœur mon T-shirt, à cause des boutons d'acné que j'avais sur le dos.

La mère d'Olli était la plupart du temps à la maison, mais je ne la voyais que rarement. Elle dormait beaucoup, nous devions rester silencieux. Quand nous nous retrouvions au week-end chez Olli pour jouer à des jeux de rôle, son père nous beurrait des tartines.

Puisque je suis en train de parler d'Eppelheim, quelques informations en bref : l'habitant d'Eppelheim appréciait particulièrement les boîtes à lettres excentriques. Je ne sais pas à quoi c'était dû. Je ne sais pas non plus si c'est toujours le cas, il y a un moment que je n'y suis pas allé. Mais à l'époque, en fait, dans toutes les rues, on constatait que l'habitant d'Eppelheim consacrait à sa boîte à lettres un temps infini – je ne prétends pas que c'était du temps perdu – et faisait preuve de beaucoup d'imagination.

Les matériaux les plus divers étaient utilisés, pourvu qu'ils soient relativement étanches (sans que cela soit une obligation), et qu'ils sautent vraiment aux yeux. Des engrenages, des chaînes, des tuyaux, des allumettes, des pièces de monnaie, de la mousse. Depuis, je n'ai jamais vu ailleurs autant de boîtes à lettres bizarres qu'à Eppelheim au cours des années pendant lesquelles Jan Ullrich tenait très bien son rang dans le sport cycliste professionnel.

Je ne suis pas expert en boîtes à lettres, mais peut-être que lorsque dans une rue aux maisons relativement identiques tu es le premier à donner une note individuelle à ta boîte à lettres, par exemple en installant un énorme oiseau en osier dont le bec figure la fente pour le courrier, cet énorme oiseau, disons un émeu, donc cet émeu témoigne de tes qualités toutes individuelles. L'émeu est de manière directe et indirecte le signal que tu adresses à tous les autres habitants d'Eppelheim pour leur dire que tu suivras le courant jusqu'à un certain point mais pas au-delà. C'est la boîte à lettres qui fait la différence.

Mais ne t'étonnes pas si ton émeu devient source d'inspiration pour tes voisins – l'anticipateur est condamné à avoir des imitateurs –, leur donne l'occasion de réfléchir à leur utilité, à leur place dans la société et les incite à faire preuve d'imagination en installant à Eppelheim des boîtes à lettres dont l'originalité en témoigne. De tels objets contribuent à établir des identités, et ce également dans une démarche d'égalité, de l'égalité dans l'excentricité, nous sommes quelqu'un, dit l'intéressante boîte à lettres en forme d'enveloppe, à celle que porte un footballeur sur sa tête, ce qui par ailleurs indique à quelle équipe le propriétaire apporte son soutien sans qu'il soit nécessaire de le lui demander.

Comme par hasard, en 1997, Olli et moi n'avons pas regardé le Tour ensemble. Chez moi, nous étions trop occupés par l'expulsion imminente, je n'avais pas la tête à m'intéresser à des arrivées d'étapes de montagne dans les Alpes. Et la mère d'Olli n'allait pas bien. Ce n'est que plus tard que j'ai appris précisément ce qui se passait.

Olli et moi, c'était le bac. On nous voit souriants, côte à côte sur la photo de classe. Aujourd'hui, Olli vit dans une communauté quelque part à la campagne, du côté de Hildesheim, nous sommes le 26 septembre 2018, et le titre du canard du soir est justement : *Jan Ullrich a-t-il agressé un employé de l'aéroport de Hambourg ?*

Mon Dieu, Jan.

Martek était dans la classe parallèle à la mienne et aimait lire des BD ; à l'hiver 1993, pour une raison quelconque, il n'a pas participé à la classe de nature, et comme c'était trop cher pour moi, j'ai continué à suivre les cours à Heidelberg avec Martek et trois ou quatre autres Bosniaques et Albanais de notre promo. Nous sommes devenus copains, parce que louper ensemble un truc sympa, ça crée des liens.

Martek habitait l'Emmertsgrund tout comme nous et était le gars de quinze ans le plus normal que je puisse imaginer même aujourd'hui, sans que je sois capable de dire précisément pourquoi. Il parlait ni trop ni trop peu. Il portait des T-shirts, des jeans et des baskets. Il buvait du jus de pomme pétillant coupé à l'eau du robinet. Il ne lisait pas, ou plutôt ne lisait que des BD, mais pas en quantité excessive. Il ne faisait pas de collection. Son groupe préféré s'appelait Fury in the Slaughterhouse, une musique apparemment très bien élevée. Mois après mois, Martek expérimentait de nouveaux gels capillaires. Il jouait au basket dans un club et m'avait convaincu de faire de même. Il ne marquait jamais beaucoup plus ni beaucoup moins de dix points par partie.

Ses parents étaient originaires de Silésie. Avant de faire la connaissance de Martek, je ne connaissais pas la Silésie. Martek était né en Allemagne et avait l'intention, quand il aurait dix-huit ans, de se rendre à Katowice pour voir les maisons natales de ses parents. Mais quand il a eu dix-huit ans, il a pris l'avion pour Corfou.

Dedo, élève de la classe d'intégration, avait fui sa ville natale du centre de la Bosnie sur une remorque tirée par un tracteur. Le tracteur avait traversé un champ. La remorque brinquebalait violemment. À l'endroit où ils étaient sortis du champ, un bout de tissu tendu entre deux piquets mettait en garde contre les « MINES » qui s'y trouvaient. Depuis ce jour-là, Dedo ne parvient à s'endormir qu'en balançant rapidement sa tête, de droite à gauche, de droite à gauche, jusqu'au moment où il manque s'évanouir tellement la tête lui tourne.

En quittant la Bosnie, Dedo avait emporté avec lui ses préférences musicales sous forme d'insignes cousus sur sa veste en jean : *Iron Maiden, Sepultura, Megadeath.* En Allemagne, Dedo ne rajouta aucun nouvel insigne et ne changea pas de veste. Je ne l'ai jamais entendu parler de musique.

Dans mon bulletin de la classe d'intégration, on peut lire : *Stanišić n'a aucun mal à apprendre l'allemand. Il comprend vite et réutilise les notions acquises de manière pertinente. Il s'intéresse tout particulièrement à la formulation de choses étranges relevant de l'imaginaire.*

Sur celui de Dedo est marqué : *Élève peu loquace.*

Rahim avait une tête bouclée et un nom plein de courbes qui lui valait à l'occasion la question « T'es arabe ou quelque chose du genre ? » En fait son père est seulement spécialiste en études sémitiques et a donné à trois de ses quatre enfants des prénoms arabes, donc à tous sauf à Melanie, qui s'appelle Melanie.

Monsieur Heldau entre, ouvre un livre, retrousse ses manches, prend son élan comme s'il tenait une hache, monsieur Heldau commence à nous faire la lecture ! Pour le petit homme chauve, la littérature est un travail physique, et il adore travailler. Monsieur Heldau lit à voix haute, gesticule au long des premières phrases, où quelqu'un se réveille sous la forme d'une *vermine.*

Je ne sais pas ce que veut dire vermine.

Je demande à Olli, Olli répond : « Hanneton ». Donc quelqu'un se réveille, il est devenu hanneton, plein de petites pattes et tout le reste. Je ne peux m'empêcher de rire. Je ris fort, c'est tout de même drôle, et aussi parce que tous les autres écoutent avec le plus grand sérieux et que monsieur Heldau poursuit sa lecture comme si personne ne s'était réveillé sous la forme d'un hanneton. Mais voilà qu'il s'interrompt tout de même et me regarde comme il le fait toujours pour ceux qui dérangent : son front (à demi chauve) et sa nuque se plissent. Par chance, je ne suis pas le seul à rire. Rahim rit lui aussi. Et un autre encore, Arkadiusz, qui pour une fois a écouté, ou qui rit parce qu'il y en a deux autres qui rient.

Monsieur Heldau demande ce qu'il y a de tellement drôle, il aimerait bien rire lui aussi.

Je m'apprête à répondre sincèrement : « Monsieur Heldau, si quelqu'un hanneton se réveille, drôle ! »

Mais Rahim est plus rapide parce que son allemand l'est aussi : « Monsieur Heldau, c'est cette vermine. C'est drôle, non ? Ce type devenu insecte. »

Le lendemain, Rahim s'assied à côté de moi, il le fait spontanément. Il me demande si j'ai lu la suite. J'avais lu la suite. *La Métamorphose*, c'était une histoire extraordinaire et inouïe, mais à l'époque, « inouï » ne faisait pas partie de mon vocabulaire, aussi avais-je dit autre chose.

Ensuite, Rahim m'avait demandé pourquoi j'écrivais tout le temps pendant les cours : « Tu ne prends pas des notes, tout de même ? »

En fait, je prenais vraiment des notes, ça m'aidait à récupérer ensuite ce qui pendant le cours m'avait effleuré d'un souffle dépourvu de sens. Mais comme j'ai eu peur qu'il ne trouve pas ça cool, j'ai répondu : « Des poèmes, des trucs du genre. »

Rahim a répondu que lui, il écrivait des histoires, des trucs du genre. Et qu'un jour, il m'avait vu dans le bus 31, est-ce que j'habitais à l'Emmertsgrund ? Nous avons eu vite fait de savoir qui habitait où : lui dans une des maisons individuelles, moi non pas dans les immeubles, ce qu'on aurait attendu d'un Yougo, mais tout de même dans l'un des bungalows bordant le quartier.

Rahim a proposé qu'on se rencontre à l'occasion. « On pourrait aussi écrire un truc ensemble. »

J'ai proposé : « Peut-être une histoire avec l'homme-insecte ? »

« L'homme-insecte habite l'Emmertsgrund. Il sort de chez lui tout petit, tout petit. »

« Achète du paprika chez Edeka. »

Des poèmes-du-genre et des histoires-du-genre sont restés l'essentiel de notre relation. En classe de terminale, nous avons tous les deux choisi l'allemand comme matière renforcée et nous avons suivi les travaux pratiques de littérature de monsieur Heldau. Rahim était un nostalgique sarcastique sensible à l'appel du lointain. J'étais un nostalgique de pacotille sensible à la nostalgie de la patrie. Nous bossions ensemble, partagions nos repas et avions le projet de faire un jour un grand voyage. Nous avons commencé par descendre la Jagst en canoë double. Plus tard, le grand voyage nous a conduits jusqu'en Bosnie. Rahim a été l'invité de ma grand-mère. Aujourd'hui, il vit à Munich et a une petite fille.

Emil habitait à Hirschhorn avec son grand-père. Je ne lui avais pas demandé où perchaient ses parents, et Emil ne voulait pas savoir davantage ce qu'il en était des miens. Emil aimait lire et me prêtait des livres. J'allais rarement le voir à Hirschhorn, parce que c'était au diable vauvert et qu'en tant qu'étranger, je ne me risquais pas volontiers à quitter Heidelberg – surtout pas pour aller dans des endroits où les maisons à colombages datant du XVIe siècle l'emportaient sur les grands immeubles.

Dès ma première visite, le grand-père d'Emil me montra ses armes de chasse. Il était retraité et chasseur et disait que s'il avait le choix, il passerait son temps à chasser. En un certain sens, ça m'avait fait du bien qu'il évoque dès notre première conversation l'endroit où on tue les animaux. Dans la même phrase, il me confia qu'il était né à Danzig et avait connu une Saša née en Union Soviétique. Belle fille, il se demandait ce qu'elle pouvait faire en ce moment.

J'ai demandé ce qu'elle faisait à l'époque, et le grand-père d'Emil a répondu : Surveillante dans un camp de prisonniers. Nous nous connaissions depuis deux minutes et demie. J'ai demandé à Emil s'il allait à la chasse avec son grand-père et Emil a répondu qu'il détestait la chasse.

Emil aimait les livres. Il avait seize ans et était membre de deux clubs de lecture. Il m'a encouragé à m'y inscrire aussi, mais il m'aurait fallu dix fois plus de temps que lui pour un livre, et je ne voulais pas me faire attendre.

Le premier livre que m'a prêté Emil, c'était *Quoi de neuf, petit homme ?* de Hans Fallada. J'ai mis trois mois à le lire et j'ai adoré.

Un jour, le grand-père d'Emil est venu m'attendre au bus qui m'amenait à Hirschhorn. Il m'a montré le village et m'a expliqué les vieilles maisons. Il parlait de leur « squelette de poutres » et du « rouge suave du grès ». Il aimait tout particulièrement un bâtiment de belle taille : la maison princière de la chasse. Le grand-père d'Emil énumérait chiffres et dates.

« Quand on se tient immobile à l'intérieur, on entend les esprits. Ils y restent pour toujours, alors qu'ils sont chez eux tout à fait ailleurs. » C'est ce qu'il disait, ou je pense aujourd'hui que c'est ce qu'il pourrait avoir dit.

À la bibliothèque, j'ai regardé où était Danzig. J'ai demandé à mon prof d'histoire, monsieur Gebhard, ce qu'on devait savoir au sujet de Danzig.

Il a haussé les sourcils en disant qu'il lui fallait remonter bien loin en arrière. Les Polonais, les Allemands, la guerre, minorités, majorités, émigrants. Je ne comprenais pas grand-chose, mais certains aspects me semblaient très très familiers.

À ma visite suivante, j'ai interrogé sans détour le grand-père d'Emil sur Danzig. Il a répondu sans faire de grandes phrases, parlant sur un rythme précipité. Il avait vécu à Danzig dans une maison à colombages avec ses parents et ses trois sœurs, toutes plus insolentes les unes que les autres. Son père était professeur, sa mère s'occupait de la maison.

Y avait-il des chasseurs dans sa famille ?

Aucun.

J'attendais qu'il poursuive son récit, mais le grand-père est allé nettoyer ses fusils.

Emil, Rahim, Olli, Martek. Qui à l'occasion me demandaient ce que je voulais faire plus tard. Je leur posais la même question. L'essentiel, à cet âge-là, que tu sois étranger ou pas : c'est que quelqu'un ait envie de passer du temps avec toi.

Dedo ne posait pas cette question-là. Dedo n'avait plus de questions. Dedo n'apprenait pas vraiment l'allemand. Introverti et l'esprit ailleurs même pendant les cours. Mais ce n'était pas le cas pour d'autres choses.

Ce qu'il entreprenait, il le réussissait. Dès qu'il y arrivait très bien, il s'en désintéressait et passait à la suite. Puis ses parents, pour tout arranger, se séparèrent, et il commença à se droguer, il ne s'agissait plus alors de réussir mais d'augmenter la dose.

Faire de l'escalade, c'est devenu essentiel. Il s'entraînait tous le jour, grimpait sur tout ce qui dans les parages était plus haut qu'une maison, de chaque côté. Il était clair pour tous ceux qui le fréquentaient que Dedo trimballait avec lui un poids venu du passé qui était plus lourd et plus important que le présent. Nous étions au courant, pour le tracteur et pour le champ de mines. Peut-être ne s'agissait-il que de cela : avoir survécu ainsi.

Quand nous apprîmes qu'il était menacé de reconduite à la frontière, nous avons supplié Dedo d'aller voir un médecin. Le premier psychiatre venu aurait reconnu le traumatisme, et Dedo n'aurait pas eu à repartir. Dedo affirma qu'il n'avait pas besoin de thérapie. Toujours entre les mains un objet avec lequel il jouait. Sa sempiternelle veste en jean avec les insignes.

En 1999, il a été expulsé vers la Bosnie. Il n'est pas sur *Facebook*, je ne sais pas où il se trouve aujourd'hui.

Au cours de l'été 1995, il passait des journées entières à jouer au baby-foot dans un club de jeunes pas loin de l'école. Il jouait, jour après jour. Bientôt, il était devenu si fort qu'on ne prenait aucun plaisir à jouer avec lui ou contre lui.

ORIGINES ET CONFLUENCES

Mon professeur d'histoire, monsieur Gebhard, homme doux de haute stature était originaire du lac de Constance, avec un faible pour les révolutions. La Révolution française, les vaillantes révolutions de 1848, la révolution chinoise de 1911 – il savait décrire une destitution avec un tel amour des détails et en même temps une telle passion qu'il me semblait raconter des histoires auxquelles il aurait aimé (ou au contraire détesté) participer – partie de dés avec Danton et Robespierre. Je me suis dit que j'allais lui faire plaisir à mon tour en ajoutant des histoires à mes devoirs d'histoire – jusqu'à ce qu'il me prie poliment de produire moins de pages et davantage de faits.

En 2016, déjà retraité, il reprit contact avec moi. Il avait, me dit-il, fait une découverte intéressante et serait heureux de me rencontrer. Nous nous sommes retrouvés à Heidelberg, au Café Burkardt, pour y déguster des raviolis souabes arrosés de bière de la Forêt Noire.

Monsieur Gebhard a parlé de son père. Le père de mon ancien professeur d'histoire était né en 1916 en Haute-Souabe. Il avait grandi dans un milieu défavorisé et avait perdu sa mère à l'âge de neuf ans. Sa belle-mère était une femme froide mais très correcte qui lui avait procuré une place comme apprenti-vendeur à Tettnang et ne le serrait que rarement dans ses bras.

En 1938, il avait adhéré au Service du travail du Reich puis avait été incorporé. Dès les premiers coups de feu, il s'était retrouvé dans la Wehrmacht. Il avait d'abord été envoyé en Pologne, puis en France. Il avait été blessé en Russie (non qu'il se fût trouvé en première ligne, mais la ligne de feu était venue jusqu'à lui, jusqu'à la compagnie d'état-major). Il avait été envoyé en Allemagne, dans un hôpital militaire, ses camarades, qui faisaient partie de la sixième armée, avaient avancé jusque devant Stalingrad.

En 1943, à Tettnang, il avait épousé Luise Schmelzer. Les carillons de la noce résonnaient encore qu'il avait dû retourner au front, dans l'état-major du 45e bataillon du génie qui fut envoyé à l'automne 1943 en Yougoslavie. Il se retrouva *toujours plus profond dans les montagnes* d'où il adressa de tendres cartes postales à son épouse. (*Imagine la petite voie ferrée dans la forêt et circule pendant toute une journée dans un de ces petits trains pour voie étroite, élève-toi à mi-pente en passant devant des localités à moitié démolies par les échanges de tir. La voie ferrée s'y interrompt soudain, parce que les ponts ont sauté. C'est là, au milieu des montagnes serbes qui vont de Belgrade à Sarajevo, que j'ai retrouvé mes camarades.*)

C'était comme par hasard à Višegrad. *Cette ville est un champ de ruines*, écrivait-il à sa Luisle chérie, *les propriétaires ont changé bien trop souvent, c'est le tour du soldat allemand, qui rétablira l'ordre.* Il y était resté stationné plusieurs mois. Avait remis en état des bâtiments, se déplaçant dans les vallées du Rzav et de la Drina et s'abandonnant à ses rêves *dans un lit fait de quelques planches assemblées et d'un matelas dans une pièce tout à fait convenable et dans une maison restée intacte*, et en janvier 1944, ma grand-mère Kristina était une fillette de douze ans et mon grand-père Pero, âgé de vingt ans, avait rejoint les *bandes de communistes* qui circulaient dans les montagnes, pas loin de Višegrad. Si mon arrière-grand-mère Rumša était passée un soir sous les fenêtres d'une pièce tout à fait convenable située dans une maison restée intacte, elle aurait pu entendre le poste de radio *qui marchait jusqu'à l'extinction des feux.* Et si le père de mon professeur d'histoire était passé devant ce qui à ce moment-là restait debout de la maison de Rumša, il aurait pu prendre plaisir à l'entendre chanter et lui serait venu une idée, celle d'organiser une soirée cabaret à Višegrad.

On avait vite trouvé, *en dépit du fait que, dans cette bourgade, rares étaient les maisons demeurées intactes, un local qui semblait convenir à un tel objectif : une écurie auparavant utilisée par les bandits, avec un bon parquet qu'on avait dégagé une fois enlevée une épaisseur de fumier de plusieurs centimètres. Quand les gars du génie prennent une affaire en mains, le résultat est toujours réussi et approprié, et bientôt, une salle des fêtes bien installée, aux murs décorés de branches de sapins et de dessins originaux, s'est offerte à la vue des visiteurs.*

Mon professeur d'histoire et moi, nous avions encore commandé chacun un jus de pomme pétillant et l'avions bu à la paille, trinquant à l'éventualité d'une rencontre entre nos ancêtres. Peut-être à l'occasion de la soirée cabaret dans la nouvelle salle des fêtes, une fois que *les personnalités de marque eurent pris place sur les bancs en bois rustique et que l'orchestre eut ouvert la soirée au son plein d'allant d'airs à la mode.*

Et une chanteuse locale ne pourrait-elle pas avoir régalé de sa chansonnette ? Par exemple avant le clou du programme, le numéro d'*Erich, clown-dompteur, qui avait particulièrement réjoui les spectateurs* ?

Les lettres évoquent en outre des excursions dans la région. Ces marches *en ont fait transpirer plus d'un*, ce qui me rappelle le récit de ma grand-mère évoquant les soldats en sueur dans son village. Et l'officier qui aimait boire du lait.

Ma petite femme chérie ! Un dimanche rayonnant brille à ma fenêtre. Les hauts sommets enneigés étincellent dans le soleil du matin et l'eau de la Drina coule joyeusement vers la vallée. Pour l'instant, je mène ici une vie tranquille.

Le fleuve nous a tous vus, oui.

Quand les deux époux voulaient éviter que n'importe qui puisse lire tout ce qu'ils s'écrivaient, ils avaient recours à des abréviations.

Mille saluts aimants accompagnent les lignes que j'écris aujourd'hui à ma petite femme ainsi qu'un doux baiser.

Un baiser de toi, comme il me serait agréable.

Sur les photos, le jeune soldat se trouve, à Višegrad, en des lieux où je me suis trouvé moi aussi un jour ou l'autre. La Drina est toujours là, comme si sa présence, immuable, allait de soi. Une passerelle provisoire en bois relie les arches blanches du vieux pont en partie détruit.

GRAND-MÈRE ET LA TÉLÉCOMMANDE

Grand-mère veut éteindre la télé et tombe sur le bouton de réglage du son. Sandra Afrika tonitrue :

Nije tvoja briga moi život, moja igra,
dok za nekim ne poludim biću ničija.

Ma vie est mon jeu, c'est pas ton affaire,
avant qu'un gars me fasse perdre la tête,
je suis toute seule.

Papa lui ôte la télécommande des mains, baisse le son. Je trouve violent de ne pas avoir demandé. Mais j'aurais réagi comme lui si j'avais été plus près. Grand-mère a l'air contente de voir papa et le remercie : « Les boutons sont tellement petits », dit-elle.

Papa lui rend la télécommande.

« Quand êtes-vous arrivés ? » Le regard de Grand-mère va de lui à moi. Papa s'éclipse dans la salle de bains, il veut éviter qu'elle lui dise à nouveau bonjour. Elle se tourne vers moi, sourit. Je m'assieds à côté d'elle. Sa chemise de nuit est blanche et douce. Elle baille. Devant le canapé, la sempiternelle table basse. Un napperon qu'elle a fait au crochet il y a des siècles, toujours le même, sur la table une plaque en verre et un verre d'eau.

Je le lui tends. Elle n'en veut pas. Ses cheveux sont vaguement roux, rares. Dedans un peigne, orné de petits oiseaux.

« Je rentre quand à la maison ? »

« Tu es à la maison, Grand-mère. »

Grand-mère passe le doigt sur la bordure en verre autour de la table basse. Se lève. Sur les murs les tableaux qu'elle a brodés et nos photos. Grand-mère devant, comme une touriste dans une galerie d'art. Elle me voit à Paris, je mets ma main dans mes cheveux, une photo ancienne et pleine de vanité, c'est moi qui l'ai choisie. Je l'ai choisie parce que je sais que Grand-mère n'aime pas les barbes. Je voulais lui plaire. À côté papa et mon oncle en écoliers pensifs. Grand-mère, debout devant la commode sur laquelle sont posées des factures et des bijoux et des médicaments et des ordonnances pour encore plus de médicaments. Grand-mère manipule le thermostat du poêle. Se penche par la fenêtre, Grand-mère dit : « Non, je veux rentrer à la maison. »

« Où est ta maison, Grand-mère ? »

« À Višegrad, mon ânon. »

« Nous sommes à Višegrad, Grand-mère. »

« Ça, ici, ce n'est pas Višegrad. »

Je lui donnerais volontiers raison, pour moi non plus, ce Višegrad n'est pas le mien. Mais pour elle, ce n'est pas à prendre au sens figuré. Elle veut dire : « Tu peux m'emmener ? Je veux être entourée par ce qui m'appartient. »

« Tout ça est à toi, Grand-mère. » J'étends les bras.

Grand-mère ne regarde même pas. « Je n'ai rien. »

Je m'approche d'elle, cette fois, elle prend le verre d'eau que je lui tends, mais ne boit pas. Le verre à la main, elle montre la fenêtre. «En face de chez moi, il y a aussi une maison de ce genre. »

« C'est elle, Grand-mère. »

« Ce n'est pas cette maison. »

« Et cette montagne, c'est quoi ? Celle qui a une maison en haut. »

« Le Megdan, mon ânon. »

« Et la maison que tu vois de chez toi, elle est où ? »

« Sur le Megdan. » Soudain, Grand-mère se met à fredonner un petit lalala, un air enfantin.

« C'est le Megdan, Grand-mère. Et ici, c'est chez toi. » Chez moi habitent les fictions, voilà ce que je me dis.

Grand-mère hoche la tête. L'instant d'après, elle verse l'eau par la fenêtre. La cour renvoie l'écho du clapotis. Grand-mère me tend son verre.

« Mon fils, est-ce que tu veux bien aller me chercher de l'eau. »

Je m'apprête à dire : « Je suis Saša », je me tais. Je vais chercher un verre d'eau pour ma grand-mère.

Je crois qu'il n'y a rien de pire que de savoir où est sa place, mais de ne pas pouvoir y être.

Papa sort de la salle de bains. Je propose d'acheter une autre télécommande, avec de plus gros boutons. Papa est d'accord, veut y aller tout de suite, il veut sortir d'ici. Grand-mère est à la fenêtre, elle nous tourne le dos, elle est à Višegrad, n'est pas à Višegrad.

Ma grand-mère ne boit pas assez.

LE DOCTEUR HEIMAT

Quand on me demande le sens du mot allemand *Heimat*, patrie, je parle du docteur Heimat, le père de mes premiers amalgames.

J'ai fait la connaissance du docteur Heimat par une chaude journée de l'automne 1992 dans son jardin de l'Emmertsgrund. J'étais de l'autre côté de la rue, à hauteur du jardin, quand j'ai entendu quelqu'un m'appeler, j'ai entendu un bonjour. Un vieux monsieur, moustache et slip de bain speedo, en train d'arroser son gazon au jet, me disait bonjour.

Faut-il s'interroger quand on est salué par des seniors en slip de bain ? Je lui rendis son salut. Il chercha à engager la conversation par-dessus la barrière, mais sans grand succès – mon allemand était lamentable. Son salut cordial par-dessus la rue, c'était déjà pas mal.

Le docteur Heimat portait une moustache à la Clark Gable, un simple trait, style hélas presque disparu de nos jours. J'avais alors quinze ans, j'ai trouvé que cette moustache inspirait à la fois crainte et confiance, elle correspondait à l'image que je me faisais de l'Allemagne.

La rue, – son gazon y semblait très moelleux –, sa maison vaste et sa voiture, une Saab, d'une vétusté de bon aloi, était la plus belle du quartier d'Emmerts-grund, où se trouvait le plus grand nombre de systèmes d'alarme. Le docteur Heimat n'avait pas de famille, ce que je trouvais dommage pour quelqu'un ayant de si bonnes manières, une si jolie moustache, de si belles dents.

C'est au printemps suivant qu'il m'a interpellé au sujet de mes dents. Jusque-là, nous n'avions jamais échangé plus de quelques phrases, il a dû déceler à travers mes joues comme par une radio l'apocalypse qui faisait rage dans ma bouche. Il m'a conseillé de passer à son cabinet. C'était possible quand je voudrais. Mais son conseil était : ne pas tarder.

Je n'avais pas d'assurance maladie, le docteur Heimat s'en moquait. Il a traité toutes nos caries : caries bosniaques, somaliennes, caries allemandes. Une patrie rêvée, une vraie *Heimat*, se soucie des caries et pas de la langue que la bouche parle plus ou moins bien.

J'ai dû me rendre à plusieurs rendez-vous. Au quatrième ou au cinquième, depuis le fauteuil de dentiste, j'ai parlé un peu de moi, un peu de ma famille. Non pour satisfaire la curiosité du docteur Heimat. Mais il était tellement gentil. À propos de maman, qui s'éreintait dans sa teinturerie, j'ai bredouillé. J'ai dit qu'en tant que marxiste, elle était en quelque sorte une experte des questions d'exploitation de l'homme par l'homme et que maintenant, c'était elle qui était exploitée.

Le docteur Heimat a souri, enfournant dans ma bouche un instrument d'allure repoussante, et a proféré d'un ton sentencieux : « Karl Marx avait vraisemblablement de mauvaises dents, mais ses idées étaient bonnes. » Entreprenant de gratouiller dans ma bouche, il dit comme s'adressant à lui-même : « Les travailleurs n'ont pas de patrie. »

Au bout d'un certain temps, je lui ai aussi parlé de mon grand-père Muhamed : il me semblait que de nous tous, c'était lui qui se plaisait le moins en Allemagne, mais il était trop gentil et trop reconnaissant pour en convenir. Le docteur Heimat a voulu savoir si mon grand-père avait une occupation favorite.

Si on me demande ce que pour moi signifie le mot *Heimat*, je parle de la cordialité avec laquelle un voisin m'a dit bonjour depuis l'autre côté de la rue. Je raconte que le docteur Heimat nous a invités, mon grand-père et moi, à pêcher dans le Neckar. Qu'il nous avait acheté des permis de pêche. Qu'il avait préparé des sandwichs et avait aussi bien du jus de fruits que de la bière, parce qu'on ne sait jamais. J'évoque les heures que nous avons passées côte à côte au bord du Neckar, un dentiste originaire de Silésie, un vieux mécanicien de Yougoslavie et un écolier de quinze ans sans caries, et que tous trois, pendant quelques heures, nous n'avions peur de rien au monde.

DÉCONNER

Nous voulons faire des conneries. Nous allons jusqu'à la gare de triage, Piero, Martek, Dule et moi, grimpons dans les wagons de marchandises – quel beau cuivre –, puis franchissons le grillage qui nous sépare du dépôt de vieux papiers. En général, c'est par là que ça commence, en franchissant un grillage. Nous nous allongeons dans les énormes conteneurs à papier pleins de revues, de journaux, des reliquats, des invendus, ce serait vraiment dommage que personne ne les lise, lance Piero en italien. C'est peut-être ce qu'il dit, nous ne comprenons pas Piero, mais il a raison. Il y a de tout, l'essentiel, ce sont les revues musicales, parce qu'à seize ans, c'est la musique qui exprime l'essentiel. Des magazines sportifs, des paquets encore ficelés de la *Süddeutsche*, du *Spiegel*. Je m'intéresse à une revue de photographie, je suis en train de mettre de l'argent de côté pour mon premier appareil photo, et je lis que les appareils numériques occupent une place croissante, mais qu'il ne s'agit que d'un phénomène de mode.

Heidelberg a une odeur d'encre d'imprimerie et sent aussi le gel capillaire de Martek (pomme). De revue en revue, les bouts de nos doigts se noircissent, et Piero s'écrie : « Hého, la fée des bois ! » Être allongé dans les mots et les images et dans l'interdit, et contempler la clarté du ciel, ou comme Piero en ce moment, se blottir contre la pâle poitrine d'une femme marin en couverture d'un magazine, c'est comme des vacances, mais des vacances comme il faut, sans parents, entre garçons, et Dule s'allume une sèche, alors qu'il est parfaitement évident que c'est idiot, que c'est la dernière des choses à faire dans un conteneur plein de papier. La fumée n'est bientôt plus un effet de l'imagination, on se croirait dans un film en nous voyant nous casser, franchir au ralenti le grillage, comme si nous volions, c'est en général comme ça que se terminent les conneries, avec une fuite par-dessus un grillage et cette fois, on rigole, car le feu n'a pas fait preuve de sérieux, le seul qui, en dépit de la panique, a pensé à récupérer un journal, c'est Piero, ce qui nous a fait plutôt plaisir.

ÉCOUTER LES AUTRES

Les parents de Rahim sont des athées de Franconie, ils travaillent dans les Sciences humaines. Ils ont quatre enfants et un escalier en colimaçon.

Je n'ai pas réussi à savoir quel était réellement le domaine de spécialité de la mère de Rahim. Peut-être n'était-ce pas la recherche en Sciences humaines. Nous n'avons jamais évoqué la question. Elle terminait ses phrases comme si elle avait su dès le début comment elles devaient se terminer.

Le père de Rahim au contraire parlait souvent de son métier. Il était professeur d'études sémitiques et se rendait souvent dans des régions où de vénérables dialectes approchaient sans bruit de leur disparition. Il les rapportait sous forme de séminaires universitaires.

Je passais beaucoup de temps chez Rahim où je voyais d'ailleurs souvent ses parents. De temps en temps, je restais pour le repas. Rien que la façon dont les mets étaient présentés ! Les sauces sur l'assiette, un ornement en filigrane. Tout était bon, comme si ces mets avaient été préparés *d'un coup de baguette magique* par un cuisinier étoilé. Je n'aurais pas été surpris d'en voir un sortir vraiment de la cuisine, s'incliner modestement et nous souhaiter bon appétit en araméen avant de s'évaporer dans une nuée de safran.

J'aimais la légèreté, parfois l'aventure et la camaraderie de la bande de chez Aral, et j'appréciais l'ordre harmonieux régnant sur l'étagère à livres organisée par thèmes et la façon dont on s'écoutait mutuellement dans le grand séjour de la famille de Rahim.

Un jour, pour le dîner, il y avait en dehors de moi deux lesbiennes pleines de vie prénommées Andrea. Toutes deux vétérinaires dans le Palatinat, l'une avait un cabinet, l'autre faisait de la recherche. En répondant à la question sur l'origine de mon accent, j'ai sans doute parlé du nez car Andrea la chercheuse avait compris « Boston » au lieu de « Bosnie » et s'était mise à glousser de joie, comme si je venais de lui faire un cadeau. Parlant de sa mission d'enseignement au MIT, elle avait évoqué les moments agréables passés à Boston. Elle parlait anglais avec un accent très *british*, tel que je le connaissais à travers le catcheur *The British Bulldog*. Elle m'avait pourtant entendu parler allemand. Peut-être pensait-elle que je me sentirais plus à l'aise dans une discussion en langue maternelle.

Je la laissais parler, hochant la tête quand je comprenais quelque chose, et répondais très honnêtement à ses questions – ce que je faisais en Allemagne, *school*, où j'avais habité, *close to the river*, quand j'allais rentrer chez moi, *soon, I hope* – avec mon accent à la Bruce Willis, les réponses lui convenaient parfaitement, c'était formidable.

Le spécialiste en études sémitiques souriait, Rahim empilait des boulettes sur son assiette. À chaque phrase de la sympathique experte en bovidés, je me sentais en quelque sorte… plus présent. Un malentendu m'avait libéré du poids des origines. Être un élève de Boston en programme d'échange, c'était bien plus simple que d'être un Bosniaque titulaire d'un permis de séjour temporaire – *Have you ever been to a Celtics game ?*

Là, je me risquai même à répondre par une question : *No, you ?*

Yes, indeed, s'était-elle exclamée, *it was fantastic !*, mais la mère de Rahim et la salade introduisirent malheureusement une pause pendant laquelle notre hôte posa sa main sur le bras d'Andrea en disant à voix basse : « Pas de Boston. De Bosnie. »

« Oh ! » s'exclama la chercheuse.

« Oh ! » dit en écho la spécialiste de *l'élevage industriel des bêtes de somme*.

Des mets délicats furent déposés sur les assiettes, dans un nid de malentendus, le jeu de rôle dans lequel j'étais un autre avait pris fin. Bien sûr, tout le monde rit, bien sûr, Andrea s'excusa, je m'excusai. Nous avons trinqué (Rahim et moi avec du thé glacé) et le père de Rahim s'est exclamé – s'adressant aux spécialistes de biologie animale non comme s'il posait une question, mais comme s'il racontait une blague : « Au fait, on vit comment à Kaiserslautern ! »

Environ quinze ans plus tard, en 2010, j'étais moi-même au MIT. J'enseignais la littérature allemande et l'écriture créative. J'habitais à proximité de la Charles River. Quand on m'interrogeait sur mes origines, je répondais tantôt « Je viens de Višegrad », tantôt « je viens d'Europe » ou « du Palatinat du Rhin ». C'est cette dernière réponse qui marchait le mieux. Quand tu dis à l'étranger « Palatinat du Rhin », il est à peu près certain que ton interlocuteur ignore s'il s'agit d'une ville ou d'une erreur de prononciation.

Je disais que mes parents étaient chercheurs en Sciences humaines. Je disais que mon grand-père était chasseur, réfugié de Danzig. Je disais que mes mères étaient lesbiennes. Je disais que les origines, c'est le fait du hasard, je le répétais sans cesse, même quand on ne me le demandait pas.

Aux éliminatoires de la NBA, les Celtics jouaient contre Orlando. Pour le troisième match, j'étais là. Mes Celtics ont gagné sans discussion possible.

DES INVITÉS

Pendant ma première année en Allemagne, j'ai rarement invité des copains. Je trouvais toujours un prétexte pour expliquer que ce n'était pas possible. Quand nous étions logés à Wiesloch, nous dormions à six dans la même pièce. La maison était remplie d'étrangers. Ils surgissaient et disparaissaient, faire les présentations n'avait aucun sens, et encore moins inviter un camarade de classe dans cette zone d'activités industrielles et commerciales, véritable enfer sur terre.

Dans le quartier d'Emmertsgrund on avait plus de place – mais le calme, ça restait une question de chance. L'après-midi, tout le monde était à la maison. Mes cousins, petits et pleins de vie, des ex-Yougos qui passaient sans s'être annoncés, comme ils l'auraient fait en Yougoslavie, ce qui témoignait d'une solide culture du voisinage mais était cependant extrêmement agaçant quand on avait un contrôle de maths le lendemain. Je travaillais tantôt à la table de notre pièce commune, tantôt par terre. Un jour, papa a acheté une table pour la pièce où je dormais. Ou au moins c'est ce que j'ai voulu croire : qu'il avait acheté cette table.

Aujourd'hui encore, je me persuade qu'il n'y avait que de bonnes raisons de ne pas accueillir d'invités. L'une étant qu'on manquait de place et de calme, ce que les copains comprenaient. Mais avaient-ils idée de la honte que j'éprouvais ? J'avais honte des vieux meubles, j'avais honte de ne pas avoir de jeux, pas de PC et pas grand-chose en guise de musique (quelques cassettes enregistrées, Metallica, Nirvana, Smashing Pumpkins). J'avais honte parce que nous mangions dans des assiettes dépareillées et rarement tous ensemble. Avec des couteaux dont les lames se tordaient.

Ce sentiment, je le haïssais, mais c'était plus fort que moi. Au dehors, je n'avais plus guère de problème avec les rôles qui m'étaient imposés ou avec ceux que j'avais choisis. Mais à la maison, j'aurais été démasqué. On voyait bien *dans quelle situation nous étions réellement.*

Maman et papa s'usaient à la tâche jusqu'à la tristesse. En 1994, mon père a passé un mois entier dans un centre de rééducation, il avait le dos esquinté. À son retour, il s'est rendu dès le lendemain sur le chantier pour reprendre exactement à l'endroit où son dos avait refusé de continuer. Il en sent aujourd'hui encore les conséquences.

Mes parents ne s'épargnaient pas, alors que j'avais droit à tous leurs égards. Ils écartaient de moi les problèmes et soucis majeurs, ne parlaient que rarement de leurs difficultés. Il n'y a pas longtemps que je suis au courant de leurs privations, de leurs défaites. De ce que cela a représenté, à environ trente-cinq ans, de quitter une existence stable et de devoir désormais se chamailler avec le propriétaire pour savoir si nous avions le droit de planter des tomates dans le jardin.

Ils avaient tous deux dû renoncer à des métiers qu'ils maîtrisaient et qui leur plaisaient. En Allemagne, ils étaient prêts à accepter à peu près n'importe quel boulot pour subsister. C'était pareil pour tous nos amis yougoslaves. Les employeurs savaient profiter de cette détresse. Les salaires étaient bas, les heures supplémentaires, en général pas choisies, n'étaient pas payées. S'agissait-il d'une discrimination ? Mes parents ne pourraient pas le dire. Était-ce lamentable ? Absolument.

Les salaires permettaient rarement de suivre en plus une formation initiale ou complémentaire. On n'avait pas beaucoup de temps ni d'énergie pour des cours de langue, qui constituaient la base. Rares n'étaient pourtant pas ceux qui ingurgitaient encore deux heures de conjugaison des verbes allemands en dépit des ampoules qu'ils avaient aux pieds. Mais souvent, on ne parvenait pas à sortir de la dépendance, ou on y parvenait trop tard – l'expulsion venait trop tôt.

Je constate à la lumière de la chance que j'ai eue combien les discriminations subies par les réfugiés étaient structurellement multiples et le sont demeurées. Quand j'ai accédé au statut de réfugié, les obstacles pratiques ont disparu. J'ai eu la possibilité de suivre une formation et de travailler pendant mes études. Plus les opportunités s'offrant à moi étaient nombreuses et plus il devenait difficile de me mettre hors-jeu ou de faire de moi une victime. La pression existentielle à laquelle mes parents étaient soumis me fut épargnée.

Je suis incapable de dire si l'ignorance dans laquelle j'étais de ce qui à cette époque les tracassait, les torturait, a été une bonne chose. Ou pour le dire autrement, si c'était une bonne chose de partir de l'idée qu'ils étaient dans une situation meilleure qu'elle ne l'était réellement. De ne pas avoir conscience de leurs angoisses et de notre situation financière, et fondamentalement de la chance qui était la mienne dans cette vie allemande. Je savais certaines choses, mais je ne voulais pas les voir. Je quittais la maison aussi souvent que je le pouvais. Et j'étais rarement là pour mes parents.

Je voulais des espaces de liberté qu'ils m'accordaient. Par leurs encouragements, leur amour et avec un peu d'argent de poche, ils ont augmenté mes chances d'être un adolescent à peu près normal, en dépit de tous les obstacles qui se dressent devant un migrant.

Avec Rike, certaines choses ont changé. Rike a été ma première copine et ma première invitée allemande. Elle était sans arrêt chez nous, elle était sociable, bien élevée, absolument rien ne la perturbait de ce dont je supposais que cela devrait déranger des Allemands, ce qui traduisait mes propres préjugés. Elle avait demandé si nous n'avions aucun tableau accroché au mur parce que nous trouvions que l'art, c'était débile et j'ai dû la regarder comme si je la prenais pour une folle. Elle a ri et m'a expliqué qu'il s'agissait d'une blague. Je sous-estimais toujours tout le monde.

Maman et Rike s'entendaient bien. Elle aidait Nena au jardin. Grand-père prenait sans arrêt la main de Rike et la tenait dans la sienne en souriant, comme si cette main avait été le plus précieux des cadeaux. Rike mangeait dans nos assiettes dépareillées et m'enregistrait des cassettes.

Un jour, papa a récupéré pour moi chez Media Markt (ou provenait-elle également de la décharge ?) une petite chaîne avec un lecteur CD et j'ai acheté mon premier CD, un single de Bob Marley, parce que

Rike aimait le reggae (malheureusement, ce n'était pas vraiment mon cas). Rike ne mangeait pas de viande (malheureusement, moi si), et par conséquent, un beau jour, je suis devenu végétarien. Maman aurait sans doute voulu m'étouffer avec des poireaux.

Rike est assise par terre dans la salle de séjour avec maman et regarde *X-Files*, je suis en train de travailler sur la terrasse, Nena entre dans le séjour, elle tient une poignée de cheveux. Elle demande si elle a le droit de les jeter ? La brosse de Saša est toujours tellement pleine de cheveux, elle se demande s'il en fait collection.

Maman se racle la gorge. Rike demande ce qui se passe. Elles échangent en allemand, Nena n'y comprend goutte, et maman finit par dire : « Oui, laisse-les, Saša en a besoin, il s'intéresse au vaudou. »

À partir de là, Nena fermait sa porte pour dormir. Elle me regardait de travers et faisait des gestes mystérieux. Jetait les haricots pour elle-même. Je n'avais pas la moindre idée de ce qui se passait.

Un beau matin, au petit-déjeuner, la question jaillit : « Pourquoi veux-tu faire de la magie ? Qu'est-ce que tu cherches ? »

Maman a éclaté de rire et a tout expliqué. Nena a ronchonné dans son coin. Rike l'a serrée dans ses bras.

Il ne manquait pas grand-chose. Un peu de langue. Un peu d'audace. Je décidai de prendre mon courage à deux mains, pour inviter chez nous quelqu'un *dans l'intérêt de mes parents.* Les parents de Rahim me semblaient les candidats les plus appropriés. Je voulais attendre leur réponse avant d'en parler à maman et papa. Ils seraient contents et diraient oui, j'en étais sûr.

Chez Rahim, avec ses parents, jamais je ne m'étais senti mal à l'aise. Dans leur vie qui sentait la curiosité à travers des centaines de livres et grâce à une gestion réussie du temps permettant des repas qui duraient. Dans cette famille, chacun avait sa pièce, le père de Rahim disposait en outre d'un bureau en sous-sol avec une collection d'ustensiles de cuisine syriens, ou peut-être s'agissait-il d'armes, qui peut le dire ?

Les parents parlaient en détails à la fin de la journée de son début et de son milieu et s'écoutaient mutuellement. S'écouter mutuellement à la fin de la journée, ça me semblait extrêmement bienfaisant, même à moi qui étais complètement en dehors, présent comme si je ne l'avais pas été – assistant à une conversation qui ne leur appartenait qu'à tous deux.

Ils me traitaient d'ailleurs avec une indifférence extrême, c'était rassurant. Ils ne posaient que rarement une question qui dépasse le monde que je partageais avec leur fils (l'école, le sport). C'était sincère et c'était la bonne attitude. J'étais invité en tant que relation de leur fils.

Un jour, nous avons parlé de la manière de traiter les jeunes enfants. La conversation partait du fait qu'ils avaient élevé quatre enfants et que je trouvais mes deux jeunes cousins pénibles. Je ne me souviens plus de ce qui avait été dit. Mais je les revois tous deux assis en face de moi, jambes croisées, du vin dans leurs verres, et ils semblaient soupeser avec grand sérieux la façon dont il fallait me répondre. En général, si quelqu'un soupèse avec grand sérieux la façon dont il faut te répondre, cela suffit pour une bonne discussion.

Quand ils avaient appris que j'avais fui la guerre de Bosnie, ils ne parlèrent pas de vacances passées en Croatie dans les années quatre-vingt sur l'île...

comment s'appelait-elle donc?, et ne débitèrent pas davantage de grands discours sur les mentalités dont le sujet aurait été « les Serbes ».

Le père avait dit: « Désolé que tu aies dû vivre de tels événements, Saša. Je veux bien m'informer sur la question par quelques lectures, et nous parlerons de ce conflit à ta prochaine visite. Si tu en as envie. » Il avait dit ça ou quelque chose d'approchant. Je n'en avais plutôt pas eu envie. Bien plus tard, quand je disposai moi-même d'une langue plus élaborée, nous en avons tout de même parlé. Jambes croisées, verres de vin et de thé glacé.

Selon un proverbe bosniaque, un bon hôte est aussi un bon invité. Les parents de Rahim étaient de bons hôtes, et je me posais un million de questions pour savoir si les accueillir comme invités à la maison pourrait bien se passer. Ce que ressentiraient mes parents et grands-parents, et moi-même. Je voulais que nous réussissions en tant que famille, même s'il ne s'agissait que d'une chose aussi simple qu'un dîner avec de nouvelles connaissances.

Je le souhaitais surtout pour ma mère, qui, en Yougoslavie avait tant aimé recevoir, bien plus qu'être elle-même invitée. Quand elle était en visite, à peine arrivée, elle allait donner un coup de main à la cuisine, servait à boire aux autres invités, c'était touchant. Elle se montrait si débordante d'amabilité avec ses propres invités qu'on avait l'impression qu'elle s'apprêtait à les coucher sur son testament.

Comment les parents de Rahim réagiraient-ils à sa gentillesse? À notre vie sans safran ni rideaux, en acheter ne valait pas vraiment la peine, puisqu'à tout moment on pouvait s'attendre à être reconduit à la frontière.

J'espérais qu'ils viendraient chez nous avec aussi peu d'idées reçues que lors du dîner avec leurs amies, les lesbiennes du Palatinat. Mes parents seraient excités et contents. Nous commencerions – en attendant que le repas soit prêt – par échanger des questions, avec attention et gentillesse, jambes croisées. « Qu'avez-vous planté dans votre jardin ? » Ce serait vraiment une merveilleuse question adressée à un réfugié installé en Allemagne.

Ensuite, nous mangerions, et discuterions des ingrédients. Nos invités ne commenceraient pas en affichant leurs idées à propos de la cuisine des Balkans. Eux (ou leur chef étoilé) cuisinaient de manière largement internationale, pour eux, les Balkans n'auraient rien d'extraordinaire ou de suspect. Absolument pas.

Mes parents raconteraient que la seule chose que je ne mangeais pas, c'étaient les haricots rouges. Alors qu'il s'agit d'un des ingrédients de base de notre cuisine. En prenant congé, les parents de Rahim remercieraient pour la bonne soirée, ce serait tout simplement le summum : que quelqu'un nous remercie pour un bon moment.

Lorsque je me suis à nouveau trouvé chez eux pour un dîner – il y avait un plat constitué de trois ingrédients que je ne connaissais pas, alors qu'il s'agissait d'un plat de Franconie, pas d'un plat arabe –, j'ai lancé l'invitation : Et si vous veniez aussi chez nous à l'occasion ?

Ils ont posé l'un et l'autre leurs couverts sur leur assiette, se sont essuyé les lèvres, la mère de Rahim a dit « voilà qui serait agréable » et son père a remercié en disant « oui, vraiment très agréable, ça nous ferait plaisir. » Ils avaient réagi chaleureusement, un peu étonnés, et une semaine plus tard, j'étais de nouveau assis au même endroit, et sur le mur de la salle à manger, il y avait ce fameux coucou. À sept heures du soir, l'oiseau est sorti, nous adressant un salut cordial.

À sept heures une, le plat complet à base de petits pois était sur la table. La viande était très tendre, c'était du veau du Palatinat. J'ai appris l'expression *élevé en liberté*. Il y avait le coucou, et il y avait un orchestre. L'orchestre était peut-être sur magnéto et jouait peut-être *allegretto* – Haydn ou Mozart. J'aurais payé cher à l'époque pour savoir les distinguer et être capable de parler de musique.

Je n'ai pas parlé à mes parents de l'invitation. Je n'ai pas non plus osé la renouveler devant les parents de Rahim. Et bien entendu, ils ne me l'ont pas rappelée.

« En liberté », avait dit le professeur d'études sémitiques le soir du plat de petits pois « jusqu'au grillage. » Tout le monde avait souri.

La famille de mon meilleur ami ne nous a jamais rendu visite, et ma famille n'a jamais été invitée chez lui. Nos parents ne se sont jamais rencontrés. Le coucou venait de ce village de Forêt-Noire, comment s'appelait-il donc ?

FAÇON DE PARLER (DES INVITÉS, 1987)

Chez nous, les invités allaient et venaient. On joue à quoi ce soir ? Boissons et dés sont prêts, carnet et crayons. Kosta est là, et aussi Berec. Le premier est une vague relation de mon père, le deuxième un bon ami. Kosta grille une clope après l'autre, Berec grille une clope après l'autre. Berec porte moustache, pointes jaunies, et il a un œil de verre. Il ferme l'autre quand la fumée le gêne. Papa et maman fument eux aussi. Le samedi soir fume, en novembre 1987.

Je suis assis sur le canapé derrière maman. Son cou sent bon même à travers la fumée. Les dés claquent, son sec, et mon père pose la question d'un « génocide commis contre le peuple serbe ? » à quoi Berec répond : « Façon de parler », et Kosta dit : « Il était grand temps que quelqu'un le dise », papa rétorque : « Tu dérailles », maman commente : « *Alea jacta est* » et elle réussit une petite suite. Le cou de maman, il sentait quoi ?

Quelques années plus tard, avec les « Aigles Blancs », Kosta prend d'assaut la maison dans la cave de laquelle nous nous cachons. Il devient sur-le-champ fiction littéraire. Joues couleur camouflage, et avec quel calme il lance qu'il a faim, alors qu'autour de lui les enfants gémissent : « J'ai faim, y a quoi ? »

Berec est serbe, tout comme Kosta. À cause de son œil de verre, il n'est pas appelé sous les drapeaux, mais il ne va pas davantage rejoindre comme volontaire ceux qui prennent même les yeux de verre. Il a un emploi à l'usine *Varda* puis l'usine est pratiquement fermée, Berec se retrouve d'abord au chômage puis garde-pêche.

Ses longues marches au bord du fleuve pour effectuer des contrôles. L'après-midi, à l'ombre d'un platane, protégé du vent par un rocher, sur l'herbe, sur du béton : Berec se repose en plein travail. Il ouvre son œil unique et fume. Et s'il lui arrive de te prendre sur le fait quand par exemple tu trempes ta ligne en contrebas du barrage pour attraper des huchons, et de te dire : « Mais voyons, mon cher Dušan, ici, on n'a pas le droit de pêcher », alors, en tant que Dušan, tu réponds : « Berec, comment va, assieds-toi, fumons une cigarette ensemble. » Avec un peu de chance et la moitié de l'amende ou en échange d'un poisson, c'est le calumet de la paix, Berec ferme un œil et passe son chemin.

Quelques jours avant notre départ de Višegrad, sur le pont, Kosta était venu à bicyclette à ma rencontre. Éviter quelqu'un sur un pont, c'est pas évident. En plus, il s'était campé de manière à ce que je ne puisse pas le faire sans difficultés. Il souriait d'un air amical, fit mine de me passer la main dans les cheveux. Le camouflage sur son visage s'était écaillé et des lambeaux verts et noirs lui dégoulinaient sur les joues. Il m'avait demandé comment j'allais. Comment allaient mes parents. Je ne savais pas ce qu'il fallait dire, aussi avais-je répondu « Bien, bien » et Kosta avait répété « Bien, bien. »

Après la guerre, je ne l'ai revu qu'une fois, en 1998, de nouveau sur sa bicyclette. Il longeait tranquillement la Drina, comme s'il n'était pas seulement le maître de l'histoire, mais aussi celui du fleuve. Devant lui, Berec se dirigeait vers la rive. Kosta le rattrapa. Ils se mirent à discuter. On avait l'impression qu'ils se contentaient mutuellement d'acquiescer à ce que l'autre disait, ou de faire non de la main. Rien ne ressemblait à « peut-être ». Ils avaient fumé une cigarette et chacun avait suivi son chemin.

J'ignore ce qu'est devenu Kosta. Aucun de ceux que j'ai interrogés n'admet l'avoir bien connu.

Berec continue à fumer à Višegrad, sa moustache est restée jaune. Il parle doucement et ne pose pas de questions. Il fait tous les soirs sa promenade, s'arrête ici ou là, taille une bavette. Il connaît beaucoup de monde en ville, nombreux sont ceux qui connaissent Berec.

En avril 2018, mon père et moi, nous l'avons rencontré. J'ai mis la conversation sur les soirées d'autrefois passées à jouer aux dés. Je leur ai demandé si elles leur manquaient.

« Oui, a immédiatement répondu papa, si on en organisait une pendant que nous sommes ici. »

Berec a inspiré une bouffée et a fait tomber sa cendre sur le trottoir. « Sans moi », a-t-il dit doucement d'un ton grave, « ici, je ne peux plus rien gagner. »

Nous nous sommes raclé la gorge, papa et moi.

Berec souriait et, regardant sans nous voir, il a dit : « Façon de parler. »

GRAND-MÈRE ET SORTIR D'ICI

Elle se réveille. Où est-elle ? Au toucher, le drap semble humide. Papier peint. Sans doute une chambre. Ses pieds brûlants. Chaussés de pantoufles. Elle les quitte. Un tapis, laid, vilain tapis, elle a le même à la maison, mais bien plus beau. Une bibliothèque. Marron et blanche, des bordures dorées. Des livres. La biographie de Tito. Et puis Meša Selimović, Abdullah Sidran, Saša Stanisić et *Les infusions qui guérissent*. Ah, les livres.

Rêves troublants, troublant, troublant. Un soldat est venu. Une jeune fille. Un homme qui l'aime. Un fossoyeur. Tout se mélange. Les rêves sont quelque chose de vivant – et de ce fait éphémères comme le souvenir. D'où ça vient ?

Partout des napperons au crochet. Sur le poste de radio, sur la table de nuit, sur la table basse. Bien, bien. Il y a longtemps, elle faisait elle aussi du crochet. Un jour, ses yeux n'ont plus voulu.

Et s'il revient, le propriétaire de l'appartement, il se passe quoi ? Elle boutonne le col de son chemisier. Comment donc est-elle habillée ? Ça ressemble à sa chemise de nuit.

Elle ne va tout de même pas finir à la rue.

Elle ouvre la porte avec précaution. Maintenant, il lui semble entendre quelqu'un chanter. Une cuisine avec trois portes. Derrière la première, l'escalier. Derrière la deuxième, la salle de bains. Elle éprouve une envie pressante. Derrière la troisième porte, le chant. Elle ouvre la porte. Un séjour. Elle a l'impression d'être déjà venue ici. La télé chante. Un canapé sous une couverture rose, comme s'il avait froid.

À la télé, la femme ne chante pas bien. Elles sont toujours obligées de chanter et de porter des talons hauts. Mauvais pour les hanches. Comment on éteint ce bazar ? Ah oui, le fil électrique, et c'est fini.

Le mieux, ce serait de rentrer tout simplement à la maison. Avant, seulement changer de vêtements. Ce qu'il y a dans l'armoire ira. Prendre quelques affaires de rechange. Elle se souvient d'une valise, la voilà.

Le mieux, rentrer à la maison, oui. L'argent, ça peut être un problème. Elle ouvre plusieurs tiroirs, ne trouve rien. Mais un petit coffret avec de jolis bijoux. Elle l'empoche.

Sortir d'ici. Stop. Elle a failli oublier de se coiffer.

Rentrer à la maison, oui. La clé est à l'intérieur. Dehors, le nom sur la sonnette. *Kristina Stanišić.*

Mais c'est moi, se dit-elle en descendant l'escalier. La valise pèse son poids. Tout semble lourd et difficile quand on ne sait pas où on est. Elle veut allumer la lumière dans l'escalier, mais il n'y a pas de lumière. Quel jour sommes-nous ? Peu importe. L'essentiel, c'est que ce ne soit pas de nouveau hier.

Une petite pause dans la cour. L'air frais fait du bien. Vers où aller ? Tout est bien et mauvais, tout est possible. Elle ferme les yeux et tourne sur elle-même. Une fois, deux fois. Elle rit, quelle enfant tu fais !

Ouvre les yeux. Il y a un immeuble. Elle connaît le jaune grisâtre de la façade. C'est là qu'elle habite ! Elle veut allumer la lumière dans l'escalier, mais il n'y a pas de lumière.

Au troisième, son nom à la porte. La porte est ouverte. Elle entre. Pose la valise. La vider, tout de suite. Mais d'abord, un café.

DES AGNEAUX

Le premier mai 1990, nous avons fait rôtir un agneau dans une clairière près de l'établissement thermal de Višegrad. La gueule de l'animal était grande ouverte en un cri dont l'écho s'était tu. Dans la mâchoire, des dents plantées de travers. La peau brillait et des petites bulles se formaient dessus. Ça me révulsait, et donc je riais. Papa avait proposé que je récupère la graisse sur la peau avec du pain. Je l'avais fait. Avais mangé le pain. Le pain m'était resté coincé en travers de la gorge. Tiens, bois pour avaler. Papa m'avait tendu la bouteille de bière. C'était sérieux ?

Du pied, j'ai envoyé le ballon dans le feu. Un peu exprès. Papa l'avait sorti en disant : Sacrée grosse patate. Personne n'était en rogne ni contre le ballon, ni contre moi.

Agneau, pain, salades.

Grand-mère Kristina était assise entre ses fils. Elle sortait de chez le coiffeur, triomphe de frisettes permanentées, un rouge qui claque dans le vert de la forêt. Quelqu'un s'est exclamé : quelle famille de nullards ! Pas un pour jouer d'un instrument ! Nous avions alors susurré l'Internationale. J'ai décidé d'apprendre la guitare.

Nous avons joué à cache-cache, même les adultes. Je me suis enfoncé en courant dans la forêt jusqu'au moment où je n'ai plus rien entendu sauf la forêt et moi-même. Je me suis assis sur un tronc d'arbre. Personne au monde ne savait à quel endroit précis j'étais en cet instant. Je gratouillais la mousse. Comme personne ne me trouvait, c'est vite devenu un peu ennuyeux.

En revenant sur mes pas, j'ai découvert maman et la femme de mon oncle derrière un rocher. Elles gloussaient, s'adressant à une bouteille de vin. Je les ai écoutées sans être vu. Je ne sais plus de quoi elles parlaient. J'espère avoir trouvé ce qu'elles disaient sans importance et beau. Deux ans plus tard, dans l'établissement thermal de Višegrad, des femmes musulmanes sont enfermées par douzaines, violées, tuées.

À Višegrad, pour moi, il n'est plus guère d'endroit sur lequel ne pèse rien. Guère de souvenir qui ne soit que personnel. Rare celui qui se présente sans commentaire additionnel, sans note de bas de page au sujet des bourreaux et des victimes et d'actes de barbarie qui ont été perpétrés là. Ce que j'y ai ressenti autrefois est mêlé à ce que je sais du lieu. Je connais des jugements de tribunal portant sur les événements des années de la guerre dans la région. J'ai lu ce qui a été écrit des souffrances gravées sur les murs, par des ongles, ceux de ces femmes qui furent détenues ici, dans l'établissement thermal.

Mon enfance ne peut être racontée que par la dissonance. Un ballon lancé dans le feu n'est pas seulement un ballon lancé dans le feu. Dans la forêt, on ne s'est pas seulement caché par jeu. Ces sujets, je les ai choisis sciemment.

Ma mère ressent et digère cette dissonance avec une intensité un rien plus forte. À Višegrad, elle est une autre personne. Plus facile à effrayer et plus fantasque, mais jamais futile. À Višegrad, maman dort mal et ne rigole plus.

Je n'ai besoin d'expliquer à personne pourquoi je ne suis plus à l'endroit d'où je viens. Il me semble que c'est pourtant ce que je fais en permanence. Presque en m'excusant. En m'excusant aussi devant moi-même. Il me semble qu'à cause de l'histoire de cette ville, Višegrad, et du bonheur dans lequel j'ai vécu mon enfance, j'ai contracté une dette dont je dois me libérer par des histoires. Il me semble que mes histoires parlent de cette ville même quand je n'en ai pas l'intention.

Le 1ᵉʳ mai 1994, mon père a garé le combi Volkswagen de son entreprise devant notre bungalow du quartier de l'Emmertsgrund. Dedans, un agneau embroché. La gueule, les dents de travers. Le projet, c'était de faire un barbecue, j'ai dit : « Pas moi, faut que j'y aille. »

À la station Aral, j'ai retrouvé Martek. Martek, assis sur le trottoir, jouait à la Gameboy.

J'ai dit : « Ma famille veut faire rôtir un agneau. »

Martek a quitté des yeux l'écran et s'est passé la main dans les cheveux. Ils étaient collés par du gel et dressés en un carré bien droit, son crâne ressemblait à un castrum romain dont Martek n'arrêtait pas de tirailler les palissades. Il a réagi : « Mais c'est génial ! »

J'ai précisé : « Au barbecue.

– Génial, a répété Martek. J'ai faim. » Il a fourré sa Gameboy dans sa poche et s'est levé.

C'était bizarre. Je lui avais confié quelque chose qui me faisait honte. Préférences alimentaires, exiguïté, difficultés, canapés récupérés à la décharge – je ne parlais de rien de tout cela. Je ne voulais pas rôtir un animal embroché ! Et surtout, je ne voulais pas que d'autres sachent que ma famille faisait ce genre de choses. C'est justement ce que les Allemands attendaient de nous, rôtir des agneaux, tricher lamentablement au basket et dormir avec un coup-de-poing américain sous l'oreiller.

« Pas question que j'y mette les pieds, je dis.

– Pas question de louper ça, même si tu ne viens pas », dit Martek.

La bête était déjà en train de rôtir quand nous sommes arrivés. Martek a vu la broche, la table pour le pique-nique et les copieuses salades, le riz, les pommes de terre, il a vu mon oncle assis sur un minuscule tabouret, il tournait la broche, un magnétophone à cassettes entre les jambes, Herbert Grönemeyer braillait, et Martek s'est passé la main dans les cheveux.

Nena Mejrema a quitté son tricot des yeux et nous a fait signe. Martek a aperçu grand-père Muhamed, qui allait dire « Salut » et plus tard « merci ». Martek s'est passé la main dans les cheveux, a remarqué l'épée et le bouquet tatoués d'une encre vieillie sur le bras de mon père au moment où ce dernier lui a tendu la main. Il a vu des joggings et des T-shirt de C&A décorés de motifs divers. Nena en portait un avec un surf et l'inscription *California Dreaming Waves Diamond* sur une jupe longue et multicolore.

Papa s'est présenté. Maman servait des boissons sur un plateau. Grand-père a pris du Fanta, mon oncle un Campari-orange, papa une bière. Martek et moi, nous nous sommes regardés. J'ai pris du Fanta. Martek avait mal interprété mon regard et a attrapé une bière.

Alors, Papa a dit : « Tu n'en veux pas toi aussi ? »
C'était à moi qu'il parlait. Mes parents ignoraient que
je buvais de l'alcool, du moins c'est ce que je croyais.
Tant de choses dont nous ne parlions pas. Il était rare
que cela ne soit pas de ma faute.

J'ai bu pour la première fois une bière avec mon
père, et aussi avec mon bon copain Martek, avec
l'agneau et avec Herbert Grönemeyer.

À cause de Martek, tout le monde parlait allemand.
Salut et merci. Grand-père souriait. Papa et Martek
discutaient voitures. C'était simple et ça les intéressait
tous deux. Le week-end, papa examinait les petites
annonces à la rubrique voitures d'occasion sans en
acheter aucune et Martek était en train de passer le
permis. Papa a cité une marque (« Opel Astra »), et
Martek a réagi par un commentaire critique (« C'est de
la merde »), papa a conclu en mettant son grain de sel
(« Mais bon marché, ces Opel Astra »). Papa a lancé,
les yeux brillants « Mercedes ! », et il ne restait plus à
Martek qu'à s'exclamer à son tour : « Mercedes ! » Ils
ont trinqué.

J'étais fier de papa, je ne sais pas pourquoi.

Martek a passé sa main dans ses cheveux avant de
manger son deuxième bol de Lukmira (du yoghurt aux
petits oignons). Ensuite, j'ai suggéré : « Récupère donc
la graisse sur la peau avec ton pain. Allez, vas-y franco.
Faut pas que le pain soit sec. » Martek s'est exécuté.
Et a recommencé.

LITTÉRATURE DE LA STATION ARAL

J'ai connu des Yougos qui alimentaient les clichés sur les Balkans (un brin agressif, un brin asocial, un brin provocateur). Ils confondaient l'envie d'en découdre et la confiance en soi, l'insulte et la liberté d'expression. Ils portaient cousus sur leurs vêtements les symboles dérisoires de temps révolus. Ils étaient Croates et voulaient qu'on le sache. À notre première rencontre, ils avaient aussi tiré ma situation au clair : je n'étais pas Serbe. Les autres détails restaient secondaires, ils me laissaient tranquille et je les évitais. Des types de ce genre ne venaient chez Aral que pour faire le plein. Parmi les Yougos de l'équipe Aral, personne ne surestimait l'origine. Une blague par ci, une blague par là. Si Zoki avait voulu nous répartir sur une liste, Adil l'aurait obligé à la bouffer, et le crayon avec.

Adil avec la cicatrice qui lui barrait la joue, on aurait dit une deuxième bouche. Dule, le bricoleur et Ines, sa sœur vif-argent. Parfois, Dedo se pointait pour passer un moment sans trop parler et s'en retournait. Les Yougos de la station Aral avaient la réputation d'être astucieux, adroits et un peu flemmards. Très vite, les bagnoles avaient joué un rôle central. Selon une des légendes qui couraient, Dule était capable de réparer en moins de deux n'importe quelle voiture. Selon une autre, Adil était capable de l'ouvrir en moins de deux. Selon une troisième, sur la route du Bierhelderhof, Ines allait plus vite avec n'importe quelle voiture que toi avec la tienne.

Rien de vrai dans tout cela, mais ce n'est pas la pire situation que d'être le héros d'une légende, aussi personne ne rectifiait quoi que ce soit. On faisait exception pour moi, tout le monde se rendait bien compte que je ne savais pas très clairement ce qui fait qu'une auto roule.

Nous aurions tous été amis même en d'autres circonstances. Nos parents se connaissaient, nous fêtions nos anniversaires ensemble et aujourd'hui, chacun a l'adresse mail de tous les autres (celle d'Adil ne fonctionne pas, je viens d'essayer).

Je ne voulais aucun contact avec des Yougos originaires de milieux dans lesquels je n'aurais pas été à mon aise. Ni à l'Emmertsgrund ni davantage à l'école. J'évitais les rencontres, je ne proposais aucune aide tant qu'on ne me la demandait pas, je préférais me retrouver avec les copains de la station Aral pour glander et avec les Allemands quand il s'agissait de travailler. Je tenais compte des différences sociales que la fuite n'avait pas réussi à gommer et me croyais d'une espèce supérieure. L'opportunisme avec lequel je distribuais ma confiance était minable, alors que dans le même instant je dénonçais l'inégalité de traitement qui nous frappait sans distinction en Allemagne en tant que réfugiés.

Qu'on soit originaire des Balkans, de Silésie, qu'on soit un Turc de Leimen ou un Michel de Hollande – selon la légende partagée par tous ceux qui, depuis le parking d'Aral, voyaient le soleil se coucher sur la France, nous aimions raconter des histoires. Une jeunesse sans smartphones, réunie sous la flamme bleue des néons dans l'attente du prochain récit. Il fallait seulement qu'il soit exceptionnel. Celui qui racontait était dans le coup. Et on crachait sans retenue en tenant ce genre de propos.

Littérature de la station Aral, c'est à peine exagéré. Et sinon, réaliste, absolument. La motivation des héros : faire leurs preuves ou en remontrer à quelqu'un. Monter un coup pour gagner un peu d'argent en plus. S'en tirer de justesse. Gagner alors qu'on ne le méritait pas. L'école, l'apprentissage, les fêtes. Les paris, les entorses aux règlements, les incidents de circulation. Pas de héros tragiques, puisqu'on était toujours là pour raconter. Mais des défaites, certaines tragiques, il y en avait à la pelle.

Narrations à la première personne avares de détails sur le monde intérieur des narrateurs. Elliptiques, sans fioritures, droit au but. Une langue allemande qu'éclabousse la langue maternelle, c'était vraiment beau. J'aimerais être moi aussi capable de récits de ce genre, mais n'ai jamais réussi à égaler Ines à l'époque ou bien Wojtek qui avait fait la Bundeswehr.

Ou Krzystof et son « s'il te plaît, pas du pied », lui qui avait piqué à Fatih ses jantes en alu. Tout le monde avait eu vite fait de savoir que c'était lui. Fatih lui aussi savait que Krzystof, son voisin, lui avait piqué ses jantes. Mais ils ont tous fermé leur gueule, et ça, Krzystof, il a pas du tout supporté, vraiment pas – que tout le monde sache ce qu'il avait fait et que tout le monde sache que lui aussi savait que tout le monde était au courant et que tous ferment leur gueule.

Au bout d'un certain temps, le secret de polichinelle a fini par tant peser sur Krzystof qu'il a rapporté les jantes à Fatih. Pas en douce, il a sonné à sa porte, tout simplement, les bazars à la main. Fatih le boxeur a remercié plus que cordialement et a demandé à Krzystof s'il avait une seconde. Il a fait quelques pas avec lui, lui a demandé des nouvelles de sa famille et tout et tout et au bout d'un moment il s'est arrêté et a dit : « Maintenant, *lan*, il faut tout de même que je te fasse un peu souffrir, entre voisins, on ne fait pas ce genre de conneries. »

Bien sûr, Krzystof était d'accord. « Mais seulement, Fatih, s'il te plaît, pas du pied. »

Et Ines, qui se barre du bus pour échapper aux contrôleurs de billets, pique un sprint vers la gare, ils la coursent, elle saute dans un train Intercités, les portes se referment, elle tombe dans les bras du contrôleur, désolé, mon vieux, pas eu le temps d'acheter un billet.

« Où allez-vous ?

« Ah oui, au fait, on va où ? »

Elle rit, lui aussi, ça en devient presque romantique pendant le trajet vers Bensheim, mais elle doit tout de même payer.

À Bensheim, elle descend, attend presque une heure le train en sens inverse, loupe son rendez-vous.

« Et tu allais où, Ines ? »

« Passer un entretien d'embauche aux Transports Régionaux. Ils cherchent des contrôleurs. »

ET L'HISTOIRE DE WOJTEK
QUI RAMPE À L'EMMERTSGRUND,
QUI LA CONNAÎT ?

Du sud de Rohrbach jusqu'au terminus du 31 ? Ça a démarré en bas autour de minuit, un bâton à peu près de la longueur d'un fusil entre les mains, à travers les vignes – tout ça pour nous prouver qu'un an après l'armée, il tenait encore la forme. Je dois dire que c'était sacrément impressionnant.

Nous suivions, à la vitesse de l'escargot : Krzystof et Fatih (redevenus potes), Dule et Ines, Piero, deux packs de bière *Éléphant* et la nouvelle lune. J'ai encore dans les oreilles la manière dont Fatih lance, avant qu'on démarre : « Oui, mais tu crois que tu vas y arriver, en caleçon ? »

On a mis deux heures à remonter. Quelle balade ! À travers les vignes ! Sous le silence du ciel ! Par une nuit pleine de douceur ! Être capable, à l'âge que nous avions, de prendre le temps d'une promenade !

Piero, le plus loquace. Pendant la semaine, il avait dû lire Hermann Hesse pour satisfaire un prof plein d'ambition de son lycée professionnel et s'était rendu compte que ça lui plaisait. L'histoire du loup des steppes. « De A jusqu'à Z », s'était écrié Piero. « En trois jours ! »

Je lui ai demandé pourquoi ça lui revenait pile maintenant.

Parce que le livre, c'était la même chose que Wojtek en train de ramper : du boulot, mais un truc de ouf !

C'était le premier livre pour adultes que Piero lisait alors qu'il avait dix-sept ans. Il était excité. Conquis. Heureux de vivre.

Il a demandé : « T'en connais d'autres du genre ? »

« Eh, Piero, vieux, quoi, du genre ? De quoi tu parles ? »

Il ne savait pas vraiment. « Si… intelligents ? Dans ce livre, il y avait des choses sur moi, des choses que même moi j'ignorais. Par exemple, à la maison, j' suis pas du tout pareil qu'avec vous. Tu peux pas être toujours un type ennuyeux, t'es aussi parfois… un loup. »

Que lui ai-je répondu ? J'ai sans doute énuméré une série de livres que j'avais aimés. Je n'en avais pas encore lu beaucoup en allemand. Kafka, et aussi Brecht et Fallada. Dans un premier temps, j'ai tout simplement été content qu'un des gars de la bande me considère comme expert en quelque chose, même s'il ne s'agissait que de livres.

Sans s'adresser à l'un ou l'autre en particulier, Piero s'est exclamé : « Chacun porte son fardeau, et aucun n'est léger, pas vrai ? »

En tous cas, Wojtek a réussi. Il est arrivé en haut complètement lessivé, n'en a bien sûr rien montré sur le coup, mais s'est mis à lancer des yodels, allez savoir pourquoi, vers le ciel étoilé. Ça aussi, c'était réussi, ça sonnait bien, il faut le reconnaître, surtout si on se dit qu'il ne s'y était sans doute jamais entraîné.

« Allez, on regarde encore un peu, a-t-il dit en se laissant tomber dans l'herbe. Et s'il devait m'arriver de m'endormir, a-t-il soupiré, s'il vous plaît, ne m'oubliez pas.

– Exactement ! s'est exclamé Piero, c'est exactement comme ça qu'il est !

– Qui, Piero ?

– Hesse, mon pote ! Il traîne quelque part à la maison et en quelque sorte il veut pas que je l'oublie. Mais j'peux pas l'oublier, vraiment pas. Là, là-dedans ! » Et Piero se frappait le front. Bruit mat, et ensuite, le monde fut silencieux. Un écrivain aurait pu entendre les battements de nos cœurs.

En ce moment, vingt-cinq ans plus tard, en compagnie de Piero, de Wojtek et de tous les autres, je décapsule la dernière bière de cette nuit. Je propose que nous buvions à la santé du grand Silésien aux genoux écorchés et du petit Italien qui a supporté l'épreuve et réussi à lire Hesse.

Laissons Saša s'écrier : « Les amis ! À la santé de Wojtek ! À l'allégresse ! À l'extase, à l'expérience, à l'élévation ! » Et nous buvons.

En cette nuit, personne n'est oublié.

DIPLOMATIE, 1994

Cabane-barbecue à l'Emmertsgrund, deux fêtes en même temps, un coup de hasard. Les autres : huit jeunes hommes de Bammental, enterrement de vie de garçon aux champs avec cages sans filets. Échine de porc grillée, tabliers de barbecue avec des nénés en guise de motif. Ordres lancés de plus en plus fort par les copains, sur leurs T-shirt, ton nom : Sven.

Sven et ses copains
Adieu la liberté !

En face : nous. Avec sa Golf, Ines avait roulé jusque sur la prairie, on ouvre le coffre, tango argentin ou Dr Alban à plein tube. Énorme feu de camp. Des femmes et les meilleurs footeux. La cabane en tant que telle, on s'en fichait, et sans alcool, il ne se serait sans doute rien passé, personne n'aurait hurlé pour nous faire fiche le camp, aujourd'hui, j'interpréterais la phrase « Ici, nous sommes dans une forêt allemande, bande de connards », comme une tentative d'actualisation d'Eichendorff, peut-être aurait-il simplement fallu davantage mélanger les équipes pour le foot quand le calme régnait encore.

Quand la phrase a jailli, Wojtek a aussitôt réagi : «Tiens donc», en remontant son pantalon sur ses hanches. Il s'est dirigé vers les célibataires d'en face. Les autres sur les talons, nos soldats de la Bundeswehr silésiens, avec en plus Fatih qui flairait la nervosité, ça lui plaisait, et Rahim, qui flairait les discussions à venir, ça lui plaisait. Je suis resté en arrière, pour ce genre de plaisanteries, je restais toujours en arrière.

Immédiatement, la diplomatie avait fait son entrée. Écouter l'autre, le laisser s'exprimer. Poser la main sur son épaule. Le regarder droit dans les yeux. Pas de rires, c'était bon signe. Rire quand on est sur le fil du rasoir, c'est difficile, et même si les psychiatres ne partagent pas ce point de vue, ils se trompent, rire quand il s'agit de savoir si on va se mettre sur la gueule ou pas, c'est difficile.

Au bout de dix minutes environ, retour de notre délégation. Wojtek a baissé le son. «Les gars, écoutez-moi», a-t-il dit, et nous nous sommes mis à l'écouter, mais il n'est rien sorti de plus. Y avait d'ailleurs pas besoin. Nous avons vidé nos canettes, avons éteint le feu, avons remballé et sommes repartis vers la station Aral.

J'espère que votre couple tient le coup, et que vous êtes heureux tous les deux, Sven.

PIERO, DE LUCERA EN APULIE

Mais voilà que Piero se plante avec sa moto. Juste après ses dix-huit ans. Un poids-lourd. Le chauffeur ne le voit pas, déboîte – ou c'est Piero qui calcule mal son coup et dérape, peu importe. Piero était en route vers la station Aral, c'est ça qui compte. Nous savions qu'il voulait venir, nous ne nous sommes pas inquiétés de ne pas le voir, ne l'avons pas attendu.

Le lendemain, tous les répondeurs téléphoniques répandaient la nouvelle : Piero s'est fait défoncer. Rassemblement à la station Aral. Tout le monde avait apporté quelque chose, briquets, clopes, un discman, des CD, une revue porno. Le genre de trucs dont on a besoin à l'hôpital. Moi, c'était un livre, des poèmes de Gottfried Benn.

L'équipe Aral au grand complet s'est mise en branle pour aller voir Piero dans sa chambre à plusieurs lits. Il était allongé, plâtré des pieds à la tête, « une momie, *kurwa* ». Quand on apercevait un bout de peau : bleu. Un battement de paupières pour « oui », deux pour « non », trois pour « allez vous faire foutre ! »

Piero était un fameux bricoleur, mais un mauvais élève. Un métalleux apprenti métallo. À la station

Aral, personne ne portait les cheveux longs, sauf Piero et moi, et d'une certaine manière le fait qu'il les ait eus longs avant moi me facilitait les choses.

Pendant un certain temps, après l'école, nous jouions presque tous les jours des parties de *UFO : Ennemy Unknown* sur son PC. Des extra-terrestres débarquent sur terre et refusent de parler. En même temps, nous mangions du fromage sans pain. Les parents de Piero : épuisés par le travail et invisibles. Quand il leur arrivait de dire quelque chose, c'était bien entendu en italien. Même en s'adressant à moi. Je trouvais ça super. J'ai appris quelques mots que j'ai oubliés au fil des années.

Nous avons passé une heure à l'hôpital. J'ai remporté le livre. Piero était tellement amoché qu'on pouvait se demander comment il aurait pu lire. Pendant des semaines et des semaines, il a dû pisser dans un tuyau. Ensuite, ça s'est arrangé, et Piero a pu se remettre à pisser normalement.

L'été, je ne le voyais pas souvent. L'été, Piero allait en Italie avec sa famille. À la maison, disait son père. En Apulie, disait Piero. Neuf mois après son accident, il a fait tout le trajet en moto. Sur une aire d'autoroute, il a voulu acheter une barre chocolatée et l'année suivante, il épousait la fille de la pompiste. Ce qui d'une certaine façon tombe sous le sens quand on vient d'une station Aral.

Le mariage a été célébré à Schwetzingen. La fille de la pompiste du Haut-Adige se prénomme Anna. Un jour, Anna a accompagné Piero à la station Aral. Sympa, mignonne, et bien sûr, de notre côté, nous avons fait deux ou trois blagues sur les stations service.

Il y a eu une deuxième grande fête de mariage à Lucera, la ville natale de toute la famille de Piero au cours des trois derniers siècles. Et une troisième pas loin de Merano, d'où Anna est originaire.

La grand-mère de Piero habitait Via Mazzini. À pied, il fallait seize minutes pour aller de chez elle au Castello de Lucera, mais elle n'y était jamais allée, et d'ailleurs, pourquoi aller voir la ruine d'un château ?

Frédéric II fut couronné empereur du Saint Empire romain germanique en 1220. Pendant son règne, il s'est occupé entre autres des rebelles musulmans de Sicile, les Sarrazins, qu'il a un jour déplacés vers la région de Lucera en Apulie. Il a édifié près de cette ancienne cité une ville nouvelle, a fait construire une citadelle sur les ruines d'une forteresse bâtie par des Normands qui s'étaient installés là. Des casernes et des magasins d'armes ont été édifiés, des mosquées et de nombreuses installations commerciales. L'empereur a accordé aux Sarrazins de Lucera une large autonomie et le droit d'exercer leur religion.

Le commerce s'est développé, aux pieds des remparts paissaient les chevaux arabes et les chameaux, on dressait faucons et léopards pour la chasse. Devant la générosité de l'empereur et en témoignage de gratitude, les Sarrazins lui fournirent des bras et le firent profiter de leurs connaissances dans l'art de la guerre. Leurs guerriers étaient parfaitement entraînés, les archers à cheval craints de toutes parts. À un moment donné, la garde personnelle de Frédéric II était pour l'essentiel constituée de Sarrazins fidèles et compétents, la cavalerie légère arrosait ses ennemis d'une pluie de flèches. Pendant une courte période, chrétiens et musulmans vécurent à Lucera en bonne intelligence. Mais il est évident qu'une telle situation ne pouvait s'accorder avec les ambitions du pape. Il retira sa confiance au prince de Hohenstaufen, *ce païen impie, ce monstre de l'Apocalypse.*

En 1246 Frédéric II écrit à son gendre Vatatzès : *Ô Asie bienheureuse ! Ô bienheureux souverains régnant sur l'Orient, qui ne craignez pas les armes de vos sujets et n'avez rien à craindre des inventions des prêtres et des évêques.* – À ce moment-là, il avait déjà été destitué, lui, *fils et élève de Satan, héraut du diable.*

Victime de l'acharnement des papes, Lucera fut détruite en 1300 par le roi Charles II d'Anjou. La plupart des Sarrazins qui y étaient installés perdirent la vie.

RENCONTRES SPORTIVES
PROBLÉMATIQUES

En 1994, pour la première fois, papa, dans le public, assistait à un de mes matches de basket. Je n'avais mis que trois lancers francs sur sept. Trois rebonds, aucun offensif. À la fin, je n'avais inscrit que huit minables petits points. Nous avions gagné de justesse.

Après la partie, papa attendait derrière le gymnase. Quand je suis sorti, trois autres hommes discutaient ensemble. Papa était à l'écart, en train de fumer, ce que j'avais remarqué, bien sûr.

Sur le chemin du retour, papa a passé avec moi en revue les moments critiques du match. Une balle perdue juste avant la fin de la première mi-temps retenait son attention, trop risquée dans une séquence offensive. Les trois points que j'avais curieusement marqués en tirant à la cuiller le faisaient rire. Seulement : il ne fallait pas que ça devienne une habitude.

Pourquoi donc ne l'avais-je pas invité plus tôt ? Il serait volontiers venu. Je reconnus que je n'aurais pas aimé. Je lui dis que s'il avait été sur les gradins, j'aurais été plus nerveux. En réalité, je ne voulais pas qu'il m'encourage en serbo-croate comme il venait de le faire au moment où j'avais loupé un simple *lay up*. Pendant le match, ça ne m'a plus dérangé du tout. Mes propres erreurs, j'étais le premier à me les reprocher. Ma langue maternelle, je n'en avais plus honte.

Papa a demandé quel était notre prochain match.

Lauenburg, à l'extérieur, j'ai répondu, samedi.

Papa n'est pas venu. On a perdu dans les grandes largeurs.

Quand j'étais en seconde, un jour, mon prof d'allemand s'est aperçu que je ne suivais pas le cours. J'écrivais des poèmes pendant qu'il parlait de poèmes. Il m'a mis en garde. Continue, mais pas en cours. Et écris donc en allemand ! Il m'a proposé de m'aider.

Nous nous sommes donné rendez-vous à l'interclasse de midi, en salle de biologie, assis à côté d'un squelette, pour parler de métaphores. Il fut mon premier lecteur-correcteur, mais aussi le premier en Allemagne à considérer que ce que je faisais avait de la valeur. Le premier à me consacrer du temps.

J'ai d'abord traduit du serbo-croate, puis, soutenu par ses encouragements, j'ai pour la première fois écrit des vers directement en allemand. Il m'a proposé de présenter un de mes poèmes à la classe pour qu'elle l'interprète. Il fallait que je choisisse un pseudonyme, j'ai passé des jours à réfléchir à la question. Nous étions en train d'étudier la poésie de Hilde Domin et de Rose Ausländer. Fuite et perte de la patrie, donc mon poème était tout à fait adapté, et à toutes les questions posées, je m'empressai de proposer une réponse pour améliorer ma note d'oral. J'avais choisi comme pseudonyme : *Stan Bosni.*

Ici cesse l'anecdote. Je l'ai racontée ainsi une centaine de fois, les auditeurs ont toujours esquissé un sourire. En fait, je n'avais pas levé le doigt. J'ai été attentif, davantage que pour d'autres sujets. J'ai écouté ma classe, mes camarades, parler d'un poème qui était le mien.

Ce jour-là, sur le chemin du retour Ortenauerstraße, m'est venue l'idée d'une histoire. J'ai éprouvé le besoin de la noter immédiatement, me suis assis sur le trottoir, appuyant ma feuille sur mon cartable coincé entre mes genoux. Quelques semaines plus tard, j'ai montré cette histoire à mon professeur d'allemand. Nous avons parlé de dialogues et d'allégories, en face de nous une étagère où étaient rangés dans un ordre qui me demeurait obscur – il n'y en avait peut-être pas – des reins, des cœurs, des poumons et des cerveaux.

Dans l'histoire, mon père assiste pour la première fois dans le public à un match de basket de mon équipe.

Papa et maman lors du bal des Terminales pour mon bac. J'étais le guitariste d'un petit groupe qui s'était formé dans notre promo pour la circonstance. Nous avons joué de la musique country. Maman a versé une larme. Ce jour-là, elle avait été très malade mais – bien entendu – elle était tout de même venue.

Maman avait peut-être pleuré parce que c'était la première fois qu'elle pouvait me voir évoluer dans un cadre officiel. Pas à la maison. Ni parmi des Yougos. Peut-être a-t-elle pleuré parce que j'avais confiance en moi, que j'étais capable de quelque chose et que cela me valait des applaudissements. Parce que pour la première fois, je portais un costume. Mais peut-être aussi tout simplement parce qu'elle était triste que tout cela soit important dans notre vie, ait du poids, dans une vie dans laquelle si peu de choses allaient de soi.

Nous étions quatre, assis à une table ronde. Mes parents, Rike et moi. Le menu comportait trois plats. Après le dessert, Olli est venu se joindre à nous et je l'ai présenté à mes parents.

J'ai dansé avec Rike. Un coup d'œil à mes parents, dans l'espoir qu'une musique les invite eux aussi à la danse. Ils sont restés assis.

J'ai discuté avec Dedo comme on discutait avec Dedo, parlant de tout et de rien. Je parlais, il se raclait la gorge et gardait silence. C'était notre dernière conversation, ce que nous ne savions ni l'un ni l'autre.

J'ai discuté avec Emil. Emil voulait faire son service civil dans une maison de retraite.

J'ai dit : Tu blagues ?

Il a répondu : Oui.

Je lui ai demandé des nouvelles de son grand-père.

Il a répondu : Oui.

J'ai discuté avec Rahim. Il voulait s'inscrire en études slaves. Apprendre le russe et aller en Russie. Apprendre le polonais et aller en Pologne. Nous avons pendant quelques instants rêvé d'un livre que nous écririons ensemble, un livre qui évoquerait tous les voyages que nous aimerions faire.

À un moment donné, mes parents sont partis, je ne m'en étais pas rendu compte. Ils n'avaient pas voulu me déranger, voilà ce qu'ils m'avaient dit le lendemain matin. Six mois plus tard, pour eux, le chapitre Allemagne était bouclé.

DES HISTOIRES
POUR RECOLLER LES MORCEAUX

En 1998, mes parents ont dû quitter l'Allemagne. Heidelberg est restée une de leurs villes préférées du point de vue de ce qu'elle aurait pu devenir pour eux s'ils avaient pu y accéder à une vie normale. Le monde est plein de Yougoslaves fragmentés comme nous le sommes, eux et moi. Les enfants des réfugiés ont depuis longtemps des enfants à leur tour qui sont Suédois ou Néo-Zélandais ou Turcs. Je suis un fragment égoïste. Je me suis occupé davantage de moi-même que de la famille et de sa cohésion.

La littérature a du mal à recoller les morceaux. Je le constate entre autres à travers ce texte. Je redonne vie à ce qui est intact et j'enjambe ce qui est brisé, je décris la vie avant et après le bouleversement, et dans la réalité j'oublie les anniversaires et je néglige les invitations aux mariages. Je suis obligé de me creuser la cervelle pour retrouver les prénoms des enfants de mes cousines. Je n'ai encore jamais allumé de bougie sur la tombe de mes grands-parents maternels.

Je ne rends ni la guerre ni l'éloignement responsables de ce que je suis devenu étranger à ma famille. Je glisse les histoires entre nous comme pour franchir la distance.

Le simple fait de pouvoir, de vouloir écrire ces récits, je ne le dois pas aux frontières, mais à leur perméabilité, je le dois à des gens qui ne se sont pas repliés sur eux-mêmes, mais ont su écouter.

En 1998, si je n'ai pas été reconduit à la frontière, c'est parce que l'employé du Service des Étrangers est allé au-delà d'une attitude strictement administrative. Il m'a écouté et a tendu l'oreille quand j'ai dit que j'aimerais poursuivre mes études à Heidelberg. Il a examiné les matières que j'étudiais. « Apporte-moi ton attestation d'inscription », a-t-il dit, « et on verra. »

C'est en Allemagne que j'ai pu voir la suite. D'abord seulement pour la durée de mes études. Ensuite, il m'a fallu un boulot en relation avec mes études. Je voulais être écrivain, et il m'a donc fallu prouver que les études littéraires avaient un lien avec les écrivains. Ensuite, qu'écrivain, c'est un métier. Et pour finir que ce métier peut nourrir son homme.

Une employée du Service des Étrangers de Leipzig m'a expliqué sans détours que pour des artistes indépendants, et en tout premier lieu les écrivains et les clowns, il était pratiquement impossible de gagner sa vie de manière continue et pérenne. Pour la remercier de cette information, lors de notre rencontre suivante, je lui ai apporté un bref récit qu'un magazine littéraire avait publié et pour lequel il m'avait versé quarante-cinq euros.

Elle m'a dit qu'elle n'avait pas le droit d'accepter des cadeaux.

Je lui ai répondu : « Alors, peut-être aurez-vous envie de me l'acheter ? »

Elle a répliqué : « Je ne lis pas beaucoup. »

J'ai dit à mon tour : « Ce n'est pas grave, moi non plus. »

Elle a pris un air compatissant. Peut-être était-ce aussi parce ce que j'avais imprimé ce texte sur du papier déjà utilisé au verso. Elle a fini par le prendre, mais sans rien payer. « Des contrats, a-t-elle dit, faites-moi parvenir des contrats. La loi exige des preuves de ce que quelqu'un est prêt à vous verser de l'argent en échange de ce que vous faites. Plus la somme sera élevée, mieux cela sera. »

Quelques mois plus tard, j'avais signé le contrat pour mon premier roman. J'ai téléphoné à l'employée, lui ai indiqué la somme convenue. Elle s'est mise à rire.

J'ai dit : « Alors là, ce n'est pas gentil. »

Elle a ajouté : « Ou est-ce un salaire mensuel ? »

« Si tout le monde achète mon livre, me voilà riche », ai-je dit.

« La loi sur l'immigration, a-t-elle dit, ne connaît pas de *si.* » Puis, après une pause : « Bon, apportez-moi donc ça à l'occasion. »

Ce « Bon », c'était la parole décisive ! Quelques semaines plus tard, j'ai pu aller chercher mon visa.

PERMIS DE SÉJOUR
Pour la durée de l'activité d'écrivain indépendant et d'activités afférentes

Je n'avais le droit d'exercer aucune autre activité professionnelle. Ça m'allait bien. Je ne voulais rien faire d'autre.

Olja, Olja, qui venait de Krajina, Olja le blagueur de Schwarzheide, avait perdu en un seul et même jour deux de ses frères dans une forêt près de Knin. Il avait été le seul survivant.

Avec les Yougos de Heidelberg, je parlais rarement des fractures de nos biographies. Dedo, combien de fois je l'avais rencontré. Il n'avait mentionné qu'une seule fois le tracteur traversant le champ de mines et évacuait par le rire sa survie. Nombreux étaient ceux qui ne parlaient de rien du tout. Deux attitudes dont il fallait se contenter.

L'Allemagne, tel était le sujet. Le présent. Les succès. Les vexations. Les humiliations. Raconter, cela rendait peut-être encore plus absurde et d'une certaine manière plus supportable ce qui était merdique, je ne sais pas, j'étais rarement concerné. Nous faisions collection d'expériences de discrimination comme des randonneurs rassemblent les attestations de randonnées. Au bout de notre route, pas de bancs réunis sous un auvent avec une statue de la Vierge et une jolie vue sur un rocher allemand plein de charme, mais plutôt un raciste brandissant avec hargne le marteau de Thor et la désagréable perspective d'un moment de tension.

La plupart des gars avaient subi des choses plus graves que moi. Dans les Balkans et dans le Palatinat du Rhin. Les images de violence de ma guerre étaient supportables et en Allemagne, je n'en ai pas pris plein la gueule. Ortenauerstraße, tout était comme d'habitude, j'ai été attendre Rike au terminus de la ligne 31 pour l'emmener jusqu'au mirador de chasse dans la forêt que d'ordinaire je ne partageais qu'avec des livres. Je lisais. J'étudiais. Je jouais du Bach à la guitare, je pratiquais le *headbang*, et il m'arrivait de garder tout simplement les yeux longtemps fermés pour m'inventer moi-même.

Ines, originaire de Bijeljina, et Wojtek de Bielawa ont fini par se mettre ensemble et par se marier. Ils voulaient des enfants auxquels ils avaient l'intention de donner des prénoms internationaux, mais au début, ça n'a pas marché. Le docteur a dit : Wojtek, tu fumes trop de pétards et tu picoles trop, t'as pas assez de spermatos et ils ne sont pas bons pour le service, dans de telles conditions, ça ne marchera pas.

Alors, Wojtek a fait une cure dans l'Odenwald. Il était le seul patient âgé de disons moins de soixante ans. Je suis allé le voir. J'ai pris le train, puis le bus, avec un kilo de mandarines dans mon sac à dos. Le jour où j'ai pénétré dans sa chambre de curiste, cela faisait trois semaines que Wojtek n'avait pas bu une goutte d'alcool et depuis deux semaines et six jours il n'avait pas consommé de drogues.

Il avait été surpris de me voir. Nous n'étions pas si intimes que ça, mais bon, ça lui a fait plaisir. Les mandarines aussi : « Des mandarines, sacré trouduc, je kiffe ! »

On est allés se balader. À deux, on a boulotté un kilo de mandarines. On a parlé de tout et de rien. Par exemple : fruits exotiques. Par exemple : infirmières en blouse blanche. Par exemple : station Aral. « Et les potes, je leur manque ? »

« Non, j'ai dit, tous contents que tu ne sois pas là. »

Wojtek a dit en riant : « *Kurwa*, tu sais, tu ferais un bon Silésien. Un peu trop mou, mais on va y arriver. »

« Mais Wojtek, je n'ai aucune envie d'être un Silésien. »

« *Kurwa*, je ne t'ai pas demandé si tu voulais ou non. »

Wojtek, Piero, Rahim, Rike, Olli, Emil. Au quartier d'Emmertsgrund et à Heidelberg, avec eux et grâce à eux, je ne me suis pas perdu. Nous avons fait quelque chose de cette période et du lieu, même si souvent ce n'étaient que des conneries.

En conclusion, je cherche le nom d'un champignon qui commence par T pour que ce qui va suivre sonne mieux. Chez mes amis allemands on parlait de tri des déchets, de tarte au pavot, de ramasser des truffes dans l'Odenwald, de disputes pour le droit de garde, de dettes et le dimanche de *Tatort*. On rencontrait aussi plus ou moins tout cela chez les ex-Yougoslaves, avec moins de pavot et plus de prunes, mais va toujours trouver un Yougo qui a regardé *Tatort* et l'a aimé, enfin bon.

En conclusion, quand j'écris, je veux résumer le caractère disparate de mes expériences. Avec la bande de la station Aral, il m'est arrivé de faire du canoë dans une piscine en plein air, rien que pour faire un peu de canoë de nuit dans une piscine en plein air. Le lendemain matin, Olli et son père m'ont emmené à une foire médiévale où nous avons vu comment on ferrait un cheval.

En conclusion, la phrase suivante : ma rébellion à moi, c'était de m'adapter. Pas au comportement attendu en Allemagne d'un immigré, mais pas davantage de m'y opposer consciemment. Ma réticence visait la fétichisation de l'origine et le fantasme d'une identité nationale. J'étais pour l'appartenance. Partout où on voulait de moi et où je voulais être. Trouver le plus petit dénominateur commun : cela me suffisait.

Mes arrière-grands-parents d'Oskoruša n'étaient pas des immigrés. À la différence des parents de Wojtek, venus de Silésie, de ceux de Piero, d'Apulie, de Rike et de ses parents de RDA, de Kadriye et de Fatih de Turquie, du grand-père d'Emil de Danzig, de Dedo du cauchemar né d'une mine.

En conclusion, je dois d'une manière ou d'une autre négocier le virage qui me ramènera à Oskoruša.

Je me souviens de nos adieux à ce lieu, il y a neuf ans. Grand-mère et moi, chez Gavrilo, nous étions sur le départ, déjà habillés, quand une dernière idée revint au vieil homme. Il se précipita dehors et réapparut avec un porcelet. Il levait fièrement la petite bête bien haut et le porcelet était fier d'être ainsi brandi par Gavrilo. Gavrilo voulait me l'offrir. J'ai refusé ce cadeau, sur quoi il m'a demandé si je préférais une poule. «Emporte-la donc avec toi chez les Teutons», a-t-il dit. Je croyais qu'il plaisantait, mais c'est tout de même sur un ton sérieux et triste que j'ai répondu : «Je ne réussirai à faire passer la frontière ni au porcelet, ni à la poule.»

Et ce n'est pas sur le ton de la plaisanterie que Gavrilo s'est écrié : «Si, si, il faut seulement que nous réfléchissions à la façon de nous y prendre.»

PAPA ET LE SERPENT

J'écris à notre groupe *WhatsApp*

> *J'aimerais retourner à Oskoruša.*
> *Ça vous dit ?*

Papa répond :
> *Oui*

> *Maman aussi ?*

> *Oui*
> *Tu y as été quand*

En 2009
Pendant tout le temps qu'on a été au cimetière, un
poskok était perché dans un arbre au-dessus de nous

> *Je crois qu'il n'y est plus*

☺ ☺ ☺

> *Ces bestioles, je les déteste*

Un jour, tu en as tué un, pas loin des poules

Sûrement pas

Dans le poulailler ? Le poskok ?

Je m'en souviendrais. Je serais parti en courant.

Je sais bien

Je peux t'appeler ?

Pas le temps pour l'instant.

Papa m'appelle tout de même. « Pas loin d'Oskoruša, il y a une montagne particulièrement haute, dit-il en guise d'entrée en matière. Tu connais ? »
« Le Vijarac. Grand-mère en parle régulièrement. »
« Sous le sommet, on trouve les roches de feu. J'y suis monté pour la première fois tout seul à treize ou quatorze ans. Pente raide parsemée de nombreuses pierres rouges que je ramassais et lançais pour qu'elles déboulent la pente et elles en entraînaient d'autres. J'étais un dieu des avalanches, Saša !
– Tu as une façon de parler...
– Écoute–moi donc ! J'avais remarqué un gros bloc rouge foncé. Il vacillait, rien ne le retenait. Le flanquer en bas, ça serait top ! J'ai trouvé une grosse branche. Me suis arcbouté, ai pesé sur la branche. La pierre s'est ébranlée, j'ai perdu l'équilibre et me voilà dans le trou : des serpents ! Un nid de vipères ! Toutes ces têtes ! Tous ces yeux ! Apeurés et furieux, les corps sauvagement entrelacés. Dans ma chute, je fonçais droit sur

eux, des langues avides se pointaient vers moi, mais en tombant, j'ai décollé – me suis envolé. Comme si j'avais été empoigné par la nuque et emporté au-dessus de ce trou ! J'ai atterri, suis tombé. Ai déboulé la pente comme n'importe quel objet. J'ai couru je ne sais pas comment sur tout le chemin, à travers la forêt, en redescendant vers la maison. Grand-mère coupait des oignons, elle a sursauté de peur tellement j'étais sale.

J'ai hurlé : "Poskok ! Tout un nid !"

"T'as été mordu ?"

"Non, j'ai eu du bol."

"Te saute au cou, te crache son venin dans les yeux", a murmuré Grand-mère en croquant dans l'oignon. »

Papa a de la tension. Comme Grand-père. Ça sera pareil pour moi. Je remarque son souffle court dans l'écouteur.

« Cette histoire de serpent, si ce n'était pas de toi, d'où je la tiens ? »

Papa ne sait pas. J'ai peur qu'il dise : c'est peut-être simplement un effet de ton imagination. Mais les images, je les vois. D'abord ils sont deux, puis un tout seul, à danser avec le serpent.

« La peur, elle est là aujourd'hui encore, dit papa. On y va quand, là-haut ? »

GRAND-MÈRE MANGE UNE PÊCHE, N'EN DONNE PAS AU CROQUE-MORT

Grand-mère en a assez d'attendre Grand-père. Elle enfile d'abord sa robe, puis se décide pour son pantalon, on ne va pas au bal. Elle prépare des provisions, une pêche pour elle et de la polenta à tout hasard, parce que tout le monde aime la polenta. Dans la lumière de l'aube, elle entreprend l'ascension du Vijarac, à la recherche de son mari. On la retrouve au bout de quelques heures devant l'église, en train de manger une pêche.

C'est le croque-mort qui l'a découverte. Comme tous les croque-morts, celui-ci aussi a une infirmité. Il n'entend pas de l'oreille droite. C'est dû au fait qu'il n'a pas d'oreille droite. Elle est tombée quand il était petit. Pourquoi, personne ne s'en souvient.

Il s'assied auprès de Grand-mère. Il la connaît, qui dans la ville ne connaît pas Kristina Stanišić ? Et elle le connaît aussi. Parce que quand tu vieillis, tu sais qui porte les morts en terre. Elle lui demande ce que diable fait un croque-mort sur le Vijarac.

À ce moment-là, le croque-mort a d'abord dû lui demander ce qu'elle voulait dire. Il n'avait pas compris une moitié de sa question faute de l'avoir entendue, et pour l'autre, il n'avait pas compris ce qu'elle voulait dire.

Grand-mère lui offre de la polenta. Personne ne refuse ce genre de proposition.

Elle précise : « Il s'agit d'une montagne, là-haut, près d'Oskoruša. »

Même si le croque-mort ignore où ça se trouve, il est sûr d'une chose : la montagne, ici, c'est sa montagne, son Megdan, son cimetière, son église.

« Même si, *mon*, en fait, ça veut dire quoi ? » ajoute-t-il en se raclant la gorge et ce que Grand-mère voit dans ses yeux ressemble à de l'empressement, à de la fierté. Ces deux sentiments dans les grands yeux du croque-mort permettent à Grand-mère de comprendre sans l'ombre d'un doute qu'elle n'est pas encore parvenue là où elle veut être. Celui qui parle avec empressement de ce dont il est fier mais veut ensuite réduire l'empressement sans pour autant atténuer la fierté, celui-là ne ment pas.

Grand-mère se doutait sûrement qu'elle faisait fausse route. Parce que c'est ainsi : aux premières heures de l'aube, vue depuis le Megdan, la Drina te donne l'impression de ne pas être une rivière mais une très très bonne idée. Nulle rivière au monde n'a une telle allure.

Faut-il la raccompagner chez elle, lui demande le croque-mort.

« Oui, ce serait bien. »

« Où allons-nous ? »

Et sans doute Grand-mère réfléchit-elle avant de répondre, ou bien elle n'est pas pressée, en tous cas elle reste assise et finit de manger sa pêche.

COMME AU-DESSUS DE TOI UN VIF
BATTEMENT D'AILES

De quel livre s'agit-il donc ? Qui parle ? Celui qui écrit : un homme de trente-neuf ans à Višegrad, Zürich, Split. Un homme de quarante ans sur un balcon à Hambourg. C'est le printemps, l'été, l'automne, l'hiver. Aujourd'hui nous sommes.

Il n'existe pas de mot pour tous les mots. S'il y en avait un, un mot pour tous les mots, il ne pourrait exister qu'environ trois secondes. C'est en moyenne toutes les trois secondes qu'un mot nouveau est inventé qui exerce une influence sur l'ensemble de tous les mots et rend caduc ce mot unique pour tous les mots. Le mot pour tous les mots est dépassé au bout de trois secondes et privé de sa signification par la pression permanente d'une nouvelle incarnation en mots. Incarnation en mots ! Et voilà déjà qu'il est parti, envolé, le mot pour tous les mots.

Un serpent au cimetière d'Oskoruša ? La vipère cornue dans l'arbre fruitier ? Selon le Museum d'histoire naturelle de Vienne, la vipère cornue est une piètre grimpeuse. Aussi lui faut-il se métamorphoser. Perdre sa peau comme si elle ôtait un masque. Et ne plus être *poskok.* À cette fin, il lui faut un nom : Josip Karlo Benedikt von Ajhendorf. À ne pas confondre avec le poète romantique.

Donc Ajhendorf. Lui – le serpent – n'est plus seulement une parure pour l'arbre fruitier et pour le récit. Et ne peut plus tourner comme les maillons d'une chaîne ornés de motifs autour de mon père et de sa rencontre avec la vipère qui n'a d'ailleurs eu lieu que dans ces lignes. (Papa prend son élan, la pierre à la main : force, détermination et sérieux, mais vint la guerre, qui fut la plus forte et ainsi de suite.) Je suis las du caractère trompeur du souvenir et avec le temps, je le suis tout autant du caractère trompeur de la fiction.

Cette blessure à la cuisse, pourquoi ?

Et comme papa était maigre à la fin de son séjour en Allemagne.

Ne pas se laisser distraire par des blessures. Bien au contraire, se représenter le serpent. Ne pas se représenter le serpent avec des allures de poète : redingote, faux col, larges revers. Moustache. Tiens, le voilà. Il repose, haletant et grincheux, dans la cime, tentateur pour lui-même.

> *Les joyeux camarades,*
> *Alouettes, sources et bois,*
> *Murmurent à nouveau, t'invitent :*
> *Ami, nous rejoins-tu bientôt ?*

Le poète perché dans l'arbre me plaît davantage que le reptile dans l'arbre. Eichendorff et la flore s'entendaient bien. Le poète en discussion lyrique avec les fruits, pourquoi pas ? Un homme grave originaire de Haute-Silésie déclame des vers du haut de son perchoir :

Soudain ici et là mouvement –
Que veut-il dire ?
Comme si au-dessus de toi
Tu entendais
Un vif battement d'ailes.[1]

Quelle est-elle, l'image qui surgit ? Celle d'un oiseau ? Ajhendorf est-il à la chasse ? Les vipères cornues chassent-elles dans les arbres ? Le Museum d'histoire naturelle de Vienne dit : Eh non. Certes, un oiseau pourrait nicher dans le creux d'un tronc d'arbre. Et la vipère cornue, qui en fait voulait seulement prendre le soleil, entend cette phrase par hasard. Oui, et puisqu'elle est là…

L'oiseau lui aussi a besoin d'un nom. Pourquoi pas torcol ? Un oiseau extraordinaire. L'oiseau de l'an 2007 ? Famille des pics. Oiseau migrateur, et ce faisant potentiellement tragique, comme tous les migrants qui sont soit héroïques soit tragiques. Josip von Ajhendorf piste la couvée du torcol. Au fait, les torcols nichent-ils dans le sud-est de l'Europe ? Nichent-ils en cette période de l'année, à la fin du printemps ? Possible, dit un ornithologue de Bucarest.

Le torcol ne viendra pas. Ajhendorf, le serpent, devra attendre en vain. Eichendorff, le poète, en sera un peu attristé. Ce n'est pas très grave, des poètes romantiques ont le droit d'être un peu tristes, cela leur facilite l'écriture.

Je souhaite davantage d'Eichendorff. Je prends la décision de ne lire pendant toute une semaine qu'Eichendorff et *Focus Online.* Le premier jour, au

---

1. Traduction originale comme pour les strophes qui suivent.

réveil, dans mon lit, ce sont trois chants du voyageur. Je prépare le petit-déjeuner, je passe au moulin des graines pour le muesli et tout en tournant la manivelle, je chante :

> *Au creux d'un frais vallon,*
> *La roue du moulin tourne.*
> *Ma bien-aimée s'en est allée,*
> *Elle dont c'était la maison.*

Après le petit-déjeuner, je prépare le petit pour qu'il joue les brise-fers. Je débarrasse la table, me prépare un grand café et deux heures d'affilée, installé sur le balcon, je lis des poèmes de Josef von Eichendorff, à mi-voix, torse nu ou – quand l'un d'eux me plaît particulièrement – je le déclame haut et fort si bien que mes voisins retraités l'entendent et de leurs balcons voient un type venu des Balkans, torse nu, en train de leur lire Eichendorff :

> *Doux bruissement des cimes,*
> *Oiselets volant vers les lointains,*
> *Cascades bondissant des sommets,*
> *Dites-moi, où est ma patrie ?*

Je beugle ce poème, puis j'étends le linge.

Nouveau café puis je traduis tout le poème en serbo-croate, il a pour titre *Souvenir*. J'appelle Grand-mère et lui en fais lecture. Elle me dit que je suis un âne et raccroche.

Dans l'intervalle, je vais une fois sur *Focus Online* et abandonne immédiatement l'idée de le lire en parallèle avec Eichendorff, parce qu'on n'accompagne pas une glace à la vanille du fumet d'un bouillon de poule froid épicé à la cendre.

Le mardi, je me plonge dans *Scènes de la vie d'un propre à rien*. Je prends quelques notes. Au jardin d'enfants, il y a des vers, deux cas ont été détectés. J'ai vérifié dans le caca du petit – rien. Téléphoné à mes parents. Ils vont bientôt devoir quitter la Croatie pour trois mois. Nouvelles démarches auprès des administrations. Pas d'assurance maladie. La phrase : « Nous ne sommes plus tout jeunes. »

Le mercredi, au bord de l'Elbe, je lis entre trente et quarante poèmes au cours de la journée et je commande des boissons. Deux caisses d'eau gazeuse, une d'eau plate. Eichendorff, dans le sable, prend le soleil.

Aujourd'hui, le petit reste avec moi, à cause des vers, je n'ai pas voulu le mettre au jardin d'enfants. Je lis la biographie de Josef von Eichendorff. L'enfant trace des routes dans le sable. Les routes que l'enfant trace mènent à un hôpital, à un commissariat de police, à un jardin d'enfants et à plusieurs ateliers et chantiers.

L'enfant dit : « Tata, au jardin d'enfants, on a une nouvelle sagière. »

Je creuse un trou avec sa petite pelle et j'enfouis les poèmes de Eichendorff dans le sable. Je ne mange rien de toute la journée. Je bois deux litres de café.

Pas moyen de dormir. Tout se bouscule. La langue, le serpent, la langue du poète. Le fait que Grand-mère ne perd pas seulement dates et informations, mais aussi mots et motivation. Grand-mère est faite d'espaces vides, de phrases incomplètes et de souvenirs perdus, tandis qu'ici, je fais exprès de ménager des vides.

Je m'habille et me balade dans le quartier. Je me promène dans la nuit silencieuse, la lune y rôde, douce et secrète. Et ainsi de suite. Il est trois heures, désir d'alouettes. Je me poste au beau milieu d'un carrefour, personne à perte de vue :

> *Hymne splendide de la nuit :*
> *Si lointains bruissements des fleuves,*
> *Frissons légers des arbres sombres –*
> *Trouble de mes pensées confuses,*
> *Ici la folie de mon chant*
> *Résonne, appel jailli des rêves.*

Ici la folie de mon chant. Va dormir, ânon.

Depuis son portrait, Eichendorff, de trois quart, col clair, manteau sombre, chevelure touffue, très touffue, moustache et petite chaîne en or, regarde le spectacteur. On dirait un trafiquant de drogues ou un hipster. Ici la folie de mon chant.

Je rentre chez moi et la nuit même, j'entreprends d'écrire ce qui me plaît chez Eichendorff. J'intitule ce projet GIGANTESQUE MANŒUVRE DE DIVERSION, AVANT LA DISPARITION DE GRAND-MÈRE. Il y a tant de choses qui enchantent le poète, ça me plaît bien. La nuit, la forêt, l'aigle, la chasse, une femme prénommée Luise, une autre qui s'appelle Vénus, l'alouette en plus, la Saale, encore l'alouette, surtout l'alouette, l'automne et le printemps, en fait toutes les saisons, les aurores et les crépuscules, indifféremment. Et aussi qu'il ne se contente pas de dire *Bonjour* mais que jaillisse aussitôt :

Le matin, c'est mon allégresse !
Alors, à l'heure silencieuse
Je gravis le sommet dominant la contrée,
Salut à toi, Allemagne, du fond du cœur !

J'aime la manière dont Eichendorff fait sa cour au monde. La chaleur avec laquelle il l'aborde. Se tourne vers lui, vers ce qu'il a de mystique. S'abandonner de tous ses sens à la nature, parler d'elle en unissant clarté et folie.

J'aime son esprit caustique. Sa biographie me touche. Le fait qu'il était fonctionnaire, pourchassait dans des bureaux les insectes qui se baladaient sur sa table de travail, et portait en même temps en lui cette nostalgie du lointain.

Parmi les dossiers, entre des murs sombres
M'enferme, moi qui aspire à la liberté,
Désormais l'austère devoir de la vie,
Et depuis des armoires, des piles de dossiers,
Les muses outragées se rient
De mon rictus de fonctionnaire.

Tant de choses m'ont été épargnées.
Le vendredi, je lis encore plus de poèmes.
« Tu fais quoi ? » demande mon fils.
« Je travaille. »
« Mais c'est pas comme ça qu'on travaille. »
« On travaille comment ? »
« Par exemple sur une grue. »

Le torcol est un oiseau qui niche dans des cavités. Seul le torcol chante à la manière du torcol. C'est quand il se reproduit que le torcol chante le plus gaiement. Son chant est fait de huit à quinze notes nasales et perçantes. Quand il donne l'alerte, ce sont les syllabes *tek* ou *top*.

Ma grand-mère, qui me traite d'*âne* et m'appelle *soleil*.

Ma grand-mère, qui dort chaussée de ses pantoufles.

Origine, organisation, pas d'ornements.

À Hambourg, hardi petit, allitérant et citant Eichendorff le samedi matin avant une excursion en famille dans le Wendland. Doux bonheur, bonheur serein !

Conscience de soi contre identité octroyée (même dans la langue). Famille, piciformes, Eichendorff, mon fils, *Twitter*, les habitants de Višegrad, les frères Grimm, jeux d'ordinateur, le dictionnaire de Grimm. Les possibilités de raconter une histoire sont quasiment infinies. Alors, tâche de trouver la meilleure. Et : n'as-tu pas encore oublié quelque chose ? À chaque fois, tu oublies quelque chose.

GRAND-MÈRE ET L'ANNIVERSAIRE

Hier, c'était l'anniversaire de Grand-mère, j'ai oublié. Je l'appelle pour le lui souhaiter, même en retard. Elle me salue par le prénom de mon père. Elle veut que je l'aide à retrouver ses lunettes.

Je lui dis : « Tu les as sur la tête. » Une blague, mais Grand-mère a un petit rire gêné, car elle a vraiment ses lunettes sur la tête. Elle me remercie et me demande de rester au bout du fil. Elle appelle sa sœur : « Zagorka ! » Je l'entends fourrager dans l'appartement, puis une porte s'ouvre et se referme. Au bout d'un moment, comme elle ne revient pas, je raccroche.

Un peu plus tard, je me rappelle pourquoi j'avais appelé Grand-mère. Je refais son numéro. Elle ne répond plus de toute la journée.

Grand-mère a aperçu sa sœur dans la cour intérieure. Zagorka bondit à droite et à gauche et rit comme si elle courait à la poursuite de jolis rêves. Grand-mère l'appelle par la fenêtre en lui disant de monter. « Zagorka ! » crie-t-elle. « Sœurette ! »

Ou bien Zagorka ne l'entend pas, ou elle n'a pas envie. Elle tourne, tourne en rond. Grand-mère se met en route. Plus tard, au supermarché, quelqu'un lui propose son aide parce qu'elle ne trouve pas la sortie.

Grand-mère cherche la sortie.

Grand-mère cherche le peigne qu'elle porte dans les cheveux.

Grand-mère cherche la facture d'électricité.

Grand-mère cherche sa sœurette et son mari.

Grand-mère se voit confier par la voisine la clé de son appartement – pour arroser les plantes pendant qu'elle est en vacances. Décision courageuse, mais toutes les fleurs survivent. Grand-mère a par ailleurs dévoré tout ce qu'elle a trouvé de comestible dans l'appartement. La voisine dit qu'il n'y a pas de problème. Ma grand-mère a quatre-vingt-sept ans et un jour.

LE RELAIS DE LA JEUNESSE

C'est indiscutable, la gestion de l'événementiel était une des forces du socialisme réellement existant. Toutes ces célébrations, parades, réceptions, toutes ces mises en scène de l'amour porté au peuple, au parti, au président – c'était bien, rien à redire, plein de couleurs, de la grandeur, d'immenses képis et des décorations militaires. Bien sûr, ça durait toujours beaucoup trop longtemps, mais auprès de qui veux-tu donc te plaindre ?

Une des célébrations les plus importantes pour les Yougoslaves, c'était la journée de la Jeunesse, célébrée le 25 mai. L'extraordinaire tradition de la course de relais en constituait un moment clé. Des jeunes, filles et garçons triés sur le volet, portaient un bâton à travers toutes les contrées du pays qu'au terme des derniers mètres ils remettaient en mains propres à Tito. Suivait en général un élément symbolique, flamme ou étoile ou un quelconque produit de l'agriculture. Cette course avait lieu chaque année depuis la Libération, en 1945. Au commencement, c'était encore en l'honneur de Tito, jusqu'au moment où, dans un mouvement de générosité, Tito avait dit : Et bien non, maintenant, honorez donc plutôt la jeunesse. Après sa mort, on remettait le témoin à un autre président dont personne ne sait plus aujourd'hui comment il s'appelait.

Chacun des participants à la course de relais connaissait son rôle. Les heures d'arrivée et de départ, l'itinéraire, les hébergements pour la nuit – tout était strictement organisé. La règle la plus importante, c'était : Ne laisser EN AUCUN CAS ce truc tomber ! Personne ne savait les conséquences possibles, car cela ne s'était jamais produit. Quatre-vingt dix-neuf années de sécheresse ? Le retour des dinosaures en Yougoslavie ? Ou même le capitalisme ? Un événement d'une telle ampleur semblait tout à fait envisageable.

Avant l'arrivée des porteurs du témoin, à chaque étapes, il y avait de la musique et des discours. Pendant que le témoin, une fois arrivé, attendait de reprendre la route, il y avait de la musique et des discours. Après son départ, il y avait de la musique et des discours.

La nuit, le témoin dormait en lieu sûr dans la ville où il était arrivé la veille. Ce fut même une fois à Višegrad. Papa faisait partie du Comité chargé des conditions de sommeil du témoin, qui passa la nuit à la *Maison de la Culture.* Devant, des jeunes camarades montèrent la garde. Il n'y eut aucun incident.

Un jour, j'ai moi aussi porté le témoin. En 1986 ou 1987. À l'époque, j'avais cru que c'était parce que j'étais bon en classe et que j'écrivais des poèmes sur les partisans et leur mort héroïque. Je sais aujourd'hui que papa avait tout manigancé.

J'étais conscient de l'importance de l'événement. Elle n'avait d'égale que ma peur de me comporter de travers. Pendant la nuit qui précéda l'arrivée du témoin, j'avais rêvé d'un bout de bois savonneux qui me glissait entre les doigts et se transformait à mes pieds en un poisson à moustache.

Au petit-déjeuner, papa m'avait rappelé le rôle qui était le mien : recevoir le témoin des mains du camarade ou de la camarade qui me précédait, le lever au-dessus de ma tête comme une coupe, me réjouir et le passer au suivant. Il m'avait demandé si tout était clair. J'avais fait le salut militaire.

Il n'avait pas mentionné l'essentiel, car cela n'était pas nécessaire : *Ne faire tomber le témoin à aucun prix !*

Son arrivée était prévue à treize heures au centre sportif. J'étais sur place trois heures avant. Le programme d'accompagnement avait débuté à onze heures avec l'entrée officielle des pionniers. J'étais à la tête d'une colonne qui se fraya un chemin à travers quelques applaudissements. On nous mena jusqu'à des cages de foot où il nous fallut attendre debout pendant deux heures.

En quelle année était-ce précisément ? Je cherche un peu avec Google et je trouve que le témoin a circulé pour la dernière fois en 1987. Avoir été l'un des derniers porteurs du témoin, cela m'irait bien comme symbole. Mais je lis aussi que le témoin de 1987 était en verre et en plastique, donc différent de mon souvenir boisé. Dans un tube étaient fichées huit tiges blanches avec au bout huit points rouges symbolisant le sang des peuples de Yougoslavie. Pas difficile, avec tout ce qu'on sait aujourd'hui, d'y voir une préfiguration de tout le sang qui allait bientôt être répandu entre les peuples.

Dans mon souvenir, le témoin est un bâton surmonté d'une étoile à cinq branches. Donc peut-être pas en 1987 ? Celui de 1986 n'était pas davantage en bois. 1986 ou 1987, peu importe. Je portais la casquette des pionniers, j'attendais le symbole de l'unité et de la fraternité et à un moment donné, j'ai été pris d'une terrible envie naturelle. J'avais un besoin si urgent, incompréhensible, énorme, de faire pipi – c'est quoi, ces histoires d'enfants et de souvenirs où il y a toujours quelqu'un qui a une telle envie ? J'avais un besoin si urgent et irrépressible de pisser, au milieu des pionniers qui venaient de prendre leur douche et des membres du parti, des professeurs aspergés d'eau de Cologne et qui se réjouissaient de ce quasi jour de congé. J'étais un pionnier de Tito ! Sacrifice de soi, dévotion. Résistance ! Pas question d'abandonner la place qui m'avait été attribuée.

Éclatèrent : jubilation et musique militaire, union et confusion maximales – enfin, le témoin apparut et dans ma tête une seule et unique pensée : par pitié, maintenant, pas de discours. Par pitié, les discours, plus tard, camarades, je n'y tiens plus ! Quelqu'un prit effectivement la parole, puis je vis le témoin et je le vis, lui – un jeune homme athlétique en tricot de sport, magnifique, il courait vers moi entre deux haies d'enfants-fleurs, je n'aurais pas été surpris d'apprendre qu'il avait fait ainsi tout le trajet depuis Ljubljana, se dirigeant droit vers moi avec le témoin.

Il me regarda dans les yeux. Une demi-génération nous séparait – mais ce truc qu'il avait à la main nous unissait. Comme objet, source du sens, devoir et obligation. Nous avions grandi avec le témoin, nous connaissions son histoire, et voilà que nous devenions ses protagonistes. C'était pour nous un honneur, nous étions fiers et apeurés. Ces trois sentiments fondaient la biographie du pays. Ils nous récompensaient, nous donnaient des ailes, nous paralysaient. Toujours tout à la fois.

Ce qui prédomina lors de la remise du témoin, c'était la fierté. Je la lisais aussi dans les yeux de celui qui me faisait face. Enfin, ce n'est qu'une façon de parler, je ne lisais rien du tout, j'étais complètement obnubilé par le témoin, il était capital que je le reçoive sans accident.

Son bois était lisse et chaud. Je levai le témoin de la jeunesse au-dessus de ma tête comme un vainqueur soulève la coupe. Je ne le fis pas tomber, je ne me suis pas sauvé avec en courant, je me suis seulement hâté de le remettre à la fille qui était derrière moi et j'ai foncé, quittant le bataillon pour aller pisser dans la calme Drina.

NOUS NE SOMMES JAMAIS À LA MAISON

Dans notre groupe *WhatsApp* j'écris :

Salut
Est-ce qu'il y a une photo de moi portant le témoin ?

Maman répond :

Oui, il y en a une
Je ne sais pas si on l'a toujours
Peut-être à Split
Nous ne sommes jamais à la maison

Il était en bois ?

Je ne sais pas, peut-être

Le témoin de 1987 était en verre ou un truc du genre
Mais dans mon souvenir c'était du bois.

Tu étais à peu près en troisième année de primaire
Je vais demander à papa

Il était membre du comité d'organisation. Il saura

OK

Il dit que le relais, c'était en 1986
Et que le témoin était en bois
Il est sûr et certain parce que le témoin venait de Varda

Ils l'avaient fabriqué dans sa boîte ?

Oui, c'est pour ça qu'il sait
Il y a toujours eu aussi des témoins locaux
Venant des entreprises locales et des associations et ainsi de suite
Ils se rajoutaient en cours de route au témoin prin-cipal
Varda en avait un
L'entreprise Alhos aussi

Attend, attend
Le témoin du relais de la Jeunesse, celui qui est allé à Belgrade, je ne l'ai jamais eu entre les mains ?

Jamais

Maman m'envoie la photo où je suis avec le faux témoin. Un échalas qui tient bien haut un bâton sur-monté d'une étoile rouge. Sur ma casquette le même polygone rouge. Mine torturée.

Je montre la photo à mon fils. « C'est qui ? »

Mon fils préfère jouer au garage.

Je m'installe dans le passé, il n'a même pas besoin de correspondre aux faits. Je n'ai pas laissé tomber le témoin pour le relais de la Jeunesse, cette idéologie en bois tourné, enflée, en verre soufflé. Le vrai. J'ai été heureux en ce jour de la Jeunesse qui était le mien, avec dans les mains mon témoin.

MUHAMED ET MEJREMA

En Allemagne, Nena Mejrema ne nous a lu l'avenir avec ses haricots rouges qu'une seule fois. C'était à l'hiver 1998, un jour où il neigeait beaucoup, quelques semaines avant que mes parents soient obligés de quitter le pays. À la maison, la tension était permanente. Mes parents étaient sur le point de repartir à zéro aux USA, mes grands-parents, fébriles, s'attendaient à l'annonce imminente de leur propre reconduite à la frontière, et mon cousin, qui était mon aîné, avait des problèmes à l'école. Je venais de déménager et ne passais les voir que (trop) rarement.

Nous nous sommes tous retrouvés dans la salle de séjour. Nena avait étalé un châle sur le tapis et était assise devant, en train de fumer. Maigre, assise en tailleur. Elle balançait le torse. Je lui ai tendu le cendrier.

Mon cousin y est passé en premier. Nena n'a même pas regardé les haricots, mais a affirmé d'emblée : Si tu n'étudies pas, ça ne donnera rien.

Elle a jeté les haricots pour son mari et l'a pris dans ses bras sans un mot. Elle n'a pas révélé ce que les haricots lui avaient annoncé.

À ma mère non plus, elle n'a rien dit. Les haricots, ils sont fichus, s'est-elle exclamée en les jetant par la fenêtre. Puis elle m'a envoyé les récupérer dans la neige. Quand je suis revenu au salon, maman était blême et papa essayait doucement de la calmer.

Nena a lancé les haricots pour moi : « Tu te souviens du jour où je t'ai parlé de la femme plus âgée qui tombe amoureuse de toi ? »

Je me souvenais.

Nena a dit : « Oublie. »

J'ai répondu : « Rike est plus vieille que moi. »

Nena a rétorqué : « C'est bien ça. »

Au moment du départ, elle m'a conseillé de ne pas prendre le bus. Je ne l'ai pas écoutée et le bus est resté coincé dans la neige.

Par la suite, Nena Mejrema et grand-père Muhamed ont eux aussi été reconduits à la frontière. Au motif que leur patrie avait besoin de bras pour sa reconstruction. Impossible de retourner à Višegrad. Ils ont rejoint la famille de leur fille, ma tante Lula, et se sont installés près de chez elle, à Zavidovići, dans un petit appartement. En dehors d'elle, ils n'y connaissaient personne, mais ça n'a pas duré, au moins pour Grand-père. Il peignait des murs, faisait les courses, gardait des enfants. Se rasait de près. Il n'avait pas changé, toujours aussi gentil. Dans la rivière Bosna, il y avait des truites. Il pêchait à la ligne et se couchait de bonne heure.

Nena restait assise à la fenêtre, devenant de plus en plus grave. Elle avait la gorge serrée. Elle attendait le retour de son mari et un jour, elle le pria de ne plus sortir si souvent. Il le lui promit et tint sa promesse.

Je suis allé les voir une fois, j'ai passé une semaine dans la ville. Nena était malade, son mari et sa fille s'occupaient d'elle. J'aurais aimé aller jeter ma ligne avec Grand-père, mais dans une telle situation, je n'ai pas voulu le lui demander. Tout seul, je n'ai rien pris. J'ai regardé un film avec Nena, nous nous sommes endormis devant la télé.

Nena avait du mal à respirer. Un problème au niveau des voies respiratoires. Au niveau du poumon. Un médecin essaya divers remèdes. Nena eut de plus en plus de mal à respirer. Nena mourut. Un problème de voies respiratoires.

Après sa mort, Grand-père dépérit. Il ne mangeait plus guère, ne quittait plus que rarement son lit. Il demandait qu'on le laisse tranquille. Ses enfants n'ont rien voulu savoir. Tante Lula le traînait dehors, au sens propre du terme, pour lui faire prendre l'air en ville. Jour après jour, jour après jour. Maman vint, lui parla, le rasa. Ils ne le laissèrent pas seul, pas seul non plus avec son deuil.

L'idée du fleuve, c'est mon oncle qui l'a eue. Il a emmené Grand-père à Salzburg et au bord de la Salzach. Il y jetait sa ligne, son père a commencé par regarder, puis a voulu prendre lui-même la canne à pêche. Il n'a pas eu la force de sortir le poisson tout seul. Le lendemain, il s'est rasé lui-même pour la première fois depuis des semaines et a voulu retourner à la rivière. Une fois rentré chez lui, quelques semaines plus tard, il avait repris du poil de la bête.

Mon grand-père Muhamed a existé encore pendant cinq ans. Jusqu'à la fin, il allait pêcher et rendait service aux gens. Sa mort proche n'était pas une raison pour arrêter. Si un jour ses jambes refusaient de le porter, il attendait le lendemain.

Un matin de gel crissant, en décembre 2011, il jeta sur ses épaules son manteau de cheminot et sortit dans la cour. D'une voix ténue, il offrit à la voisine de lui couper du bois. Il essaya mais était tout de même trop faible. Elle le remercia et un peu plus tard passa lui apporter des fleurs, il était à ce moment-là dans son lit, brûlant de fièvre. Tante Lula était auprès de lui. Mon grand-père mourut, serviable et rasé de près, par un ardent jour de froid de décembre 2011.

GRAND-MÈRE ET LA BROSSE À DENTS

Grand-mère ne se brosse plus très souvent les dents. Aux rares moments où elle rit de bon cœur, des taches jaunes apparaissent, des débris de repas. Elle a sans doute oublié. Ne sait plus que c'est le moment de se brosser les dents et que ça lui ferait du bien. Si quelqu'un le lui rappelle, elle s'exécute.

La brosse à dents de Grand-mère a été autrefois bleue, elle est maintenant bleu clair. Les poils recourbés vers l'extérieur. Le jour où nous lui avons apporté une brosse à dents neuve et avons jeté la vieille à la poubelle, elle est allée la récupérer puis a jeté la neuve. Pas question, a-t-elle dit, qu'on décide si facilement de sa vie.

Nous avons approuvé. Mais on ne pouvait pas non plus, avons-nous dit, jeter à la poubelle quelque chose que nous avions acheté pour elle.

Elle a approuvé et a jeté la brosse à dents neuve par la fenêtre.

Une autre fois, nous avons tenté d'argumenter. Elle a écouté avec attention puis a dit : « Ma brosse à dents et pas une autre. »

Nous n'avons pas renoncé. Quelqu'un a eu l'idée de remplacer la vieille brosse à dents par une brosse à dents neuve presque identique. Bleu clair contre bleu clair. La différence de couleur était ténue, le manche un brin plus long. Nous avons enduit la brosse à dents d'un peu de dentifrice pour qu'elle ait l'air moins neuve. Seuls les poils droits se remarquaient en comparaison avec la brosse originale, mais nous misions sur la mauvaise vue de Grand-mère. Nous avons caché l'ancienne brosse. Nous ne voulions nous en débarrasser que si Grand-mère ne remarquait pas la substitution.

Grand-mère s'en est immédiatement rendu compte. Furieuse, elle a tordu la nouvelle brosse, le plastique s'est courbé sans se briser. Elle voulait récupérer sa brosse à elle. Bon. Nous lui avons dit que dans ce cas-là, il fallait aussi qu'elle s'en serve. Nous avons laissé des post-it avec *Se brosser les dents* dans la salle de bains et au-dessus de la cuisinière.

Tout ça, qu'est-ce que ça voulait dire ? Nous voulions garder le contrôle. Nous avons rangé les armoires et les tiroirs de Grand-mère et nous avons jeté du bazar, ce qui l'a tout autant choquée, parce que pour elle, ce n'était pas du bazar. Comme nous étions absents la plupart du temps, pour compenser, nous voulions nous sentir utiles quand nous étions là. À chaque fois, au bout de quelques jours, nous repartions et Grand-mère se retrouvait seule. Nous voulions nous prouver à nous-mêmes qu'elle pouvait s'appuyer sur nous.

Rada, sa voisine du second et amie de longue date, l'aidait autant qu'elle le pouvait. Elle faisait la cuisine et lavait le linge, faisait prendre à Grand-mère son insuline et lui tenait compagnie. Grand-mère faisait encore son ménage elle-même. Pas question qu'on passe derrière elle pour nettoyer les sanitaires.

Parfois, Rada jetait juste un œil, comme ça, on ne sait jamais. Elle laissait la porte de chez elle ouverte pour entendre si Grand-mère entreprenait à nouveau une de ses incursions dans le passé.

Au printemps 2018, alors que Grand-mère se remettait d'une pneumonie, sa brosse à dents a disparu, impossible de remettre la main dessus. Mes parents en ont racheté une. Grand-mère s'en fichait. Quand il lui arrivait de rire de bon cœur, on voyait des traces jaunes sur ses dents. Elle ne faisait plus le ménage, elle était maintenant trop faible ou oubliait de le faire ou cela ne l'intéressait pas. Elle n'arrivait plus à faire sa toilette toute seule. Quand elle restait un moment sans parler, sa tête tombait, son menton touchait presque sa poitrine.

Elle avait besoin d'une prise en charge professionnelle et de préférence permanente. Impossible de trouver quelqu'un à Višegrad. En outre, Grand-mère était désormais méfiante envers les étrangers, elle avait failli mordre le nez d'une cardiologue venue prendre sa tension.

Sa pneumonie avait été si grave que pendant son hospitalisation, personne n'avait exprimé tout haut ce que tout le monde pensait tout bas. Maman et papa étaient venus de Croatie, ils se sont occupés d'elle deux mois entiers. Maman avait assumé l'essentiel, au delà de ses forces.

Grand-mère ne retrouvait pas sa montre.

Grand-mère ne retrouvait pas la porte de son immeuble.

Grand-mère ne trouvait pas son mari.

Ma grand-mère avait besoin de couches.

Maman lui faisait ses piqûres d'insuline, faisait les courses, le ménage, la cuisine, en oubliait de manger.

Parfois, Grand-mère savait qui était la femme qui lui faisait sa toilette et lui tenait la main. Elle lui caressait la joue. Certains jours, une étrangère l'importunait. Grand-mère voulait se brosser les cheveux elle-même. Et ne retrouvait pas sa brosse.

Papa la veillait la nuit, quand elle ne voulait pas faire de rêves. Pendant la journée, maman l'emmenait se promener. Maman qui se défiait de cette ville, s'y promenant. Sur ses gardes. Parce qu'elle n'y connaissait plus grand monde. Mais aussi parce qu'elle y connaissait plus d'un.

Grand-mère a repris des forces. Elle a voulu nettoyer le tapis. A insisté jusqu'à ce que papa et maman s'y mettent. Le lendemain, elle a voulu aller rejoindre son mari à la montagne. Le surlendemain, elle était furieuse parce qu'une femme et un homme qu'elle ne connaissait pas étaient dans sa cuisine. Elle a mangé une tablette de chocolat pendant que maman et papa étaient allés faire les courses. À leur retour, elle voulait nettoyer le tapis.

UN TRAIN VA PEUT-ÊTRE ARRIVER

Nous sommes le 29 mars 2018. Le matin sent l'urine et les cerisiers en fleurs. Maman change les couches de sa belle-mère, prépare le petit-déjeuner et veille sur la façon dont elle mange. Elle demande : « As-tu besoin d'autre chose ? »

Grand-mère crie : « Si j'ai besoin de quelque chose, je me servirai moi-même ! »

Maman débarrasse la table, lave la vaisselle, se change. Elle veut sortir, mais découvre sa belle-mère à genoux devant une valise.

« Où tu vas ?

– Chez ma petite sœur.

– Où est Dragan ?

– Qui est Dragan ?

– Ton fils.

– Je n'ai pas de fils. « Grand-mère réfléchit. » Où est ma petite sœur ? Où est Zagorka ? »

Maman hésite. « Je vais t'aider. »

Maman et Grand-mère préparent les bagages. Elles prennent des robes, des chemisiers, des sous-vêtements. Maman ajoute un manteau d'hiver. « Qui sait combien de temps va continuer le voyage de cette vie », dit-elle et elles rient toutes les deux pour la première fois depuis des jours et des jours. Elles prennent des chaussures, des bottines, des sandales. Elles ajoutent d'autres chemisiers. Du gel douche et la brosse à dents. Grand-mère veut en plus emporter le balai et un litre de lait, et ça aussi, c'est d'accord. Elles emplissent trois valises marron.

Les valises sont bien trop lourdes, elles en laissent d'emblée deux dans la cour. Grand-mère a l'air si contente à l'idée de partir ou d'arriver quelque part qu'elle s'en moque. Elle prend le bras de sa belle-fille.

La maison où maman est née est près du pont. La façade jaune est parsemée de taches de vieillesse, brique nue aux endroits où le crépi s'est effrité.

« Pourquoi on s'arrête ? demande Grand-mère.

– Je ne sais pas », dit maman.

Grand-mère veut traverser le pont, maman ne veut pas.

Maman veut passer par le lycée. Elle lorgne par les fenêtres. Devant le tableau qui est derrière l'une d'elles, elle a commenté pour ses élèves des théories dénuées de perspectives. *Les idées dominantes d'une époque n'ont jamais été que les idées de la classe dominante.* Le gymnase a l'air neuf. Étrange, quelque chose de neuf. D'entier.

Grand-mère a déjà traversé la rue, elle semble vouloir se diriger vers la Drina. Maman la rattrape, la guide vers le marché. Une fois qu'elles y sont arrivées, Grand-mère dit : « On vient trop tard pour trouver un bon kajmak. » Le marché est une chimère minable qui rassemble des babioles venues de Chine et de la viande fumée. Le cordonnier du coin est toujours le même, trois siècles d'échine courbée sur ce tabouret.

« On prend le train ? » demande Grand-mère, et maman trouve que c'est une bonne idée. Depuis des mois, le pont sur le Rzav est interdit à la circulation parce qu'il menace de s'écrouler, elles sont donc obligées, pour arriver à la gare, de prendre le chemin le plus long. La valise frotte sur l'asphalte, une des roulettes se bloque. Les gens regardent, mais ici, les gens regardent toujours.

La gare est une ruine. Depuis 1978, les trains ne s'y arrêtent plus, et ça fait quelques années que les liaisons par bus sont interrompues. Une jeune femme est accroupie dans un coin de la salle d'attente. Romni, la petite mendiante aux yeux bleus. Elle est en train de chier et fait de grands signes joyeux aux deux femmes.

Maman essuie le banc avec un mouchoir. Grandmère s'assied. Des pigeons se posent, se pavanent les uns autour des autres, s'envolent.

« Bon Dieu, à quoi ça ressemble ici ? » Des orties poussent dans les embrasures des fenêtres. Un chat nettoie ses yeux aux paupières collées.

« Voilà, dit maman, voilà à quoi ça ressemble. » Maman ne veut pas s'asseoir. Elle compte les fourmis sur le mur. Elle en compte cent sept, puis arrête de compter.

Maman, se poster près des voies dans le vacarme du train qui arrive, cinq décennies plus tard, et attendre son père, c'est dans sa nature. Le voilà qui arrive, lourd manteau, visage plein de suie.

En biais de l'autre côté de la rue, c'est là qu'elle a été enfant. Un immeuble couleur sable, sans charme, anguleux, une vraie caserne. Une bande de chiens dormant dans le soleil du matin. Une corde à linge sans linge. Dans la cage d'escalier, elle ne veut pas faire de bruit, mais pourquoi ? L'éclairage ne marche plus. La porte qui ouvre sur l'appartement familial est la même, seulement minable.

Frapper ?

Ce n'est plus chez nous.

TOUS CES TRUCS BOUSILLÉS

CE TRISTE BAZAR EN TRAIN DE DISPARAÎTRE

Vite, dehors. Grand-mère est toujours assise sur le banc. Maman veut la remmener. Grand-mère proteste faiblement, elle voudrait continuer à attendre le train, maman est plus ferme, il n'arrivera plus un seul train.

Presque toutes les fenêtres de l'ancienne usine de térébenthine sont brisées. En voilà une entière, à l'étage, la troisième en partant de la gauche. Maman ramasse une pierre. Grand-mère aussi. Des nids d'oiseaux, un rat. Un abri au moins pour des animaux.

« Maintenant, un café », dit Grand-mère d'un ton satisfait.

La librairie de l'ancienne rue Tito est éclairée trop faiblement. Ça a toujours été comme ça, toujours. Maman veut mettre une fois pour toutes un terme à cet état de fait, elle veut protester contre l'obscurité, dire combien la librairie est peu accueillante. Les livres ont besoin de lumière ! Elle entre et achète un cahier de dinosaures à colorier pour son petit-fils.

Maman avait quitté Višegrad le jour où sa vie s'y était trouvée menacée. Elle trouve à se loger dans la ville, mais aucun répit. Elle ne vient plus ici que parce que sa belle-mère a besoin d'elle. Elle voit toute cette tristesse, toute cette destruction, ce qui n'est pas réglé, le népotisme, la décadence, l'éternel clair-obscur, l'éternel passéisme. Elle éprouve de la haine. Pour le fait que le dernier propriétaire de *Alhos* a quitté un beau matin

287

son bureau avec des sacs en plastique pleins d'argent liquide, revenant par deux fois pour emporter d'autres sacs, passant à côté des ouvriers silencieux devant leurs machines à coudre silencieuses. Rien, ont-ils dit plus tard, n'aurait pu changer quoi que ce soit. Cette ville ne sera plus jamais ce qu'elle a été !

Grand-mère reprend le bras de maman. Elles passent devant le centre sportif. Ce centre sportif n'existe plus. Le réalisateur Emir Kusturica l'a fait raser. Il a fait édifier sur la langue de terre entre les deux rivières une petite ville artificielle du nom de Andrićgrad, produit kitsch né de son imagination. Cette merde a coûté 17 millions d'euros.

Grand-mère dit : « C'est vraiment beau. »

Maman dit : « C'est vraiment très bête. »

Au café *Intermezzo*, maman commande un expresso pour sa belle-mère et pour elle un thé. Accompagné d'une tranche de citron dans un petit presse-citron. Le garçon adresse la parole à maman. Elle a été sa prof de Sciences politiques il y a des siècles, n'est-ce pas ? Il est visiblement heureux de la revoir. Ils parlent. Échangent des nouvelles. Maman sourit. Quand il revient à leur table, maman loue les vertus du presse-citron. Comme c'est pratique. À son passage suivant, le garçon apporte le presse-citron emballé dans du papier essuie-tout. Il veut le lui offrir en douce. Maman ne peut pas accepter. Mais si, je vous en prie, il faut que vous acceptiez, camarade professeur. Maman paye, serre son élève dans ses bras. Maman met dans son sac le petit presse-citron.

Grand-mère est déjà debout. Maman la laisse passer devant. Grand-mère rentre chez elle. Les valises sont restées dans la cour. Elle ouvre la porte elle-même.

Ça prend un bon bout de temps, mais elle y parvient. C'est ce qui compte.

Maman fait couler l'eau du bain. Grand-mère aime l'eau très chaude. Peut-être parce qu'alors, elle sent son corps et que ça la distrait agréablement – le corps comme fait concret – de ses souvenirs qui s'enfuient.

Maman lui frotte le dos avec une éponge et chante. Sa chanson s'appelle *Petite fourmi.* Une fourmi se perd dans le décolleté d'une jeune femme, un homme observe la scène, oh, il aimerait être à la place de la fourmi. Quelle chanson horrible. Grand-mère et maman ferment les yeux.

D'UNE FAÇON OU D'UNE AUTRE ÇA CONTINUE TOUJOURS

Ces derniers temps, les conversations téléphoniques avec ma grand-mère sont devenues encore plus brèves et plus déroutantes. Un beau jour, elle a cessé de répondre et sa ligne est restée muette. Nous avons appelé Rada. La voisine nous a dit que Grand-mère, seule chez elle, poussait des hurlements horribles. D'autres fois, il fallait l'enfermer parce qu'elle voulait partir à la recherche de son Pero. Il n'y avait guère moyen de la retenir. Rada a reconnu avec une toute petite voix que ce n'était plus possible. Qu'elle ne pouvait plus s'occuper de Grand-mère. Que Grand-mère ne pouvait plus continuer comme ça.

La maison de retraite la plus proche est située à cinquante kilomètres, à Rogatica. Mon oncle et mon père y sont allés, ils ont été charmés par les haies de roses, par les chambres lumineuses et aussi par le fait que le personnel était payé régulièrement. Quand ils en ont parlé devant Grand-mère, elle a leur a dit d'arrêter de dire de telles bêtises.

« Nous voulons aller avec toi dans un hôtel, ont-ils dit le lendemain, pour des vacances.

– Vous me prenez pour une idiote ? »

Nous nous faisions tous des idées. Les fils voulaient croire que son état n'allait pas empirer. Moi, que Grand-mère pourrait encore répondre à mes questions. Grand-mère qu'elle pouvait passer la journée sans injection d'insuline. Elle est tombée dans un coma diabétique, la voisine l'a trouvée presque inconsciente et a appelé le médecin urgentiste.

Nous sommes aujourd'hui le 24 avril 2018. À Hambourg, je prends le métro en direction de l'aéroport, mais ce n'est pas la ligne qui mène à l'aéroport. Il est trop tard quand je me rends compte de mon erreur, je me précipite dans la rue, j'arrête un taxi. Le chauffeur dit : « Pas de problème, je connais des raccourcis. » Anatol prononce *raccourcis* en roulant les « r » à la russe, pas de compromis, et il conduit aussi sans faire de compromis. Je lui raconte – pour le motiver encore plus – que je vais retrouver ma grand-mère, malade du diabète et de la mémoire. Je dis (et c'est seulement à ce moment-là que je prends conscience d'une telle possibilité) que c'est peut-être la dernière fois que je me rends auprès d'elle.

Anatol m'écoute jusqu'au bout, puis il prend une tablette de chocolat dans sa boîte à gants : « En cas de besoin » murmure-t-il. J'en casse une barre et la lui rends. Je n'arrive pas à attraper mon vol. Et pendant que la compagnie aérienne regarde ce qui est possible, je me dis : et si Grand-mère était justement en train de s'en aller, de se perdre à tout jamais dans sa tête sur le chemin de chez elle ?

« Ça fait trente ans que je ne l'ai pas vue, ma petite grand-maman, a dit Anatol. Elle n'a rien. Quand c'est rien, les Allemands, ils te laissent pas entrer. Et moi, les Ukrainiens ne me laissent pas entrer. Grand-maman, c'est une femme sévère, pieuse. Et donc elle a beaucoup d'amour et beaucoup de colère, a dit Anatol, mais j'ai tout de même peur pour elle. »

On me transfère sur un vol de l'après-midi et j'arrive à Sarajevo cinq heures plus tard que prévu. En fait, mon retard s'étend sur des mois, peut-être des années. Ce que je voulais encore aborder avec Grand-mère, elle l'a perdu depuis longtemps.

Mes parents viennent me chercher à l'aéroport. Nous parlons des tunnels en piètre état sur la route de Višegrad. Des actions Apple qui s'envolent. Papa reste avec constance en dessous de la vitesse limite, il roule extrêmement lentement même sans aucune limitation de vitesse apparente. La police locale prend son métier au sérieux. L'emblème croate sur la plaque minéralogique de sa voiture nous garantit que nous allons être arrêtés sur le territoire serbe, pour peu qu'ils soient à l'affût dans le coin, il nous garantit aussi qu'ils trouveront quelque chose à redire à notre véhicule.

La nuit nous rattrape sur le mont Romanija. C'est là qu'on nous arrête. Papa sait-il pourquoi ?

Papa a baissé la vitre, l'air frais pénètre et papa demande : « C'est à cause de notre plaque ? »

« C'est à cause d'un excès de vitesse de vingt kilomètres-heure par rapport à une vitesse maximum de soixante. Votre permis de conduire, les papiers de la voiture, s'il vous plaît. »

C'est un mensonge d'au moins vingt kilomètres-heure. Et le « s'il vous plaît », c'est un mensonge aussi.

Papa lui tend les papiers. « Alors, mon compteur ne marche pas. Vous êtes absolument certain de ce que vous dites ? »

Le policier répond : « De nos jours, rien n'est certain. »

Papa dit : « L'excès de vitesse, vous l'avez enregistré ? »

Le policier dit : « J'ai froid. »

Papa dit : « Vous terminez quand ? »

Le policier regarde sa montre : « C'est bientôt l'heure du dîner. »

Maman lance depuis l'arrière : « Nous avons un sandwich au fromage. »

Le policier passe la tête par la fenêtre comme s'il voulait vérifier que cette histoire de sandwich est exacte. Il est rasé de près, léger embonpoint, son haleine exhale une odeur d'alcool pas vraiment désagréable. Maman lui tend le sandwich. Le policier hésite, il se demande peut-être s'il a envie de fromage. Ou bien il pense à autre chose. Il se demande ce que sa famille est en train de faire (une alliance enserre son doigt). Il a peut-être lui aussi, tout comme moi, été surpris par le mot *sandwich* au cœur des montagnes karstiques et il est en train de chercher dans quelle catégorie le placer. Est-il inconvenant ? Ou – en tant que proposition de partager la nourriture – beau, tout simplement ?

« D'où venez-vous ? Vous n'êtes pas Croates, ça s'entend », dit-il, s'adressant au sandwich.

À ce moment-là, toute réponse peut être la mauvaise.

« De Višegrad. » Papa se lance.

« De Višegrad ? Vous vous payez ma tête ? Pourquoi ne l'avez-vous pas dit tout de suite ? » Les sourcils du policier entament une danse cocasse. « Eh bien, moi aussi ! Je m'appelle Mitrović ! » s'exclame le policier,

293

comme si cela expliquait tout. « J'ai failli vous coller une contravention, vous vous rendez compte ! » Il récupère le sandwich, s'appuie maintenant à la portière, complètement détendu, il veut bavarder. « De quel cep êtes-vous les raisins ? » lance-t-il dans la nuit sur le légendaire mont Romanija.

Et dans la nuit, une usine se racle la gorge, sa construction est interrompue depuis une dizaine d'années, elle trouve déplaisant que des fonds européens aient été détournés au prétexte de sa construction.

Et pas loin d'ici, mon oncle a mis sa voiture dans le fossé au cours de l'hiver olympique 1984.

Et c'est dans le coin que mon grand-père Pero a été blessé en 1944.

Et dans les collines à l'est d'ici des partisans ont en février 1942 libéré le village de Kula des Oustachis.

Et dans ces forêts, avant, il y avait des ours.

Et partout, sur le Romanija, on trouve des *Stećci*, des pierres tombales datant du Moyen Âge, sur l'une d'elle, tout à fait à l'ouest, on peut lire :

> *Bratije, ja sam bio kakav vi*
> *a vi ćete biti kako i ja*

> *Frères, j'ai été comme vous*
> *et vous serez comme moi*

Si on dégrade un *Stećak*, on est frappé par la foudre.

Le policier sort son sandwich de l'alu et le flaire : « Quel genre de fromage ?

— Du trappiste, dit maman.

— Un fromage de Croatie ? demande le policier.

– Non, répond gentiment maman, c'est un fromage de lait de vache. »

Tout le monde rit. Le policier mord dans le sandwich, mastique, avale. « Mitrović, dit-il entre deux bouchées, vous connaissez sûrement ma famille. »

ALWAYS BE NOBODY

La porte de l'appartement n'est pas fermée à clé en dépit de l'heure tardive. Grand-mère est allongée sur le canapé dans le séjour, celui qui a une couverture rose. Elle est blême. Est-ce que sa poitrine se soulève ?

Mes parents vont passer la nuit auprès d'elle, j'ai loué un petit appartement au bord de la Drina. À l'hôtel d'à côté, il y a un mariage. Turbo folk, des cris, rien de changé. Impossible de dormir. Une heure plus tard, je suis dans la rue. Des adolescents me regardent, crachent. Je n'ai jamais appris à faire ça, cracher proprement, un crachat compact, précis.

La Drina, muette, noire. Dans le coin se dressait la maison de mes arrière-grands-parents, en face, le saule pleureur sous lequel mon grand-père aimait jeter sa ligne. Un homme pisse dans la rivière, il traite quelqu'un de putain, jette sa chemise à l'eau.

En revenant, près du vieux pont, je descends sur la rive. Sous la première arche, des gens sont assis autour d'un feu. Je m'approche, deux types se lèvent. Je comprends. Je lève les mains et m'écrie : « A friend, just a friend. » Je me nomme. Ils se rasseyent, ne me quittent pas des yeux.

D'où viennent-ils ?

D'Afghanistan. Et moi ?

D'ici.

Tu peux nous aider ?

Ils veulent aller plus au nord. Me montrent des photos de leurs familles devant des ruines, des cendres. Je réfléchis, je me demande si Stevo pourrait les emmener en voiture. Je leur propose bêtement un peu d'argent, ils ne l'acceptent pas. Le pont au-dessus de leurs têtes a quatre cent quarante ans.

Le pire de ce qui leur est arrivé pendant leur voyage ? L'un rit. Un autre dit : « Always be nobody. »

Au matin, Grand-mère nous reconnaît tous. Elle est contente que nous soyons venus. À midi, Grand-mère ne reconnaît que sa belle-fille. Dans l'après-midi, elle est toute gênée de demander à mes parents : « Qui est ce charmant jeune homme qui vous accompagne ? »

Avant le dîner, je retourne vers le pont. Les Afghans n'y sont plus.

Maman a préparé des poivrons farcis, je sens l'odeur de la sauce dès la cage d'escalier, elle recèle aussi des odeurs évanouies. La petite balle en plastique qu'enfants nous envoyions du pied d'un bout à l'autre du couloir. En chaussettes et en ne frappant jamais très fort à cause des portes vitrées.

Il y a parfois aussi l'odeur des soldats, un mélange d'essence, de métal et de cris. En automne, c'est celle des épis de maïs cuits. Quand la cage d'escalier sent le maïs, je ne sais pas – et là, ce n'est pas comme avec la balle ou les soldats – s'il s'agit de mon souvenir ou si quelqu'un fait vraiment la cuisine, et si c'est le cas, de qui s'agit-il ? Un épi, j'en veux un aussi !

Maman est à la cuisine, les poivrons sont presque prêts. Grand-mère, au séjour, regarde la télé sans image ni son. La télé est cassée, elle a coupé les fils mais dit que c'est quelqu'un d'autre qui l'a fait, pas elle. Je m'assieds auprès d'elle. Elle prend ma main et me regarde.

« On veut aller à Oskoruša, je lui dis, tu nous accompagnes ?

– Oskoruša ?

– Oui.

– Pero voulait faire l'ascension du Vijarac, mais il fait si mauvais. Il est... » Grand-mère s'interrompt. Bruit nerveux d'assiettes qui s'entrechoquent. Papa met la table. Il n'arrête pas de poser des questions : où sont le sel, les serviettes.

« Si mon Pero avait su que vous veniez ! Il vous aurait attendu et ne serait pas parti tout seul pour cette ascension. » Soudain, sa voix prend des accents de colère. « Voilà ce qui arrive quand vous ne vous mettez pas d'accord avec nous. Ça fait plusieurs jours que Pero est en route.

– Et où voulait-il donc aller ?

– À la montagne ! Sur le Vijarac !

– Y faire quoi ?

– Je lui ai dit : attends au moins qu'il fasse meilleur. » Sa voix s'amenuisait mot après mot.

« Grand-mère, je suis qui ?

– Un âne, voilà ce que tu es quand tu poses ce genre de questions.

– Veux-tu qu'on attende Grand-père ensemble ?

– Un âne et un filou. » Grand-mère s'est adossée. Comme si son inquiétude soudaine au sujet de celui qui a disparu dans la montagne l'avait privée de toute sa force.

« As-tu suffisamment bu aujourd'hui, Grand-mère ? » Je lui verse de l'eau, mais elle ne touche pas le verre. Maman a posé la casserole sur la table et nous sert. J'aide Grand-mère à s'attabler. Ce plat lui plaît. Elle en aspire bruyamment la sauce. Maman lui demande si elle aime. Grand-mère répond : « Non. »

Grand-mère n'a pas le droit de manger de tout, mais le fait en cachette.

« Tu as soif, Grand-mère ? » Je lui approche son verre comme si elle était un enfant dont l'attention doit être détournée. « Grand-mère, as-tu assez bu ? »

Grand-mère pose sa cuiller. S'essuie le visage en le frottant avec sa serviette. Petits poils clairs au-dessus de la lèvre. Elle porte l'assiette à sa bouche, la penche et boit la sauce à longs traits.

« À Oskoruša, je me souviens de choses et d'autres. »

Nous sommes le 25 avril 2018. Un club de motards serbes visite la ville. Je suis installé dans un café avec Grand-mère. Des vestes de cuir paradent dans les rues. Avec des insignes de Tschetniks cousus dessus.

La foi en Dieu nous guide.

Une tête de mort.

La liberté ou la mort.

La croix serbe.

Ils font des selfies depuis le pont. *(Certains ont été tués ici, jetés dans le fleuve et on leur a tiré dessus depuis le pont.)*

Grand-mère dit : « Tu sais, ici, celui qui en avait le plus, c'était toujours celui qui avait le moins de scrupules. »

Je me souviens de l'époque où Grand-mère avait encore les idées claires. De l'assurance avec laquelle

elle s'opposait à ce qui lui semblait injuste. De son indulgence à mon égard. Je pense qu'elle a été beaucoup seule après que nous soyons tous partis – d'abord Grand-père, puis mes parents et moi, ensuite les voisines, l'une après l'autre, chacun à sa manière.

Je lui prends la main. Elle est froide, sèche.

« Tu viens trop tard, dit-elle en baissant la tête.

– Trop tard pour quoi ? Grand-mère ? Grand-mère ? »

En 1996, quand je suis revenu pour la première fois à Višegrad après la guerre, la ville était animée, désespérée, agressive et pleine de chômage. Ce n'était pas un retour, je venais pour la première fois en un lieu nouveau.

Je voyageais avec Rahim. Nous devions amener en Bosnie l'auto de mon oncle. Je crois que c'était assez illégal et c'est par une chance inouïe, naïve, que nous avons pu atteindre notre but, et grâce aussi à la somme que mon oncle nous avait donnée en guise de salaire – elle nous a permis d'acheter les gens.

À Višegrad, ma mauvaise conscience était permanente. Quand je croisais un ancien camarade de classe qui avait pris son mal en patience ici tandis que je faisais du canoë dans une piscine nocturne de Heidelberg. Quand je changeais mes marks allemands. Quand Rahim voulait savoir des choses sur cette ville et que je ne pouvais pas lui répondre. Quand presque tout le monde disait combien ça allait mal et que je me disais : moi, je vais bien.

Seule m'était réellement familière ma grand-mère. En bonne santé, inébranlable. L'assurance avec laquelle elle s'était adressée à Rahim, comme s'il devait comprendre la langue. Et il avait effectivement compris qu'elle l'étranglerait s'il ne mangeait pas toute la pita qu'elle lui avait servie.

Grand-mère avait descendu toute seule son tapis par l'escalier, l'avait frotté pour le nettoyer et nous avait demandé, à Rahim et à moi, de le remonter. Elle aidait les voisins pour les planches de légumes, s'occupait de faire remettre l'électricité dans l'immeuble. Elle m'avait accompagné à la mairie où je devais aller chercher un extrait d'acte de naissance, avait doublé les gens qui attendaient devant le guichet, avait parlé à voix basse au fonctionnaire, du coup, on nous avait fait signe d'avancer et dix minutes plus tard, nous quittions la mairie, affaire réglée.

Aujourd'hui, j'accompagne ma grand-mère chez sa coiffeuse. La coiffeuse demande : « Comme d'habitude, madame Kristina ? » Et ma grand-mère ne peut pas s'empêcher de rire, de rire à gorge déployée.

« Si le résultat était à la hauteur, dit-elle, alors oui, s'il vous plaît, comme d'habitude. »

OSKORUŠA, 2018

Au matin du 27 avril 2018, le ciel est dégagé. Nous chargeons les provisions, Rada s'occupera de Grand-mère. À huit heures, nous sommes en route. L'itinéraire passe par l'est de la Bosnie, considéré comme le fief des nationalistes serbes. Notre immatriculation croate est à nouveau évoquée. « Nous ne devrions pas passer par ici sans être armés », blague papa.

Maman n'est pas d'humeur à plaisanter.

Nous voici à peu près à mi-parcours, nous traversons un bois quand quelques randonneurs apparaissent à découvert. Ils sont bien à soixante ou soixante-dix mètres de la route, chargés de sacs à dos mais aussi de cabas à provisions. Une des femmes porte un enfant sur sa hanche. Je demande à papa de s'arrêter. Quand nous ouvrons les portières, ils s'éloignent au pas de course, comme répondant à un ordre, et se planquent derrière les arbres. La dernière du groupe s'est retournée vers nous, une jeune femme grave pâlie par l'inquiétude.

Maman allume une cigarette et s'écarte de la voiture.

Une femme et un gamin marchaient sur une route de campagne, la soirée était avancée. Un sac à dos pesait sur les épaules de la femme, elle traînait une valise à roulettes marron. Le gamin était presque aussi grand qu'elle. Sur ses épaules, une écharpe rouge et blanche défiait l'air moite et chaud.

Le paysage : poussière et exploitations agricoles.

La femme regardait derrière elle quand elle entendait une voiture se rapprocher. Elle faisait signe, appelait, levait le pouce – toutes les dépassaient, certaines klaxonnaient, on aurait dit des insultes.

Des heures s'écoulèrent. Boire de l'eau, manger du pain.

Une ville. Des trottoirs, des feux de signalisation, des familles attablées pour le repas du soir. Derrière une fenêtre, un vieil homme. Le gamin s'arrêta, le fixa. Le vieux porta sa cuiller à sa bouche. Mastiqua. Et recommença. Il avait allumé une bougie, s'était offert une lumière pleine de chaleur. Il y aurait tant de choses à raconter. Le gamin hésita. Il rattrapa la femme.

Arrivée à la gare routière. Cinq quais. Aucune présence policière. La salle d'attente. Des cendres sur un sol carrelé, crasseux. On ressort. Au kiosque : « Vous prenez les marks ? » Gâteaux secs, chips, eau minérale, mouchoirs. Les bagages toujours à proximité. Le banc : un lit. Il ne fait pas très froid.

Un bus est arrivé. Le chauffeur a été le seul à descendre. Un gros bonhomme. Une silhouette, fumant dans le contrejour du réverbère. La femme s'adresse à lui, filet de voix : « Nous voudrions passer la frontière. »

Le visage du chauffeur, surface d'ombre. S'il te plaît, réponds gentiment, on ne te demande rien d'autre.

« Nous venons de Bosnie, dit la femme. On a de quoi payer. Vous connaissez peut-être un endroit où on peut passer discrètement ? »

Le chauffeur a écrasé sa cigarette, s'est approché. « Pourquoi vous n'essayez pas à pied ?

— On nous a refoulés.

— J'ai fini ma journée. »

La femme garde silence.

« Regarde cette caisse. » Il montre le bus. « Comment veux-tu qu'on passe discrètement ?

— Le gamin est fatigué.

— Je ne suis pas fatigué », dit le gamin.

La femme lui a jeté un regard sévère sans réussir à garder cette expression plus d'une seconde. Puis est venu : « Nous ne savons pas quoi… »

Le chauffeur s'est frotté les yeux. « Vous venez d'où ?

— De Višegrad.

— Ivo Andrič ?

— Ivo, Ivo Andrič. » La femme a baissé les yeux.

Le gamin s'est écrié : « Avec un énorme marteau, ils ont niqué la tête de sa statue. »

Une pause. Le chauffeur a pouffé de rire ou bien toussé ou les deux à la fois. Maman a attrapé le gamin par le poignet. Il s'est immédiatement dégagé. Le gamin n'était plus seulement un gamin.

« Je peux conduire. C'est tout. Je ne peux rien vous promettre de plus. La plupart des gens sont renvoyés et atterrissent à nouveau ici. Je peux conduire. Ça, je peux le faire. »

Il était maintenant debout devant le banc et tendait à la femme le paquet de cigarettes. Elle se leva et en alluma une. La femme et le chauffeur fumaient, le ciel était plein d'étoiles.

Nous sommes le 17 août 1992. Maman est montée dans le bus, je l'ai suivie.

Nous sommes le 27 avril 2018. Maman éteint sa cigarette et remonte en voiture. Nous repartons.

Ne jamais se fier à *Google Maps* dans les zones rurales. Nous nous arrêtons à une station de bus où une jeune femme se vernit les ongles au milieu de sacs de provisions. Au sujet du trajet alternatif que propose *Google*, elle remarque : « Si vous passez par là, les montagnes vont vous avaler. » Elle ajoute que nous devons prendre la direction d'Uvac, où la montée vers Oskoruša ne fait que commencer. Elle va aussi par là, aujourd'hui, le bus passera ou ne passera pas. « Vous m'emmenez ? »

Difficile de refuser, évidemment. Elle demande si elle peut finir en vitesse de se vernir les ongles. Bien sûr on pourrait répondre qu'on est pressé. Mais nous nous taisons. Nous sommes déjà en route qu'elle nous interroge sur notre plaque minéralogique. « ST – c'est Split, non ? »

Cette fois, je suis plus rapide que papa. « Nous sommes d'ici. » Après une pause, j'ajoute : « ST, c'est pour Stanišić. » Pour moi, c'est comme s'il n'y avait pas le moindre doute : Stanišić.

Je pense aux réfugiés dans les bois, sous le pont de Višegrad. Leur chemin à travers les Balkans leur fait traverser les lieux que nous avons fuis. J'ouvre la fenêtre. Si je suis ici, c'est par l'effet de ma libre volonté.

« Je connais quelques Stanišić », dit la femme. Elle cite à chaque fois le nom complet, ajoute souvent le nom du père, et mentionne le village. C'est comme le refrain d'un chant sans mélodie. Un seul d'entre eux n'est pas paysan, il vend des pneus à Uvac.

Maman a elle aussi ouvert sa vitre. L'arrière-pays serbe se déroule sous ses yeux, et avec lui des graffiti en caractères cyrilliques.

> *Pour le roi et la patrie.*
> *Ce qui nous est sacré survit.*
> *Notre sang, notre pays.*

Tout cela écrit dans une langue qu'elle comprend. Qui dit *notre* dit aussi : *pas à vous*. Il n'est pas question de maman et pourtant, il est question d'elle.

À Uvac, notre passagère descend. Ici passe la frontière entre la Serbie et la Bosnie. Étrange endroit. Des boutiques minuscules, serrées les unes contre les autres. Des baraques en tôle ondulée, un petit supermarché, des poivrons, du plastique. Un marchand de tomates, un autre de joggings et de tongs, un autre de grille-pain et de sèche-cheveux. Des gamins à la coupe éloquente, leurs maillots ornés de *Franck Ribéry* ou *Messi*, se poursuivent pieds nus. Leurs armes : des pistolets en plastique et des fruits.

Ici s'est établie une foule invraisemblable de marchands de pneus, partout des pyramides de pneus chaudes sur lesquelles des chats se dorent.

Papa veut immédiatement s'informer des prix, sans tenir compte des protestations de maman. Il se gare devant un des vendeurs.

Maman dit (avec grand sérieux) : « Voyons, tu es fou. »

Le marchand – trapu, coupe courte, maillot de corps, jean – demande si les pneus sont pour la Renault garée là. Papa acquiesce.

Le marchand – rasé de frais, le dos de ses mains très velu – demande : « Pourquoi avez-vous une plaque minéralogique croate ? »

Papa choisit de relancer la conversation par une autre question. « Nous voulons aller à Oskoruša. On peut y monter par ici, non ? »

« Et vous allez voir qui ? » Le marchand – tatouage sur le bras gauche, sabre et bouclier – se penche par-dessus le comptoir. Papa a un sabre similaire et une gerbe de fleurs.

Je dis : « Gavrilo Stanišić.

– Stanišić ? » Un dragon à trois têtes sur le bras droit.

LE CÔTÉ SOLEIL A UN GOÛT SUCRÉ, L'AUTRE UN GOÛT AMER

« Gavrilo, il est de ma famille. Je suis un Stanišić », a dit le vendeur de pneus, en précisant le prix d'un jeu de quatre pneus. « Un prix ridicule. » Sourire, canine en or. Papa n'a pas pu dire non, il a acheté les pneus et le vendeur a insisté pour les changer tout de suite. Il a dit vouloir prendre lui-même les choses en mains et a passé un coup de fil pour faire venir quelqu'un qui s'occupe de l'opération.

Une jeune femme en combinaison avec des écouteurs sur les oreilles a réglé l'affaire, dix minutes après, nous étions prêts à reprendre la route. Mais le vendeur a encore tenu à ce que nous le suivions jusqu'à la bifurcation vers Oskoruša, il voulait s'assurer que nous prenions la bonne route. Il conduisait une BMW noire, il a attendu dans sa voiture et nous a suivi des yeux jusqu'au moment où nous avons tourné en direction des sommets.

On approche d'Oskoruša par de nombreux lacets s'élevant dans la montagne et à travers la forêt. Des chemins de terre conduisent à des maisons, à des fermes, on lit les noms des familles au lieu de noms de rues. Dans les zones dénudées, la vallée du Lim s'offre aux regards. Le vert de la rivière, le brun des champs, le rouge des murs de brique bruts. Relativement fertile, relativement vide. Plus haut, chaque virage semble plus serré et plus raide que le précédent, puis on arrive au bout de la zone asphaltée. Nous serrons à droite sur nos pneus flambant neufs et qui ont coûté un prix ridicule.

Et maintenant, par où on passe ? Je ne reconnais rien. La dernière visite de papa, c'était il y a cinquante ans. Zone boisée, fougères, inextricable. Le ciel ne révèle rien, la forêt non plus. Dans les creux du terrain, une odeur douceâtre de cadavre.

Nous décidons de poursuivre notre ascension. Bruissements, bourdonnements. Feuillage, pic-verts, fourmillements d'insectes. Une barrière renversée, comme arrachée à la terre sur toute sa longueur. C'est dans ce coin-là que Gavrilo nous attendait, Grand-mère et moi.

J'essaye de me représenter Grand-père jeune homme sur ces chemins. Avec sa veste. Juché sur son âne. Je n'y arrive pas, il n'y a rien, sauf moi en train d'exploiter des photos.

Le premier croisement. Un étroit chemin forestier redescend, sol clair parmi les buissons. Non, continuons à monter. « En montant, on arrive en haut » dit papa, le champion philosophique en géographie. Nous le suivons. Quand personne ne sait quel chemin prendre, on suit l'avis de celui qui parle le premier.

Tout en haut se blottit une maisonnette. Un vieil homme sort sur le seuil, nous aperçoit, vient lentement à notre rencontre, s'arrête à mi-chemin entre sa maisonnette et les arrivants. Un bonnet, un pull en laine, un pantalon qui lui tombe sur les hanches, il tient un énorme casse-croûte au jambon.

Il s'écrie: « Qui erre ainsi dans ma forêt ? »

Maman dit doucement : « Appelez-moi Marija. »
Un prénom serbe lui semble préférable au sien propre,
tant elle est méfiante.

Nous nous présentons. Maman sourit en disant
« Marija », on aperçoit ses dents.

Le seigneur de la forêt s'ébranle à nouveau. Ses
yeux : marron foncé. Comme les miens, c'est ce que
je pense aussitôt, parce que je ne veux pas le penser.

« Et chez les Stanišić, quel cep ? » Un hochement
de tête pour Bogosav, un « Bon, bon » pour Kristina.
« Et donc vous vouliez aller au cimetière ?

_ Oui, j'ai répondu.

– Alors que faites-vous ici ?

– Nous voulons aussi aller chez Gavrilo.

– Comment se fait-il que tu le connaisses ?

– Je suis déjà venu.

– Ça alors, tu m'as l'air drôlement au courant.
Gavrilo est dans la vallée. Ici, nous avons une maisonnette. Suivez les ronflements les plus sonores et vous le
trouverez. Laissez-moi garder mes moutons. » Le vieux
secoue la tête et grimace un sourire… « Je suis Sretoje »
dit-il, et il prend son casse-croûte dans sa main gauche
pour nous serrer la main. « Gavrilo est mon frère.
Même si parfois – je me demande… » Il sourit, donc
nous sourions aussi, et à ce moment-là, Sretoje arpente
le paysage familial, il cherche à se repérer.

« Kristina est ta mère », lance-t-il à mon père, en
expliquant que ça augmente sa curiosité à notre sujet
– « au sujet de mes invités ». Il avait l'intention d'aller
voir ses moutons, mais nous invite maintenant chez
lui. « On va faire connaissance pour de bon. Le cimetière, vous pourrez y aller plus tard, ils y sont encore
pour un petit bout de temps. »

Il répète qu'il est curieux et se met à parler. Il commence par s'excuser pour le pain, il n'a pas encore pris son petit-déjeuner, puis il nous montre une maison qui sert d'école et dispose d'un réfrigérateur. Le sien ne marche plus depuis quelques semaines.

« Quand j'allais à l'école, dit Sretoje sans mordre dans son pain, ici, nous étions soixante-dix élèves. Maintenant, ils sont trois. J'ai eu une maîtresse, tous ne l'aimaient pas, on peut dire les choses ainsi. Danica. Jeune, intelligente. Elle n'était pas appréciée de tous les parents, c'est ça que je veux dire. Quel était le problème ? Elle n'était pas d'ici. Pas d'ici et elle avait apporté de l'endroit d'où elle venait des idées bien à elle et tout le reste.

Celui qui se plaignait le plus fort, c'était Ratko. Trois fils, l'un plus fou que l'autre. Ces fils, Danica leur serrait la vis, mais pourtant, Ratko était mécontent. Il se pointait auprès d'elle semaine après semaine. Telle chose ne lui plaisait pas, telle autre non plus. Économie domestique ! Pourquoi devaient-ils apprendre ça ? Une mauvaise note ? À la maison, il la savait encore, sa leçon. Et ainsi de suite. Et voilà que Ratko fait une mauvaise chute de cheval, fractures et tout et tout. Le pire, c'est qu'il s'était si gravement mordu la langue qu'on avait fini par se demander s'il pourrait jamais à nouveau manger normalement, au lieu de boire avec une paille.

Danica, la maîtresse, a été la première après sa famille à lui rendre visite à l'hôpital. Avec des bananes ! C'était un sacré truc, on se l'est longtemps raconté, qu'elle avait apporté des bananes. Et aussi comment elle avait dit à un médecin à propos de Ratko : "Remettez-le sur pied, mais s'il vous plaît,

laissez sa langue abîmée comme elle l'est maintenant."

Là, il n'a pas pu se retenir de rire, Ratko. Par la
suite, il y avait sept lettres qu'il n'arrivait plus à prononcer, mais ce n'étaient pas les plus importantes et
il a été très reconnaissant à Danica d'être venue le
voir. On ne l'a plus jamais entendu dire du mal d'elle.
Malheureusement, par la suite, Danica a regagné la
ville, eh oui, qu'est-ce que tu imagines, et nous avons
retrouvé un maître maniant la badine et soucieux de
la discipline. »

Nous sommes encore en contrebas de l'école et
Sretoje dit : « Mais nous traînons ici. Allons chez moi,
asseyons-nous comme le font les humains. » Il nous
emmène tout droit à travers bois. « Les gens de votre
famille m'ont toujours bien reçu. » Il regarde maman :
« Et les tiens, ils sont d'où, Marija ? »

« Višegrad, toujours Višegrad », dit maman et elle
continue à parler, elle doit détourner l'attention pour
éviter d'être interrogée sur son arbre généalogique
– à l'orée du bois on distingue une maison, maman
demande qui l'habite.

« Un chat. Celui qui l'a construite était engagé
volontaire. Il est revenu de deux guerres, mortelle-
ment blessé au retour de la deuxième, mais il voulait
à tout prix mourir ici. Ses enfants sont morts ici. Ses
petits-enfants mourront ailleurs. »

Devant la maison, Sretoje s'arrête et je me dis :
maintenant, c'est maintenant qu'il va croquer dans
son pain, mais ce n'est pas ce qu'il fait, il élève la voix
comme s'il était important que nous ne soyons pas
les seuls à entendre ce qu'il a à dire : « Construisez
donc quelque chose à l'endroit où était votre maison.

Construisez une nouvelle maison ! C'est à vous ! Tout ça, c'est à vous. » Puis, s'adressant à moi : « Ne me regarde pas comme ça. Bien sûr qu'il n'est pas revenu pour mourir. Il a encore bassiné tout le monde cinq ans ou plus avec toutes ses histoires de guerre. »

Dans la cour devant la maison de Sretoje fleurit un cormier, une truie fouit dans le fumier, une table subit les intempéries. En été, il lui arrive aussi de passer la nuit dessus, dit-il : à cause de son dos, à cause des étoiles.

Il nous montre son fumoir, son chien noir et son cheval noir. « Je le garde pour le monter mais entre temps aussi pour lui parler », dit Sretoje, et il ajoute que sa femme lui manque. « Elle aussi, elle passe presque tout son temps dans la vallée. » Ensuite, il rit et précise : « Parfois – parfois ma femme me manque. »

Il nous invite à entrer. Une fois que nous avons ôté nos chaussures, il dit : « Marija, aurais-tu la gentillesse de nous préparer un café ? »

Maman se fige.

Sretoje lui donne le pot de café et s'assied, nous invite, papa et moi, à faire de même, pose son casse-croûte sur la table. Maman regarde autour d'elle. Veut demander quelque chose. Ne demande rien, ne dit rien, ouvre des placards. Papa et moi, nous gardons également silence.

Au dehors les monts couverts d'herbe et le monde qui s'incline dans toutes les directions : vers le bas, la vallée, sur les prairies, les champs, les étangs, et vers le haut, vers le majestueux sommet du Vijarac. Oskoruša.

« Ne me tenez pas rigueur de ce qu'ici, je... que dans cette maison règne un tel désordre. Je suis seul, je ne savais pas que vous me rendriez visite », dit Sretoje, et maman qui a trouvé la cafetière se racle la gorge.

« Ne me comprenez pas de travers. Je ne veux pas me vanter. Nous avons été les premiers du village à posséder un congélateur », dit Sretoje qui se met à fourrager autour du fourneau.

« Treize enfants, six adultes, voilà combien nous étions. Devant la porte, il y avait une quantité de chaussures. Tu trébuchais avant d'entrer. Si tu n'as pas de bonnes semelles, tu ne peux pas bien vivre par ici, c'est clair. Maman rapiéçait, rapetassait. Mais si tu avais tout de même besoin de chaussures neuves, tu envoyais une lettre et quelques jours plus tard, la commune te les apportait. Ou de la farine. Ou des médicaments. C'était encore du temps de Tito. La commune s'occupait de tout. Mais malheur à toi si la commune décidait de prendre et non de donner. À ce moment-là, ce n'était pas un seul Bonhomme Hiver qui se pointait à ta porte avec une pleine hotte de chaussures, ils venaient à trois ou quatre, sortaient leurs cartes professionnelles, et ce n'était pas histoire de rompre le pain avec toi », dit Sretoje tandis que maman enfonce des boutons et tâte de la main pour voir si la plaque commence enfin à chauffer.

« Là où je suis assis, c'était la place de mon père. Matin et soir. Pendant la journée, on mangeait aux champs. C'est la seule place qu'il a occupée, toujours la même », poursuit Sretoje tandis que maman verse l'eau dans la petite cafetière qu'elle pose sur le fourneau. Elle nous tourne le dos et cache brièvement son visage dans ses mains.

« Bon, et maintenant, l'eau-de-vie, dit Sretoje. Marija, regarde là-bas, s'il te plaît, la bouteille est sur l'étagère.

Apporte aussi un petit verre pour toi, ils sont dans la vitrine. » Tandis que maman sert l'alcool, Sretoje mord enfin dans son pain. Il mastique et derrière son dos, maman vide son verre.

« Chacun de nous autres, enfants, avait un Dieu, un père et un tapis », dit Sretoje. « Celui-ci, c'est ma mère qui l'a tissé et teint. À son âme ! » Il lève son verre.

Maman hésite, le sien est vide, elle le cache de la main et le porte à nouveau à ses lèvres. Nous buvons – Sretoje ne boit pas. Il fait tomber une goutte dans sa paume, la frotte et renifle l'endroit.

« Pour que vous compreniez bien », dit-il en sortant une plaquette de comprimés de la poche de sa veste. « Ça, c'est pour le dos. Ça fait six mois que je n'ai pas le droit de soulever de charge. D'ailleurs, je n'y arrive pas. Et voilà, je ne peux pas boire avec vous, ça me fait vraiment mal au cœur. Ne m'en tenez pas rigueur », dit Sretoje, et maman reprend sa place près du fourneau. La cafetière ne fume même pas.

« J'ai assisté à trois cents quarante-sept mariages », dit Sretoje, et maman attend que l'eau bouille.

« Il y a eu de bonnes et de mauvaises périodes. En fait, des périodes vraiment mauvaises, il n'y en a pas eu, c'est l'essentiel, non ? J'ai passé tout au plus quelques semaines dans la vallée pendant l'hiver, sinon j'ai toujours été ici. Autrefois, nous mettions dix jours à labourer nos champs. Dix jours ! Aujourd'hui, il m'est resté un carré de pommes de terres et un peu de trèfle », dit Sretoje, et maman attend que l'eau bouille.

« Mais pendant tout ce temps-là, pendant toutes ces années, ces dizaines d'années, je n'avais jamais imaginé qu'un jour je serais tellement seul ici ! » dit Sretoje, et maman attend.

« Je pourrais m'en aller. Je pourrais tout laisser tomber. Mais au fond. La vie nous a transmis tout ça en héritage. Je l'ai reçu de mon père qui l'avait reçu du sien. C'est pas un tour de passe-passe. Ce que tu hérites de tes pères – tu dois te l'approprier pour le posséder ! C'est ce qu'on dit. Je ne dis pas cela. Je dis à mes enfants », dit Sretoje, et maman attend que l'eau bouille : « Utilisez-le ou ne l'utilisez pas. Si vous vous sentez mieux ailleurs et que vous n'avez pas besoin de ce qui est ici – bon. Mais clôturez l'endroit. Les bêtes des voisins ne doivent pas y venir. Il faut que l'ordre règne ! » ajoute Sretoje, et l'eau ne bout toujours pas.

« Pour éviter tout malentendu, dit Sretoje, je ne suis pas ici parce que j'y serais obligé d'une manière ou d'une autre. Je suis ici parce que sans moi, tout ce qui est à nous disparaîtrait. Alors, honnêtement, je préfère suivre le même chemin. » À nouveau, il humecte d'eau-de-vie la paume de sa main et la renifle.

L'eau ne bout pas. Maman serre les poings. Maman est furieuse d'avoir à attendre, dans un tel univers, cette eau. Elle est debout depuis dix minutes à côté de ce fourneau antique. Elle est furieuse, mais sans doute aussi redoute-t-elle de rater le café. Elle nous en veut de lui faire affronter cette rage et ce souci. Elle a raison.

Sretoje croque dans son morceau de pain. Derrière lui, accroché au mur, un énorme et antique téléphone.

« Il marche ? » je demande.

Sretoje soulève l'écouteur, tend l'oreille, raccroche et dit : « Non. »

Au fourneau, maman ouvre des clapets, les referme. Vide un peu d'eau. Un encensoir se balance au-dessus du fourneau. Le dessus du réfrigérateur s'est décollé, il est de traviole, un paquet de sel posé dessus menace de tomber. Collé à la porte, un magnet orné de la tête d'Irinej I, archevêque de Peć, avec sa barbe, son drôle de chapeau et tout et tout. À nouveau, Sretoje remplit nos verres. Dans la bouteille d'eau-de-vie, je la remarque à l'instant seulement, une croix en bois.

« Le pope, dit Sretoje, bénissait ma chaudière tous les ans. Un beau jour, il n'est pas venu et on n'a pas senti la différence, si bien que je ne l'ai plus fait venir. »

Maman va et vient devant le fourneau.

« J'ai appris le métier de peintre à Čajniče, poursuit Sretoje. Dans les années soixante-dix, Čajniče était une station climatique. L'hôtel Orient. Sans cravate, tu n'entrais pas. Aujourd'hui, c'est un trou. La guerre a réglé la question. Autrefois, il y avait quarante-neuf pour cent de musulmans, très honnêtement, ils seraient cent pour cent s'il n'y avait pas eu Kornjača et ses troupes. Mais le mieux, ça aurait été qu'il n'y ait pas la guerre. J'ai été soldat, je ne vous le cache pas. À titre personnel, je n'ai jamais trié les gens selon leur religion, jamais ! Je suis ce que je suis », dit Sretoje et maman flanque un coup de pied au fourneau. Nous levons les yeux, papa et moi. Sretoje croque dans son morceau de pain et poursuit son récit.

« Plus d'économies au moment où ce merdier s'est installé, dit-il. Très honnêtement, tous des bandits. Pour un type bien, ici, on trouve trois bandits. Je n'ai jamais souffert de la faim et j'ai toujours eu des nippes à me mettre sur le dos. Mais aujourd'hui, c'est des choses qui arrivent, oui, ça arrive, dit Sretoje en humectant sa paume. Je vous le garantis, un temps viendra », et maman sort de la maison.

Elle revient au bout d'environ trente secondes. Elle a un bâton à la main, long comme le bras, un très gros bâton. Elle se poste devant la petite cafetière et prend son élan avec le bâton comme si c'était une batte de baseball.

Au-dessus de la porte qui mène à l'étage, une figure de saint : un saint George dans un cadre d'or. Le dragon attrape le flanc du cheval, l'animal fait un écart. Les yeux du saint écarquillés, sa lance pointée sur le côté. Maman passe sa manche sur sa bouche.

« Toi, je suis prêt à te croire, me lance Sretoje, si tu m'expliques ce qui se passe quand on parle de voiture d'occasion. Quand on l'achète là où tu vis, et la transfère ici, en ajoutant la douane et ainsi de suite, une voiture de disons : trois ans ? »

J'en sais plus sur le mode de vie du castor que sur les voitures d'occasion. Je regarde papa qui pour sa part ne quitte pas maman des yeux et n'écoute pas, donc je marmonne quelques chiffres au hasard. Sretoje écarte tout ce que je dis en hochant la tête, parle maintenant de son tracteur, je ne parviens pas à suivre, ça va péter –

Maman repose le bâton. Elle regarde autour d'elle. Elle a les joues rouges. Elle dévisse le couvercle de la boîte à café et verse du café dans l'eau bouillante.

« Mon arrière-grand-père Milorad, dit Sretoje, a vécu jusqu'à cent quatre-vingt trois ans. Jusqu'à son centième anniversaire, tout le monde devait lui obéir, toute la famille, c'est-à-dire la moitié du village. Au cours de ses quatre-vingt trois dernières années, il s'est contenté de penser. Quand son plus jeune fils, mon grand-père, a tué un gendarme près des roches de feu et qu'il s'est barré, mon arrière-grand-père est parti à sa recherche et l'a retrouvé. Ils ont parlé. Et mon grand-père s'est rendu.

– Pourquoi avait-il tué le gendarme ? demande maman.

– Pourquoi on tue, hein ? répond Sretoje. Il a été relâché au bout de quelques années et n'a plus jamais tué personne, à ma connaissance. » Sretoje se met debout.

« Kristina Stanišić est une bonne personne. Elle s'est occupée de la tombe de notre cep. Elle a fait ce qu'elle devait. Plus que le nécessaire. Comment va-t-elle, dites-moi ? Est-elle souvent seule ? Oui, c'est à vous que cela revient, qu'elle ne soit pas souvent seule, à vous. Quand je parle de Kristina, il faut que je me lève, pas question de rester assis quand il est question d'une femme comme elle. »

Maman apporte le café. Nous le sert. Nous buvons un café noir, fort.

Papa interroge Sretoje au sujet des roches de feu.

« Qu'est-ce que vous voulez faire là-bas ? » Il tousse.

Papa parle du nid de vipères. Ce qu'il veut, ou ce que nous voulons y faire n'est pas très clair. Avant que j'aie pu imaginer quelque chose, Sretoje dit que monter là-haut n'est pas une bonne idée. Les chemins vous brisent le cœur et les jambes. Et le temps – au cours de l'après-midi, le temps va changer, le soleil qu'il y a maintenant, c'est de la poudre aux yeux. « Maintenant, je dois aller m'occuper de mes moutons, il ne faut pas qu'ils me piétinent le trèfle. » Sretoje quitte la pièce sans avoir fini son café.

Maman s'assied. Boit une gorgée.

« Tu as vu ce vieux téléphone ? » je lui dis, pour briser le silence. Au même moment, dehors, le chien se met à aboyer. Il aboie, aboie. C'est le seul bruit. Sretoje ne revient pas, le chien n'arrête pas. Nous sortons, maman la première.

Le chien montre les dents et aboie à travers le grillage. Mais il n'y a rien. L'air semblable au romarin. La table couverte de mousse. Sretoje parle au chien pour le calmer. Maman s'agenouille dans l'herbe à côté de Sretoje. Le chien est furieux, la bave lui dégouline des babines. Maman passe sa main à travers le grillage. Le chien mord l'air, hurle, se secoue, se tait. Renifle la paume de maman. Elle fait mine de lui murmurer quelque chose. Le chien baille.

« Bon, mettez-vous en route, il est temps », dit Sretoje. Il ne quitte pas maman des yeux. « Et si vous allez vraiment aux roches de feu, alors, pas trop tard ! »

Quand il ne peut plus nous voir, maman s'arrête. Devant nous la forêt. Le chemin s'élève en pente douce et disparaît dans le taillis. Au-dessus de nous le Vijarac.

Maman dit : « Je ne veux pas monter là-haut.

— C'est sûrement pas loin, je dis.

— Quoi ? Qu'est-ce qui n'est pas loin ? »

Je ne sais quoi répondre qui nous convienne.

« Que cherchez-vous là-bas, et que cherchons-nous donc ici ?

— Rien de particulier », je réponds. Pas des serpents qui se transforment en mots ou le contraire, je me dis. Et je me dis : moi aussi, je sais comment on fait du café. Et je me dis : il manque quelque chose. Quelqu'un.

« Bon, allons jusqu'au cimetière, dit maman, et puis on rentrera. Là-bas, tout au fond, ça ne me dit rien qui vaille. Je ne veux pas en plus me retrouver ici sous la pluie. »

Je me soumets tout de suite. Maman n'a plus l'air anxieuse mais seulement nerveuse, ce qui est légitime. Ce qui se passe en ce moment aurait pu être tout simplement une partie de campagne en famille, il y a une éternité que nous n'avons pas vécu un beau moment rien que tous les trois. Papa avance un peu en direction de la forêt mais fait demi-tour lui aussi.

Oui, allons jusqu'au cimetière, refermons au moins l'un des cercles. L'herbe a été tondue il y a peu, sur l'un des Stanišić, des fleurs fraîchement coupées. Nous arrachons les mauvaises herbes, allumons des bougies. Sur le cormier se forment les calices des premières fleurs blanches. Depuis que j'ai mené quelques recherches, une phrase (le mot mémorisé) m'est restée dans l'esprit, je ne peux m'empêcher de la prononcer à haute voix : « Une inflorescence de type grappe terminale se développe sur les jeunes rameaux courts. » Papa demande ce que ça veut dire, je parviens seulement à une traduction approximative.

J'ai faim et les fleurs sentent bon.

Je regarde la maison en ruines de mes arrière-grands-parents, il y a tant de choses que je ne comprends pas. Le fonctionnement d'un genou. Les gens vraiment religieux pas davantage que ceux qui dépensent leur argent et placent leurs espoirs dans la magie, dans les bureaux de paris, dans les granules, les prédictions (sauf Nena Mejrema). Je ne comprends pas qu'on puisse en rester au principe de nation et je ne comprends pas les gens qui aiment les pop-corns sucrés. Je ne comprends pas que les origines puissent impliquer des qualités et que certaines personnes soient prêtes à partir en guerre pour elles. Je ne comprends pas les gens qui croient qu'ils peuvent être simultanément en deux lieux (mais si quelqu'un en est véritablement capable, j'aimerais apprendre à le faire moi aussi). J'aimerais vraiment être simultanément dans deux époques. J'interroge volontiers mon fils sur ses préférences. « Le violet est ma couleur préférée », a-t-il dit récemment. « Et aussi la tienne. » Ça, c'est une chose que je comprends.

Je suis sous l'arbre de la connaissance, et l'arbre prend racine dans la tombe de mes arrière-grands-parents, dans le branchage pas de serpent sifflant et plus de symbole. L'arbre se contente de porter des fleurs.

C'est sous la pluie qu'au soir nous regagnons Višegrad. Nous achetons de la bière et une miche de pain blanc tout chaud. À notre entrée, Grand-mère est assise sur le canapé. Je veux dire quelque chose de gai mais rien ne me vient à l'esprit. Je la prends dans mes bras et lui demande si elle a bu assez.

« Vous n'avez pas trouvé mon Pero, dit-elle d'une voix rauque.

– Non, je lui réponds.

– Vous n'avez pas assez bien cherché. »

Maman lui brosse les dents et nous la mettons au lit. Nous nous asseyons à son chevet et buvons de la bière.

Papa demande si je suis content d'être retourné à Oskoruša.

« Et toi ? »

Il hausse les épaules.

Maman dit : « Moi, je suis contente. Le paysage est splendide.

– Quel type bizarre, ce Sretoje, je remarque.
– Pas bizarre du tout, répond-elle. »

Grand-mère a les yeux clos. Je pose ma main sur sa joue. Nous n'avons pas assez bien cherché.

TOUS LES JOURS

Grand-mère ne demande jamais comment je vais. Ça m'a toujours bien plu. C'est elle qui l'exprime : « Tu as faim, dit-elle. Tu es fatigué. »

Aujourd'hui, je repars. Grand-mère dit : « Tu n'es pas content. »

Cette remarque m'a surpris, car ce n'était pas vrai. J'étais affamé quand elle m'avait vu affamé, et j'avais froid quand elle m'avait apporté un pullover. Mais aujourd'hui, je ne suis pas mécontent. Tendu peut-être. Triste. Je suis assis en face d'elle, nouvel adieu. Elle attrape sa cuiller pour mélanger son café, mais il n'y a pas de cuiller. Ses mouvements sont impétueux et ralentis comme ceux d'un enfant en plein apprentissage.

Je ne suis pas mécontent.

Elle boit son café, assise sur le canapé habillé d'une couverture rose. Cette couverture n'est pas belle, elle est vieille. Les mains posées sur ses genoux sont vieilles. Je ne suis pas mécontent.

Elle ne boit vraiment pas beaucoup, cela ne me plaît pas. Je lui propose tout le temps de l'eau. Parfois, j'oublie qu'elle a déjà un verre et je lui en apporte un deuxième. Tu as soif, Grand-mère, tu es fatiguée.

La voisine l'enferme à clé quand elle s'en va, ça me contrarie. Mais je trouve aussi qu'elle a raison tant qu'on ne trouve pas d'autre solution. Nous n'avons toujours pas, au niveau de la famille, trouvé de solution, et ça m'énerve. Son menton sur sa poitrine.

Grand-mère relève la tête. « Ne sois pas mécontent ! Tout va s'arranger, ici et là. » En disant « ici », elle pose le plat de sa main sur sa poitrine. Pour « là », elle me tapote le front de l'index.

Qu'elle ne le dise pas elle-même, cela me perturbe. Que je sois obligé de penser tout cela à sa place. Dans la réalité, elle reste assise là, immobile, comme si cette unique gorgée de café lui avait coûté un grand effort.

Je ne suis pas mécontent. Rien ne doit se plier à ma volonté. Je n'ai pas le droit de faire que Grand-mère soit plus jeune ou en meilleure santé. Aucun récit ne saurait contrebalancer son menton sur sa poitrine.

Elle boit un peu d'eau. « On va faire un tour ?

– Il faut que j'y aille, je réponds.

– Sornettes, aujourd'hui, personne n'est obligé d'aller nulle part.

– Quel jour sommes-nous ?

– Tous les jours. »

GARDE-TOI DE CELUI QUI VEUT
QUE TU TE SOUVIENNES

Mon oncle poste une photo sur le groupe de discussion familial : Grand-mère, menton sur la poitrine, recroquevillée sur un lit. Derrière elle, un mur turquoise. Les draps couleur purée vert-jaune. Le bras cassé couleur prunes mûres. Grand-mère sur un lit qui n'est pas le sien.

Mon oncle écrit : *Elle ne va pas bien.*

Elle ne va pas bien.

Ce ne sont pas ses draps.

J'écris : *Elle sait où elle est ?*

Mon oncle ne répond pas.

Nous sommes le 23 juin 2018. Mon oncle a conduit Grand-mère à la maison de retraite de Rogatica. Il y a quelques jours, chez elle, elle était montée sur la cuisinière, elle voulait décrocher les rideaux pour les laver, elle est tombée. Rada l'a trouvée par terre, gémissante, et l'a amenée à l'hôpital. Le bras a été plâtré. Une fois de retour chez elle, Grand-mère a mis le plâtre en pièces avec un couteau de cuisine.

Rogatica est une petite bourgade entourée de montagnes. Un beau paysage de montagnes. Qui décide de ce qui est beau ? De sa fenêtre, Grand-mère peut voir l'hôpital. Rogatica est encore plus sinistre que Višegrad. Qui décide de ce qui est sinistre ? Pendant les années de guerre, une ferme située aux confins de la ville est devenue un camp de concentration pour la population non-serbe. Le 15 août 1992, l'unité de Dragoje Paunović Špiro a amené sur le front vingt-sept détenus en guise de boucliers humains. Ils ont survécu à la bataille puis ont été tués par balles par les hommes de Špiro. Armin Baždar avait quinze ans, il a survécu avec deux balles dans le bras.

Le 12 juillet 2018, je vais pour la première fois rendre visite à Grand-mère. Elle est dans sa chambre, couchée en chien de fusil, des pantoufles aux pieds. Sa main dépasse le bord du lit, ses lunettes tenues du bout des doigts. Je les prends pour éviter qu'elles tombent par terre. Grand-mère ne bouge pas.

Sur l'autre lit, une femme toute petite, toute vieille, vêtue de noir, mange une poire. Une valise décatie attend entre ses genoux. Il fait très chaud. Dans la chambre, l'air sent le plastique et la poire. Je veux ouvrir la fenêtre mais il n'y a pas de poignée. Je demande pourquoi à une des infirmières. Je connais la réponse. Je veux qu'elle l'exprime. La poignée a été ôtée pour que les femmes n'ouvrent pas, ne sautent pas par la fenêtre. Elle ne dit pas *sautent*, elle dit *tombent*. Elle m'apporte la poignée, j'ouvre la fenêtre et je reste debout devant.

Grand-mère est allongée, elle n'a pas bougé.

Sa voisine de chambre se traîne dehors avec sa valise et sa moitié de poire. Une infirmière la ramène sans la poire. La vieille l'insulte d'un ton las. Grand-mère ne bouge pas. L'infirmière verse du jus d'orange dans deux gobelets en plastique. La vieille vide le sien et s'assied sur le lit, sa valise entre les jambes. Je prends celui de ma grand-mère. L'infirmière me dit qu'elle s'appelle Ana. Je ne peux même pas faire semblant de m'intéresser à son prénom. Elle s'éclipse.

Une mouche décrit des boucles autour de la tête de Grand-mère, comme pour murmurer à son oreille. Une boucle d'oreille dans son lobe, toute simple, ronde. Des petits poils dans l'oreille, d'autres sur la lèvre supérieure. Des taches de naissance, des taches de vieillesse, je ne supporte pas. Je la prends par l'épaule, l'appelle : « Grand-mère ? » Elle ouvre les yeux, ils sont vitreux.

En Allemagne, nombreuses sont les personnes âgées qui finissent leurs jours dans ce genre de lieux – dit-on ainsi, *finir ses jours* ? On se met de bonne heure d'accord avec la famille, on décide avec des amis d'entrer ensemble en maison de retraite quand il ne sera plus possible de rester seul. Qui livre les repas ? Quelle vue a-t-on ? Est-ce qu'ils ont *Les Colons de Catane* ? Ce genre de questions.

En Bosnie, les établissements pour seniors sont rares. Grand-mère aurait préféré tomber jour après jour de sa cuisinière que d'entrer de son plein gré en maison de retraite. Une famille, du moins digne de ce nom, s'occupe à la maison de ses anciens.

« Grand-mère ? » Je lui tends ses lunettes, elle les met, son regard – sérieux, presque fâché – explore mon visage.

J'ai lu des articles. On ne devrait pas poser trop de questions à des gens atteints de démence. Je ne lui demande donc pas si elle sait qui je suis. Elle ne sourit pas, et cela aussi doit suffire.

Elle veut se lever, je la prends par le coude, elle grimace. C'est son bras cassé, je m'excuse. Elle se met debout. Avance à petits pas. S'arrête près de l'armoire, s'adosse. Les petits pas. Je n'ai encore jamais vu Grand-mère si faible.

« On va être en retard. »

Aucune question.

« J'ai attendu toute la journée.

– Désolé.

– La cérémonie des obsèques est depuis longtemps commencée. Je voulais pourtant la revoir, maintenant elle est sans doute déjà sous terre.

– Qui est mort ? je lui demande.

– Eh bien… cette femme. Où est ma brosse ? Regarde de quoi j'ai l'air. » Elle se tiraille les cheveux, qu'elle a rares, la peau blanche de son crâne transparaît. Elle ouvre l'armoire, voilà sa brosse.

Je n'ai entendu parler d'aucun enterrement. Je ne sais même pas en quelle année Grand-mère se trouve en ce moment. Je ne sais pas ce qu'elle pense de l'endroit où sont ces murs qui l'entourent, ce que signifie pour elle la couleur turquoise. Mon oncle lui a expliqué qu'elle doit passer un certain temps en rééducation à cause de son bras. Dans un hôtel. Si ça se trouve, elle a décelé son mensonge depuis belle lurette.

Elle se brosse les cheveux grossièrement. « Quelle heure est-il ? Peut-être qu'on arrivera à temps pour le repas funèbre ? »

Sur la terrasse, les vieux sont assis au soleil. Un homme en fauteuil roulant n'a plus de jambes. Un autre se berce dans un fauteuil à bascule mais n'aime pas du tout le balancement et ronchonne. Une dame chauve et édentée dit que son infusion a un goût de jus d'orange.

J'aide Grand-mère à s'installer dans un fauteuil.

329

« Qu'est-ce que ça veut dire ? Pourquoi on ne continue pas ?

– Grand-mère, j'ai oublié où ont lieu les obsèques.

– Eh bien, là.

– Où ?

– Je ne peux pas y aller comme ça. J'ai besoin de ma montre. De mes chaussures. » Elle ôte ses pantoufles.

« Grand-mère, je t'en prie, c'est l'enterrement de qui ?

– De la femme que l'on enterre. »

Peut-être qu'elle parle d'elle-même.

Elle me pousse, veut continuer. Je lui remets ses pantoufles. Elle cherche la sortie. On ne la voit pas, elle est derrière une haie de roses luxuriantes. Je la mène plus avant dans les profondeurs du jardin. La maison de retraite est un édifice plein de politesse. Une façade turquoise, tout comme les chaises, les fleurs. La personne qui décide ici aime le turquoise.

Dans le jardin, un type qui porte sa combinaison sans T-shirt dessous tond le gazon. La fenêtre de la salle commune est ouverte, la télé marche si fort qu'une horrible musique folk couvre le bruit de la tondeuse. Un vieil homme nous dépasse et lâche un pet particulièrement sonore.

L'enfer, je me dis. Voici l'enfer.

Grand-mère titube, est obligée de s'asseoir. La tondeuse à gazon s'est tue et quelqu'un a éteint la télé. On n'entend plus que les grillons quand Grand-mère dit : « J'aurais tant aimé parler avec la famille, on se voit si rarement. » Sa voix est pleine d'une infinie tristesse.

Le soleil brûle.

Il n'y a pas d'enterrement auquel Grand-mère pourrait assister. Il n'y a sans doute aucun lieu où elle pourrait maintenant aller et où elle se sentirait en sécurité, heureuse durablement et sans ce regard las.

Je prends sa tête entre mes mains. « Grand-mère, tu ne croiras pas ce qui s'est passé ! » Je la regarde dans les yeux. « Ce matin, on a voulu sortir de la chapelle le cercueil avec la femme dedans, quand un des croque-morts a dit : "Vous entendez ? Il y a quelqu'un qui frappe." On soulève le couvercle, et la voilà, fraîche comme une anguille. Et plutôt furieuse. "Eh dites-moi donc, que faites-vous de moi ?" »

Grand-mère répète : « Que faites-vous de moi ? »

« La voilà ressuscitée, cette femme ! Donc remise sur pied ! Pas morte du tout ! Pour un peu, ils l'enterraient vivante ! »

Je suis sûr à cent pour cent que ce que je fais n'est pas bien. Mais Grand-mère sourit.

« Complètement fou ! je m'écrie.

— Pas morte du tout, murmure Grand-mère.

— Personne ne s'en était rendu compte !

— Ou n'avait voulu s'en rendre compte… » Grand-mère lève l'index pour souligner ses paroles.

« Le médecin n'avait rien dit lui non plus.

— Ça, c'est ce qui m'étonne le moins.

— Oui, je dis.

— C'est fou, ajoute Grand-mère. Dis-moi, pourquoi on reste ici à parler sans café ? Allez, va donc enfin nous en chercher un ! »

Juste à côté il y a un petit troquet, on passe la commande depuis le jardin, par dessus la haie. Quand je suis de retour avec le café, Grand-mère me salue, elle prononce un nom, et c'est le mien. Elle est contente que je sois là. Je suis content d'être là. Ma grand-mère et moi, nous buvons un café au soleil.

« C'est fou », dit-elle doucement. Et elle ajoute : « Je n'aimerais pas mourir comme ça.

    – Comment, Grand-mère ?

    – Juste un petit peu. »

ÉPILOGUE

Retour à Višegrad le soir même. Sans Grand-mère, je suis perdu dans l'appartement. Je suis assis sur son canapé. Dessus, la couverture, rose, propre, vieille. Je bois de l'eau dans le verre ébréché. Partout des photos, des visages : grand-père Pero, papa, mon oncle, maman, moi et aussi mon fils. Je ne sais plus pourquoi je suis ici. Je me couche à huit heures et j'attends le sommeil.

Le matin venu, je retourne à Rogatica. Grand-mère mange bien, boit son thé, parle de sa famille, surtout de Zagorka. Elle se fait un peu de souci pour sa petite sœur qui est partie à l'aube avec la chèvre et n'est toujours pas revenue à l'heure du dîner. Quand le souci devient douloureux et que Grand-mère se met à hausser la voix, me vient une idée à propos de Zagorka.

J'ai apporté un album photo. Nous parcourons la biographie de Grand-mère. Sur la plus ancienne des photos, une jeune femme est assise dans l'herbe avec ses amies, un pique-nique. Sur la plus récente, une vieille femme est assise chez elle sur son canapé. J'ignore les problèmes rencontrés par ma grand-mère au cours de son existence. Ce qu'elle aurait aimé vivre différemment. Maintenant, chaque jour, tout est différent.

Elle s'attarde particulièrement sur une des photos. Il y a elle, il y a son mari, et entre eux deux, moi. Nous sommes dans leur appartement. Derrière nous, les tapisseries brodées, on dirait des icônes. Grand-père arbore sa belle veste. Je porte un sous-pull sans doute tricoté par Grand-mère. Elle effleure du pouce le visage de son mari.

« Et lui, tu te souviens aussi de lui ? » Je pointe l'index sur moi.

« Un petit garçon », dit Grand-mère.

À ma première visite au cimetière d'Oskoruša, je me suis dit que Grand-mère et Gavrilo m'y avaient amené pour susciter mon enthousiasme pour les histoires qu'il recelait, pour mes ancêtres, pour mes origines. Je devais boire l'eau tirée du puits de mon arrière-grand-père et m'étais senti poussé à me reconnaître comme un des leurs.

Je m'étais trompé. Ils n'avaient rien attendu de moi. Ils voulaient se confier l'un à l'autre. Poussés eux-mêmes par l'élan et le plaisir de partager le poids de l'appartenance à une même branche familiale. S'y mêlait une sorte de fierté envers tout ce qui avait été accompli, tout cet héritage, peu importait qu'il dépérît sous leurs yeux. Rien de tout cela n'était mien et ne devait le devenir. Seul le hasard me rendait témoin de leur inventaire commun, pour une fois je n'étais pas arrivé trop tard dans les affaires familiales.

Ils avaient continué. Ils n'étaient pas seuls, mais savaient qu'ils le seraient bientôt. Sauf si la mort leur réservait une dernière surprise en la matière.

Sillons dans les champs. Barrières. La croix dans la bouteille d'eau-de-vie. La polenta pour les beaux-parents. Le Vijarac. Gavrilo et Grand-mère – et désormais Sretoje – parlaient de tout cela, ils le faisaient aussi pour faire œuvre de mémoire. Ils intercédaient pour leurs morts à travers une bonne histoire. Le goût de l'eau du puits jaillit de la langue. La langue va continuer à couler. Un individu survivra, pour raconter. Pour dire : ma vie est incompréhensible.

Gavrilo a les genoux esquintés. Sretoje, c'est le dos. D'avoir grimpé à travers les décennies, creusé et déplacé les montagnes, ce sont des gestes, tu peux les accomplir correctement toute une vie, toujours en pliant les genoux, un beau jour, tu prendras tout de même des antalgiques.

Au bout de trois jour à Rogatica, il faut à nouveau dire au revoir à Grand-mère. Je m'envole vers l'Allemagne dans quelques heures. Nous regardons l'album photo. Jouons aux dominos. À nouveau l'album photo. Nous mangeons du riz avec un accompagnement quelconque. Quand Grand-mère ouvre pour la troisième fois l'album photo, je la serre dans mes bras et je me lève. Autour de nous papillonnent les autres vieillards. Elle feuillette son passé. Montre une photo et demande : « C'est moi, là ? »

Je la laisse seule avec cette question. Nous reprendrons bientôt nos récits, Grand-mère.

Dans la salle d'attente de l'aéroport, une fillette crapahute près d'un vieil homme, il lui lit un livre. Au début, je n'arrive pas à suivre l'histoire, puis j'y parviens, elle finit bien, mais j'aimerais une autre fin. Voyager, beaucoup de lumière, les annonces. L'univers sans saisons des salles d'attente d'aéroports.

Je n'embarque pas. Je fais un scandale à cause de la valise qui était déjà dans la soute. Je loue une voiture, dois attendre des heures qu'une voiture soit disponible. Je ne peux me mettre en route que le soir venu. Je retourne à Rogatica.

J'y arrive une heure avant minuit. Devant la maison de retraite, un homme taille la haie de roses à la lueur d'une lampe-tempête. Je gare la voiture en face de la porte. De là où je suis, on dirait que des branches sortent du dos du jardinier. On croirait qu'il fait partie du massif. Il a une grande cisaille, il fait des efforts pour la manipuler.

Je franchis le portillon et j'entre dans le jardin. La haie déborde sur le chemin. Le jardinier me jauge d'un seul œil – un bandeau masque l'autre. Il est grand, bossu. M'éclaire de sa lampe. Je me faufile à travers la haie, les épines agrippent le tissu de ma veste. Quelque chose, un animal, échappe au cône de lumière, le bossu lance un juron. Et me voilà de l'autre côté.

Je dis : « Merci pour la lumière. »

Il doit me connaître, car il demande si j'ai oublié quelque chose. Son crâne chauve est ceint d'une couronne de feuillage. Sa voix est rauque, je cherche une image – et voilà qu'il coupe une branche épineuse juste à côté de mon oreille. Je me fais tout petit sous les lames et fonce vers le bâtiment.

Je lui crie : « Oui, j'ai oublié de souhaiter une bonne nuit à ma grand-mère. »

LE NID
DU DRAGON

AVERTISSEMENT

Ne lis pas ce livre en suivant l'ordre des pages ! C'est toi qui décides de la manière dont l'histoire doit se poursuivre, tu crées ta propre aventure.

Tu es le fils d'un économiste et d'une politologue spécialisée en études marxistes. Petit-fils d'une marraine de la mafia et d'un grand-père décédé trop tôt qui était… – au fait, qu'était-il donc ? Arrière-petit-fils d'un couple de paysans et d'une chanteuse et d'un flotteur. Tu es moi.

Tu es retourné à la maison de retraite pour souhaiter bonne nuit à ta grand-mère. Mais peut-être y es-tu en fait retourné pour que Grand-mère ne plonge pas dans le sommeil.

Les Slaves aiment les dangers. Nombreux sont ceux qui les guettent ! Tes décisions peuvent te mener au succès, quel qu'il soit. Ou à ta perte.

Bonne chance.

TU ENTRES DANS LA MAISON DE RETRAITE, les néons t'adressent des clins d'œil. Sur les murs du couloir : des tableaux. Les pensionnaires ont fait de la peinture. Crayons, peinture à l'eau.

Une maison avec un jardin.

Un champ de trèfle sur fond de montagnes.

Une Mercedes.

Un visage ridé.

Tu ouvres doucement la porte de la chambre de ta grand-mère. Elle est assise sur son lit, la lumière du couloir dessine sa silhouette.

« C'est toi, Pero ? » dit-elle sans se retourner.

Est-ce que tu réponds par un mensonge ? : « Oui, c'est moi. » Alors continue page 397

Dis-tu la vérité ? – « C'est moi, Grand-mère, c'est Saša », continue page 343

TU NE TIENS PAS COMPTE DE TOUT ce que tu sais du chant des sirènes, tu laisses de côté ce que t'ont appris les jeux de rôle où des créatures des bois charment des promeneurs pour les faire tomber dans des pièges, non, tu ne te laisses pas abuser, mais à peine as-tu fait quelques pas en direction de l'eau, et une douzaine de beautés vêtues de feuilles bruissent autour de toi, quand l'une d'elle t'effleure l'air de rien tu sens sur ta langue un goût de miel ou de fraise ou de steak, selon ce que tu préfères. Ta soif augmente – tu te précipites vers la source, tandis que les femmes des bois te taquinent de leurs chants :

> *Un homme, s'il se doutait*
> *de ce que veut dire boire à plat ventre,*
> *jamais ne se mettrait à plat ventre pour boire*
> *de l'eau*

Ta gorge, poussière. Boire à tout prix ! L'une des vilas puise un peu d'eau qu'elle te tend dans le creux de sa main.

Tu acceptes sa proposition et tu bois. Rendez-vous page 399

Tu bois directement à la source, à plat ventre dans la prairie. Rendez-vous page 395

GRAND-MÈRE DIT D'UNE VOIX ÉTEINTE qu'elle est contente que tu sois venu. Tu t'assieds à côté d'elle. Grand-mère te prend la main.

« Tu arrives trop tard.

– Maintenant, je suis là.

– Si mon Pero avait su que tu allais venir, il t'aurait emmené. Il ne serait pas parti là-haut tout seul.

– Il est sur le mont Vijarac, je sais.

– Tout seul ! Parti depuis bien trop longtemps déjà. » Grand-mère se tourne vers toi. « Dis, où est-il, où est mon Pero ? »

Tu dis que Grand-père est mort depuis longtemps. Poursuis ta lecture page 397

Tu dis que tu ne sais pas exactement, mais que tu ne connais personne qui reste longtemps de son plein gré chez les dragons. Poursuis ta lecture page 369

GAVRILO PASSE PEU AVANT LE LEVER DU JOUR. Accompagné par Sretoje et par un homme que tu ne connais pas. Leurs vêtements ont des taches noires, on dirait de la suie. Tu es assis au chevet de ta grand-mère endormie. Marija s'est retirée.

Gavrilo fait un signe de tête en vous voyant. Sretoje te donne une chaleureuse bourrade. Accolade, vous vous embrassez. L'inconnu serre son bras gauche contre son corps, sur le dos de sa main des traces de sang séché.

Gavrilo s'assied auprès de Grand-mère et demande ce qui se passe. Ses yeux brillent, son regard s'arrête sur le visage de Grand-mère. « Nous pouvons vous aider », dit-il comme en réponse à une question que tu aurais posée.

Vous recherchez ton grand-père, dis-tu. Pour Grand-mère, il est vivant. Elle s'imagine être à l'époque où il avait fait une excursion dans le coin.

« Vers les roches de feu, précise Gavrilo.

– Tu es au courant ?

– J'ai deviné.

– Au plus tard au moment de son réveil, elle ne se souviendra plus de tout ça et je vais la ramener. Au fait, pour expliquer l'absence de Grand-père et rendre l'expédition plus palpitante, j'ai raconté qu'il y avait un lien entre sa disparition et les dragons. »

Au mot « dragon » les trois hommes se tournent vers toi. Souhaitent-ils que tu en dises plus ? Que pourrait-on ajouter ? Que bien sûr tu ne crois pas à l'existence des dragons. Ils existent aussi peu que ton grand-père. Ou tout autant.

Les hommes se lèvent. Leurs bottes grincent, leur sang bouillonne, leur basse et leur baryton vibrent quand ils tonitruent simultanément : « Mais qui dit que les dragons n'existent pas ? »

Gravilo complète : « Plutôt stupide, ton plan, si tu veux mon avis. »

Sur quoi Grand-mère, qui a les yeux fermés, s'écrie : « Au fait : quand est-ce que ça continue ? »

Ça continue page 387

LES DRAGONS PEUPLENT LA TERRE DEPUIS CINQ MILLE ANS. L'origine des dragons locaux, on la trouve dans les contrées peuplées de légendes du Caucase et de Mésopotamie. Sans les migrations des derniers millénaires il n'y aurait pas de dragons aux environs d'Oskoruša. Or voici – une fois que tu as garé la voiture de location et que tu en es descendu avec Grand-mère – que vous entendez dans les nuages au-dessus de vous un fort battement d'ailes.

« C'était quoi ? demande Grand-mère.

– Venant de la montagne le murmure des bois, dis-tu.

Grand-mère baille. Voilà que tu frissonnes jusqu'au fond de ton cœur.

Tu poses ta veste sur les épaules de Grand-mère. À l'intérieur de la voiture la lumière s'éteint, et le monde avec elle.

Appli lampe de poche allumée / éteinte, à travers la forêt page 360

GRAND-MÈRE QUITTE SA CHAMBRE ET SE MET À BAVARDER : « Pero et moi, récemment, nous étions dans un hôtel comme celui-ci. Mais en bien plus beau. Au bord de la mer. À Kotor. Avec Asim et Hanifa. Se baigner, flâner, se balader. Voilà. »

Elle décide de prendre l'escalier, tu la soutiens. « Si tu croises Hanifa et Asim, dis-leur que je serais contente qu'ils viennent me voir. »

Grand-mère entreprend de raconter un vol dans l'hôtel. À ce moment-là, la lumière s'éteint. Se rallume aussitôt. Pendant cette seconde d'obscurité, Grand-mère s'interrompt.

Tu demandes ce qui a été dérobé et à qui. Grand-mère te regarde d'un air agacé et continue à avancer.

Hanifa et Asim ont fui Višegrad pendant la guerre et n'y sont jamais revenus. Ils ne sont plus en vie depuis quelques années. Il n'est pas nécessaire de le rappeler.

« Un voyage par été », dit Grand-mère en traversant le couloir aux tableaux. « Pas nécessairement pour aller dans de beaux endroits, ah non. Souvent on s'ennuie vraiment. Mais nous sommes ensemble. Ça suffit. » Elle s'arrête devant le champ de trèfle. Elle sait, dit-elle, où c'est. « Je veux, ajoute-t-elle, partir d'ici, tu m'entends ? Avec Pero. Je ne me fais pas d'illusions.

Pas tout de suite. Dès que je serai guérie. » Du dehors, on entend la cisaille tailler la haie de roses dans un bruit suraigu. Le bossu va-t-il seulement te laisser partir avec Grand-mère ?

Tu tentes le coup et tu fais sortir Grand-mère par l'entrée principale du bâtiment. Rendez-vous page 368

Tu cherches une autre sortie ? Rendez-vous page 351

CHEZ GAVRILO, LA LUMIÈRE EST ALLUMÉE. Vous lorgnez par la fenêtre. Grand-mère murmure le nom de la femme occupée à mettre la table dans la pièce : « Marija ». Parce qu'elle reconnaît la femme de Gavrilo, il t'est plus facile de frapper.

La maîtresse de maison ouvre la porte sans demander qui est là. Elle sourit et embrasse d'abord Grand-mère, puis toi. « Entrez, vous deux, bienvenue ! » Comme si de rien n'était. Comme si l'heure n'était pas avancée, comme si presque une décennie ne s'était pas écoulée depuis votre dernière rencontre.

Elle vous demande si vous avez soif, faim. Va chercher, car vous avez acquiescé dans les deux cas, de l'eau, de la bière, du pain, vous invite à prendre place à la table. « J'ai cru que les hommes étaient de retour des roches de feu », dit-elle, et elle coupe de larges tranches de pain.

Vous mangez.

Les photos des criminels de guerre ont disparu.

Grand-mère trempe son pain dans l'eau.

Tu voudrais savoir ce que les hommes font sur les roches de feu.

« Ils se querellent avec les vilas. » Marija te toise, tu souris d'un air gêné. « Ils brûlent les ordures, dit-elle alors. En haut, c'est plus sûr. Rien que de la roche, la forêt est loin. Et ils ne nous emplissent pas les poumons d'odeurs nauséabondes. » Elle se tourne vers saint Georges avec son dragon. Ou vers le dragon avec saint Georges. Tous deux, imperturbables, lui rendent son regard.

Grand-mère repose les couverts et baille.

Marija lui demande comment elle va. Elle ne demande pas ce qui vous conduit à Oskoruša. Grand-mère avoue être fatiguée. Aimerait bien se reposer un peu.

Elle s'étend sur le canapé, pose sa main sur ses yeux. Marija la couvre.

Tu souhaites une bonne nuit à ta grand-mère.

Rendez-vous page 344

TU LA CONDUIS DANS LA SALLE COMMUNE, en face de l'entrée. Quelques tables, quelques chaises, deux fauteuils au cuir ridé et dans chaque coin, un ficus maussade. On vient de jouer aux *petits chevaux.* C'est le rouge qui a gagné, les autres couleurs n'ont pas joué.

Grand-mère tourne le dé entre ses doigts. « Nos jouets, nous nous les fabriquions nous-mêmes. Notre père aimait ça : tailler le bois et bricoler. Ma petite sœur, elle a beaucoup joué avec moi. »

Tu cherches à repérer la sortie de derrière, mais toutes les portes conduisent à des chambres, une à la cantine. Les ficus lorgnent dans ta direction. La télé fait de même. Le menu et le calendrier aussi.

Une volière vide est accrochée à un pilier. Tu ne sais pas si c'est censé être de l'art, ou l'oiseau va-t-il revenir ?

« Y a-t-il moyen de sortir d'ici, Grand-mère ? »

Elle te tend le dé. Il reste deux portes.

Tu lances le dé.

Le dé tombe sur un nombre impair : tu ouvres la porte située côté nord. Rendez-vous page 356

Le dé tombe sur un nombre pair : tu ouvres la porte située côté est. Rendez-vous page 363

TU ATTENDS.

Le jardinier ricane.

Grand-mère dit : « Quand j'étais petite, je pleurais souvent la nuit. Quand un enfant pleure souvent la nuit, on croit que des sorcières dévorent ce qu'il a dans le ventre. Ma Zagorka, elle chassait le noir qui m'entourait et me consolait. Je l'appelais sœurette et pourtant, c'était l'aînée. Elle est morte dans mon lit. Au début, c'est elle qui s'occupait de moi, je l'ai fait à la fin. C'est comme ça que ça doit se passer.

Ma sœurette, elle m'a enseigné pas mal de choses », dit Grand-mère en levant le bras, et aussitôt, une intense clarté autour de vous.

Rendez-vous page 355

ÇA A ÉTÉ PLUS FACILE QUE PRÉVU. Vous êtes dans la rue. Tu aides Grand-mère à monter en voiture.

Elle veut savoir si tu peux mettre de la musique.

Possible.

« Alors, je préfère pas », dit Grand-mère en fermant les yeux. Un moment plus tard, elle dort.

Tu soupires.

Tu mens à ta grand-mère. Tu lui mens dans la mesure où tu l'entretiens dans l'illusion que son mari est vivant. Tu maintiens une illusion pour lui épargner, dans sa démence, l'intangible vérité de sa mort. Sinon, la vérité qu'il faudrait jour après jour à nouveau lui apporter le ferait jour après jour mourir à nouveau.

À son réveil, elle ne saura sans doute plus où vous vous rendiez. Alors, que faire ?

Tu attends le réveil de Grand-mère et la ramènes à la maison de retraite. Poursuis ta lecture p. 364.

Le feu de signalisation passe au vert. En route pour Oskoruša. Tu démarres et poursuis ta lecture p. 346

EN RÉACTION À TES PAROLES, LE DÉMON LÈVE LA LAMPE POUR ÉCLAIRER SON VISAGE. Ses ongles sont des épines, sa pupille une rose rouge. Sous sa paupière quelque chose rampe. Il a un rictus et s'incline aussi profond qu'un bateleur de foire. Et la haie – il y a du vent – s'incline elle aussi. Ils restent tous deux penchés. Vous le dépassez en courbant l'échine et traversez la haie. La créature répand une odeur particulièrement douce, comme si elle avait trop forcé sur l'aftershave ou mangé trop de chocolat.

Sauve qui peut, rendez-vous page 353

LA LUMIÈRE CRUE devient douleur qui bat derrière tes paupières. Des taches rouges palpitent. Le monde ne retrouve que peu à peu ses contours. Grand-mère, dos droit, raide comme un soldat, est debout devant la voiture de location. Vous êtes sur la chaussée.

Dans ton dos un hurlement.

« Allez ! », c'est peut-être toi qui as crié. Un mouvement que tu perçois du coin de l'œil, tu bondis dans le véhicule, ouvres la portière pour Grand-mère, elle monte, cela prend du temps, le bruit, métal contre métal, peinture éraflée, aucune importance, assurance tout risque, en route.

Poursuis ta lecture p. 346

DERRIÈRE LA PORTE UNE AUTRE CHAMBRE. Une veilleuse éclaire chichement. Trois corps sur trois lits. On peut ouvrir la fenêtre. On est à environ un mètre cinquante du sol. Pour atteindre la rue, vous n'auriez pas besoin de passer devant le jardinier, ni de traverser la haie épineuse.

Tu mets une chaise devant la fenêtre pour que Grand-mère parvienne plus facilement à monter. Tu es un peu mal à l'aise à l'idée qu'elle va devoir sauter dehors.

Grand-mère se penche sur une des femmes endormies. « C'est moi ?

– Grand-mère ?

– Vous êtes dispersés à travers le monde. Bon, je comprends. Je comprends vos raisons. Vous téléphonez et demandez comment je vais. Vous passez me voir, prenez un café, me faites manger. Vous dites que ma brosse à dents est usée. Vous dites que j'ai un appartement. Ici, ce n'est pas chez moi. Ce n'est pas mon mur. Comment voulez-vous que j'aille bien entre des murs qui ne sont pas les miens ? Dis-moi. Ici, ce n'est pas un hôtel, je ne suis pas en cure. En fait, on ne me laisse pas partir. On me mène en bateau. C'est tout ce qu'on fait avec moi : me donner à manger, me mentir, me mener en bateau. »

Grand-mère pose sa main sur le front de la femme endormie. Lui caresse les cheveux.

Le personnel soignant raconte qu'elle tourne par moments en rond comme un petit enfant et qu'elle chatouille les autres pensionnaires. Certains aiment, d'autres non.

Tu ne sais que répondre. Tu voudrais dire tout simplement que maintenant, tu es là pour elle. Mais même cela n'est pas tout à fait exact. Donc : continuons. Continuons encore, et peut-être même en disant une chose qui correspond à la vérité : ici, ce n'est pas un hôtel.

Tu essaies de convaincre Grand-mère de s'enfuir par la fenêtre – « Eh bien, on se barre, on part d'ici ! »
Rendez-vous p. 353

C'est bien trop risqué. Tu préfères tout de même essayer par l'autre porte de la salle commune.
Rendez-vous p. 363

TU HABILLES GRAND-MÈRE. Elle a la chair de poule. Tu lui enfiles ses chaussettes et les remontes jusqu'au genou. Sa peau est rêche et flasque. Une blouse. Un pullover, un pantalon de lainage. Tu essayes de faire entrer son pied dans une bottine bien trop petite.

« Ce ne sont pas mes chaussures. »

Il y a une autre paire dans l'armoire, des chaussures basses, ainsi qu'une paire de tennis d'un bleu turquoise éclatant. Tu choisis les tennis.

Alors que tu es ainsi à genoux à ses pieds, elle demande de quoi on a besoin. Contre les dragons.

« D'armes. De préférence magiques. »

Les tennis sont à sa taille.

« J'espère que nous n'aurons pas besoin de nous battre. Nous allons retrouver Pero et nous le ramènerons. »

Dans l'armoire se trouve tout ce que ta grand-mère possède. Quelques vêtements. Sa brosse à cheveux. Un peigne pour tenir sa coiffure. Une pince à ongles. Une bouteille en plastique vide. Sa montre-bracelet. Les couches. Une tablette de chocolat à moitié mangée, mal cachée sous l'album plein de photos de famille.

C'est sa vie. Tu devrais prendre le temps d'annoter les photos, de marquer dates et noms.

Vous sortez page 347

CE CHEMIN FORESTIER EST UN DÉFI, RIEN QUE DE LA GADOUE, DES ORNIÈRES, vous n'avancez que lentement. Grand-mère te demande tout de même de ralentir encore. Vous faites une pause sur un tronc renversé. Ton smartphone est chargé à 33 %. Parfois il y a du réseau, parfois non.

Au bout d'une heure vous atteignez la première maison. Grand-mère s'arrête et la regarde de près. Une porte bleue ouvrant sur une ruine. Un poteau électrique sort d'un toit plein de trous, la maison est accrochée à des fils comme une marionnette.

« Regarde comme tout est sombre quand les lampes sont éteintes, dit Grand-mère. À l'intérieur, entre les murs de pierre, l'obscurité est humide. Mais la famille est autour de toi. Tu les entends respirer. Le père, la mère, aveugle très tôt. La sœurette, ma Zagorka. Au fond, je pourrais m'allonger près d'eux. Sentir leur haleine douce amère, voilà. »

Grand-mère semble s'imaginer qu'elle est à Staniševac, le village de son enfance. « Est-ce qu'on la réveille, la sœurette ? demande-t-elle.

– C'est votre maison ?

– Oui. Grand-mère réfléchit. Attends. Non. La nôtre… la nôtre a deux étages. Et le toit est entier. Nous mangeons en bas et nous y passons notre temps. Et dormons en haut. Neuf enfants et six adultes, les familles de deux frères.

Bizarre. Je ne sais pas ce que j'ai à faire demain. Pourtant, chacun connaît le soir sa tâche du lendemain. Toi, tu vas là. Toi, là. Il y en a un qui gardera les vaches. Un autre les moutons. Nous avons cent sept moutons. Il y en a deux qui pétriront le pain et prépareront les repas. Un restera près de la maison et s'occupera des poules et de nettoyer. Ceci et cela. En ce moment, en été, il y a de l'ouvrage aux champs. La question de savoir ce que tu aimes faire ne se pose pas. Il faut que tu saches faire ce que tu dois faire. Il n'y a pas longtemps, j'ai reprisé des chaussettes pendant toute la journée. » Grand-mère se tourne vers la porte bleue. « C'est pas Staniševac, hein ? »

Tu évites son regard. « Non.

– Je sais où on est. » Grand-mère te pince la joue. « Si nous avions des chevaux, ça irait mieux. » Grand-mère se met en route.

« Maintenant, on fait quoi ?

– Des chevaux y voient plus clair que toi, petit âne. En plus, je connais le chemin. » Elle montre les montagnes, derrière toi. Le sommet du Vijarac s'élance vers le ciel et ses nuages, des feux y brillent çà et là. Nombreux, très nombreux. Vacillent et meurent. S'épanouissent à nouveau. Langues de feu, méandres. S'éteignent. Éclairs simultanés en différents endroits. Comme si quelqu'un peignait avec des flammes sur l'écran de la nuit. Quelqu'un ou quelque chose.

« Les dragons. » Tu chuchotes.

Grand-mère rit et passe son bras sous le tien. « Ce ne sont pas des papillons, mon ânon. »

Nous sommes le 29 octobre 2018. J'ai écrit : « Ce ne sont pas des papillons, mon ânon. » Mon téléphone a sonné. Ma grand-mère est morte à Rogatica à l'âge de quatre-vingt-sept ans.

La ferme de Sretoje se trouve sur la colline située à l'est, page 367

Ou plutôt chez Gavrilo, on dirait qu'il y a encore de la lumière dans la maison. Rendez-vous page 349

L'INFIRMIÈRE SURSAUTE ET BONDIT DE SA CHAISE DE BUREAU. Elle demande de quoi il retourne et tiraille sa blouse, les joues rougies par le sommeil. Sans te laisser le temps de répondre, Grand-mère s'est écriée : « Nous allons chasser les dragons à Oskoruša, ma chère Ana. »

Tu hoches la tête, faisant comme si Grand-mère n'avait plus toute sa tête, tu bredouilles qu'il s'agit d'une petite excursion.

Cela suffit à l'infirmière. Les résidents n'ont pas le droit de sortir sans s'être fait enregistrer, et de toute façon pas au beau milieu de la nuit. Tout en parlant, elle prend Grand-mère par le bras et la mène vers l'escalier. Plaisante avec elle, Grand-mère glousse.

Une fois dans la chambre, elle l'aide à se déshabiller. Tu espères que Grand-mère va se défendre. Elle baille. L'infirmière vous laisse seuls, non sans t'avoir gratifié d'un dernier regard lourd de reproches. Elle va jusqu'à éteindre la lumière de la chambre.

« Grand-mère ? Tout va bien ? »

Ce sont les paroles que tu lances dans la pénombre et vous voilà page 398

DE BON MATIN À ROGATICA, tu te réveilles. Grand-mère n'est pas là. Elle s'était endormie sur le siège du passager, tu n'as pas voulu la réveiller et t'es sans doute toi aussi assoupi dans la voiture en stationnement. Tu ne la trouves nulle part, même pas devant la maison de retraite. La haie de roses ressemble à une haie de roses. Jolie, pour peu qu'on trouve ça joli.

Les vieux sont parqués sur la terrasse avec leurs gobelets en plastique fumants. Dans le couloir, une infirmière vient à ta rencontre. Oui, Kristina est là, elle regarde la télé.

Grand-mère est assise sur un canapé en cuir tout taché et se démêle les cheveux avec ses doigts. Au-dessus d'elle, la télé hurle une émission matinale. L'animatrice pose une question à un petit chien. Le petit chien ne répond pas. L'animatrice se tourne vers son maître. Il dirige une école pour chiens nerveux.

Tu t'assieds en face de Grand-mère. Elle sourit.

Te demande si tu as vu sa brosse.

Tu l'as vue, en effet.

Voudrais-tu bien lui brosser les cheveux ?

Tu sors la brosse de l'armoire de sa chambre, tu brosses les cheveux de ta grand-mère.

Elle dit : « Bonjour, Saša.

– Bonjour, Grand-mère.

– On a prévu quoi aujourd'hui ? » Grand-mère éteint la télé et te regarde.

« Qu'est-ce que tu aimerais faire, Grand-mère ?

– Peut-être aller voir Zagorka ? La dernière fois, tu as réussi à monter jusqu'en haut tout seul. Je n'ai pas eu besoin de te porter du tout. De la vallée jusqu'à la maison. »

Tu réponds : « Ça me plairait bien. » La maison de Zagorka est une ruine, voilà ce que tu penses.

« C'est bientôt le moment de cueillir les prunes », dit Grand-mère.

Tu l'aides à se lever. Vous faites le tour de la maison de retraite. Puis c'est l'heure des jeux de société. On distribue des dominos. Les doigts de ta grand-mère vont trop vite pour les autres vieillards. Elle gagne à chaque fois, ta grand-mère a des doigts habiles. Au déjeuner, on sert de la dinde aux pommes de terres et aux légumes.

FIN

« ET TOI, QUI ES-TU ? »

Tu réponds que tu es le petit-fils.

« Ah bon ! » Le bossu s'appuie sur la cisaille et, sans te voir, regarde la grand-mère. « Kristina, tu ne m'as pas dit que tu avais des petits-enfants. » Grand-mère sent une rose. « C'est ton petit-fils, Kristina ? »

Elle fait non de la tête.

Tu t'approches d'elle, dis que c'est toi, dis ton nom.

Grand-mère t'écarte de la main et rit : « Mon Saša va à l'école. C'est un bon élève, il a toujours la meilleure note. »

Tu parles de Grand-père, tu dis au jardinier que tu pourrais aller chercher tes papiers dans la voiture, le même nom de famille et ainsi de suite.

Grand-mère demande si elle peut cueillir une rose. Le jardinier lui en cueille une. Et fait une grimace comme s'il s'était arraché un cheveu. Il offre la rose à Grand-mère et l'accompagne dans la maison jusqu'à la salle de repos des personnels soignants.

Tu les suis page 363

LA MAISON EST OBSCURE ET SILEN-CIEUSE. Pas comme le chien de Sretoje – Cigo. Au moment où vous vous approchez du terrain, ses aboiements furieux ne vous souhaitent pas la bienvenue. Le chien est plus noir que la nuit. S'arcboute contre le grillage et hurle vers les montagnes. Tu tentes de le calmer. Mais il accorde plus d'importance à sa peur qu'à toi.

Si Sretoje était là, il serait sans doute réveillé depuis longtemps. Tu cognes tout de même plusieurs fois contre la porte. Rien. Tu abaisses la poignée. Fermée.

Nous sommes le 30 octobre 2018. À Hambourg, des bougies sont allumées à la fenêtre, elles invitent au souvenir. Je regarde des photos de ma grand-mère. Sur l'une d'elles, je suis sur ses genoux. J'ai six ans et j'ai quarante ans. Me souvenir d'elle comme d'une femme en pleine santé m'est difficile. Il m'est difficile de garder ma grand-mère en vie ici.

Les chevaux hennissent. Grand-mère entre dans l'écurie. Tu la suis. Déjà, elle traîne une selle sur le sol.

Allons, aide-la donc page 377, pourquoi restes-tu planté là ?

LE JARDINIER VOUS ATTEND. Sa cisaille à l'épaule, il monte la garde devant la haie. Solidement campé sur ses jambes écartées. Tordu. La cisaille semble encore plus grande qu'à ton arrivée, les lames, on dirait des épées. La haie encore plus débordante, les vrilles des tentacules dans le vent.

« Où allez-vous, petits moineaux ? » Sa voix est éraillée. De l'auriculaire, il gratte sous son bandeau, comme pour atteindre sa pupille.

Tu te postes devant Grand-mère et attends sans mot dire ce qui va se passer page 352

Tu dis : « On va faire une petite balade, on sera de retour au plus tard demain soir. » Rendez-vous page 366

Tu en as lu assez au sujet des croyances populaires des Slaves du sud pour savoir qu'il s'agit ici d'un démon dont la vie est liée pour toujours à celle des plantes. Il vit avec elles, avec elles il mourra. Aussi t'écries-tu : « Hors de ma route, créature infernale, sinon je t'ouvre les veines ! » Poursuis ta lecture intrépide page 354

« DES DRAGONS ? SUR LE MONT VIJARAC ? »
Grand-mère serre ta main.

« Des dragons des arbres. Des dragons des cavernes.
Qui changent d'allure. Des monstres à plusieurs têtes.
Des serpents qui écrivent des poèmes. Saint Georges
n'a pas été vraiment au fond des choses.

– Qu'est-ce que tu racontes comme bêtises ?

– Des bêtises ? Bon. Alors, on va tout simplement
attendre ici le retour de Pero. »

Elle se lève d'un bond. Réfléchit. Droite comme un
i, elle réfléchit tout haut, parle si fort que tu crains
qu'elle ne réveille sa voisine de chambre.

« Des dragons », dit-elle au bout d'un moment.
Ensuite, elle ne peut s'empêcher de rire à gorge
déployée dans cette chambre qui sent le renfermé, dans
ce monde qui lutte contre les mites à grand renfort de
lavande.

Elle retrouve son sérieux en demandant : « Des dragons des arbres ?

– Les dragons des arbres récupèrent ce qui brille.

– Alors, nous ne devons pas nous habiller d'or, si
nous craignons d'en croiser un, dit Grand-mère en
ouvrant l'armoire. Allez, aide-moi donc à m'habiller.

– On va où ?

369

– Eh bien, chasser les dragons, mon ânon. Chasser les dragons. »

La chasse débute page 358

IL FAIT JOUR. Grand-mère a disparu, les chiens aussi. Tu descends de voiture et tu appelles. Comme autrefois : *Lance-moi la balle par la fenêtre, Grand-mère. J'ai faim, Grand-mère.* Sa tête apparaissait à la fenêtre, et elle faisait ce que tu demandais, ou ne le faisait pas.

La tête de ta grand-mère apparaît à la fenêtre. Elle dodeline d'un air sceptique.

Tu cries : « Je me faisais du souci. »

Grand-mère réplique : « Et après ? »

Tu montes. Sur la porte est placardé le faire-part de décès. Maman a préparé du café, elle est en train de le mélanger au moment où tu entres. Elle t'embrasse. Ton père, ton oncle et des gâteaux secs attendent les proches et les amis. Une ancienne voisine est justement là avec son fils. Il te connaît, il paraît qu'enfants, vous avez joué ensemble dans l'escalier, dit-il. Tu n'en as aucun souvenir, tu réponds que tu te souviens.

Grand-mère est assise sur son canapé et elle écoute. L'hommage funèbre. On s'est débarrassé de la couverture rose. Nous sommes le 1er novembre 2018. Grand-mère est morte depuis trois jours. Sur la petite table ronde, celle avec une plaque en verre et un napperon au crochet, il y a trois smartphones. Maman sert le café.

Zorica, la voisine du deuxième, te serre dans ses bras, prend un petit gâteau et dit qu'elle a rencontré au marché le pope qui va se charger de la cérémonie au cimetière.

Tu es surpris.

« C'est elle qui l'a souhaité, dit ton oncle.

– D'ailleurs, c'est le plus jeune descendant mâle qui porte la croix jusqu'à la tombe, ajoute ton père. Toi, par conséquent. »

Je réplique que ça doit être une blague. Si tu tenais une croix entre tes mains, la croix, ou bien tes mains, sans doute prendraient-elle feu.

Grand-mère dit : « Ne fais pas l'égoïste.

– Si Grand-père apprend qu'un prêtre orthodoxe batifole sur sa tombe, répliques-tu, il va ressortir de sous la terre et se chargera lui-même de lui casser la figure. »

Zorica rétorque : « Il l'aurait déjà fait quand le pope a béni sa tombe.

– Le pope ? Il a fait quoi ?

– Après coup. Kristina avait demandé cette bénédiction il y a des années de cela.

– C'est pas possible.

– C'est moi qui l'y ai conduit, je le jure sur la tête de ma mère. Kristina était hospitalisée. Il n'a pas pu s'empêcher de commenter l'étoile sur la pierre tombale. En me demandant de dire de sa part à Kristina qu'il fallait l'effacer. Mais là, elle a pas apprécié. »

Deux femmes d'un certain âge et un épais nuage de parfum entrent dans la pièce. Grand-mère lève les yeux au ciel et disparaît dans la chambre. Tu la suis.

« Je trouve ça bizarre, cette histoire de pope, dis-tu. Depuis quand t'intéresses-tu à la religion ?

– C'est rien qu'une mesure de précaution. Au cas où il se passerait tout de même quelque chose de là-bas. Dans le cas contraire, on a juste dépensé un peu d'argent et on a dû subir leurs mélopées. Enfin vous, pas moi. » Grand-mère grimace un sourire.

Dans la pièce voisine, papa raconte comment, un jour où il voulait aider la tante Zagorka à fendre les bûches, il avait essayé et essayé encore sans y parvenir, jusqu'au moment où Zagorka était sortie de la maison, lui avait pris la cognée des mains et avait en moins de deux haché menu la moitié d'une forêt. Grand-mère l'interrompt d'un geste et les histoires se taisent.

Elle ouvre des tiroirs. Arrivée devant la penderie, elle plonge son nez dans ses chemisiers. Son œuvre complète au crochet est présentée dans la vitrine. Nappes, napperons, tentures décoratives, housses de coussins. Combien d'heures y a-t-elle consacré ? Elle passe le doigt sur les motifs, sort quelques pièces et te les tend. Il s'agit sans doute de celles qui sont particulièrement réussies, tu n'y connais rien.

« Je suis triste que nous n'ayons pas trouvé Grand-père.

– Il ne faut pas. » Elle s'assied sur le canapé. Le convertible vert, il est plus vieux que toi. Elle passe la main sur le tissu. Tu sais le mot bosniaque qui le désigne, mais pas le mot allemand. Tu connais exactement la sensation qu'on a en le touchant. Doux comme des poils, mais aussi un peu rugueux.

« J'aurais dû être davantage là pour toi, dis-tu. On aurait tous dû…

« – C'est bon, mon soleil. Nous avons eu notre temps. Parlons encore un peu.

– Parler de quoi, Grand-mère ? » Tu t'assieds auprès d'elle.

Grand-mère te prend par le menton et t'embrasse sur le front. « Ah, tu sais, on va peut-être tout simplement se taire. Ensuite je m'en irai. Dehors, ils se remettent à nous appeler. Ils devraient attendre encore un peu. »

Au dehors, ils se remettent à nous appeler. Grand-père aussi, tu l'espères. La fillette et aussi le soldat. Asim et Hanifa. Les frères et sœurs. Et Zagorka, la sœurette, c'est elle qui crie le plus. Grand-mère tend l'oreille.

Grand-mère demande : « C'est moi, ça ? »

FIN

Non, non, pas FIN. Un être aimé meurt. Est mort. « C'est moi, ça ? », c'est la dernière phrase prononcée par Grand-mère, adressée à personne, et à elle et à moi, dans la maison de retraite de Rogatica. C'est la question que je me pose depuis deux ans à travers ce texte : C'est moi, ça ? Fils de mes parents, petit-fils de mes grands-parents, arrière-petit-fils de mes arrière-grands-parents, enfant de la Yougoslavie, réfugié pour fuir une guerre, par hasard en Allemagne. Père, écrivain, personnage. Tout ça, c'est moi ?

Je tente de me souvenir de scènes de mon enfance. Elles sont peu nombreuses à se présenter : les sonorités de mon surnom quand Grand-mère disait : « Pour toi, tout est jeu, Saško. » Ce fut une enfance pleine de tendresse et sans grande sévérité.

C'est encore moi, ça ?

Toutes les brèves visites auprès d'elle après la guerre. À chaque fois, nous étions un peu plus étrangers l'un à l'autre, les choses familières relevaient du passé. Je venais toujours en coup de vent, elle était toujours là.

Chez elle, avec ma compagne et notre enfant, neuf mois après sa naissance. Grand-mère l'a promené dans sa poussette à travers toute la ville. Comme elle n'avait pas l'habitude de cette poussette, elle l'a laissée aller de plus en plus vite, s'est mise à courir derrière et, tout en courant, elle parlait doucement à son arrière-petit-fils.

Je pose ma main sur sa joue. Je souhaite bonne nuit à ma grand-mère. J'attends qu'elle soit endormie. Je m'assieds dans la salle commune. Un canari dans la volière. J'ouvre le fichier *ORIGINE.doc.* J'écris :

Je pose ma main sur sa joue. J'attends qu'elle soit endormie. Je m'assieds dans la salle commune. Un canari dans la volière. J'ouvre le fichier *ORIGINE.doc.*

FIN

J'efface ce que je viens d'écrire.

J'écris : Grand-mère a vu une petite fille dans la rue. De son balcon, elle lui crie de ne pas avoir peur, elle va descendre la chercher. Ne bouge pas !

Sans se chausser, Grand-mère descend trois étages, et ça prend un bon bout de temps, ses genoux, ses poumons, sa hanche, et quand elle arrive à l'endroit où se tenait la petite fille, elle a disparu.

FIN

TU N'AS ENCORE JAMAIS SELLÉ UN CHEVAL. Grand-mère si, mais elle a oublié. Elle t'aide avec des phrases qui commencent par « Je crois que tu dois… ». Mais ce n'est pas comme ça qu'il faut faire. Ou : c'est bien comme ça, mais vous n'y arrivez pas. Le cheval est assez vite à bout de patience, ne se tient plus tranquille.

Tu sors ton smartphone de ta poche. Pas de réseau. En passant par le portail qui mène à l'écurie : EDGE. Tu cherches sur You Tube *Comment seller un cheval*. On trouve une infinité de vidéos. Sous un cormier à Oskoruša, tu attends qu'une vidéo te montre Mia en train de seller un cheval quelque part dans le Schleswig-Holstein.

Grand-mère s'empare de ton smartphone. Tu la laisses faire, parce que c'est ce qu'il faut. Elle tapote tant et si bien que l'écran devient tout noir.

« Le soir, quand papa dit : "Kristina, occupe-toi des chevaux", je suis contente », dit Grand-mère en flattant le flanc du cheval. « Nous en avons deux. Un pour la monte, l'autre pour porter des charges. Zekan, c'est le cheval pour la monte. L'autre – je ne sais plus. Je sais aller vite à cheval, mais je vais toujours lentement, pour ne pas gagner de temps. Zekan – c'est le nom du cheval de monte – les Allemands l'ont –» Grand-mère s'arrête. « Les soldats, Zekan, ils l'ont ? » Elle n'attend pas de réponse. Grand-mère donne une petite tape au cheval et va dans la cour.

« On continue à pied ? tu demandes.

– Non. On dort, et demain on continue, dit Grand-mère.

– Bon. On pourrait aller voir si Marija et Gavrilo sont à la maison et passer la nuit chez eux. Ou aller directement à Višegrad.

– J'ai froid, dit Grand-mère et déjà elle s'éloigne. Tu la rattrapes et la guides...

...chez Gavrilo : poursuis ta lecture page 349

...vers l'auto et en route pour Višegrad : poursuis ta lecture page 385

LES FEUILLES DES HÊTRES BRILLENT DANS LE VENT, ROUGES ET ORANGÉES. Le sous-bois et les buissons s'agrippent au harnachement du cheval. Vous devez mettre pied à terre et menez les chevaux par les rênes. Seule Grand-mère reste en selle. Gavrilo guide à la fois son cheval et celui de Grand-mère à travers les arbres.

« Comment vas-tu, Grand-mère ? »

Elle prend une profonde inspiration. « J'aimais monter à cheval, mais c'est arrivé trop rarement. Cette forêt, je ne la connais pas. On n'est pas en train de rentrer à la maison, hein ?

– C'est où, ta maison ?

– Mon soleil, dit Grand-mère. Ma joie. Mon ânon. Tu devrais finir par comprendre. Ce qui compte, ce n'est pas l'endroit où quelque chose se trouve. Ni l'endroit d'où l'on vient. Ce qui compte, c'est l'endroit vers lequel tu vas. Et à la fin, ce n'est même pas cela qui compte. Regarde-moi : je ne sais ni d'où je viens, ni où je vais. Et je peux te le dire : Parfois, ce n'est pas si mal que ça. »

Je ne trouve pas de réponse. Je suis depuis quelques heures dans l'appartement de Grand-mère à Višegrad. Depuis ce matin, les gens passent, nous présentent leurs condoléances et s'attardent pour un café, un alcool ou autre. C'est une coutume que je ne connaissais pas. Entre le décès et les obsèques, des membres de la famille doivent être présents pour accueillir des invités.

« Je suis morte ?

– C'est une coutume que je ne connaissais pas. La porte reste ouverte toute la journée.

– Je suis morte comment ?

– Tes fils sont là avec leurs femmes, tes petits-enfants.

– Je suis morte comment ?

– Dans ton sommeil.

– C'est ce qu'on dit.

– Une voisine a apporté de la pita.

– De la pita aux pommes de terre ? Alors c'est Nadja.

– Elle pleure.

– Qu'est-ce qu'elle dit ?

– Qu'elle éprouve de la reconnaissance. Envers toi. Que la pita est pour les enfants. Que leur mère et grand-mère était une femme bien. Qu'elle l'a aidée…

– Quand elle avait tout particulièrement besoin d'aide.

– Oui. Et le policier est là lui aussi.

– Andrej ?

– Oui.

– Il est triste ?

– Ils sont tous tristes, Grand-mère.

– Andrej est tellement mignon quand il est triste. Et toi, où es-tu ?

– Dans ta chambre.

– Tu écris tes histoires ?
– Oui.
– Et quelle est la suite ?

Tu connais la suite ? Poursuis ta lecture page 390
Tu ne la connais pas ? Poursuis ta lecture page 390

À CAUSE DE LA PLUIE, VOUS PROGRESSEZ LENTEMENT SUR LE ROC GLISSANT comme une planche savonneuse. À chaque pas vous prenez des risques. Des cailloux dégringolent avec bruit dans les profondeurs. Vous traversez un ruisseau qui se précipite dans la vallée, jet d'eau entouré de vapeur. L'eau est chaude.

Grand-mère descend de cheval et se lave le visage. Elle voudrait continuer à pied. Vous vous relayez à ses côtés, c'est tantôt Gavrilo qui la prend par le bras, tantôt Sretoje qui lui tend la main, ou bien toi. Grand-mère est pâle et infatigable.

La pente devient de plus en plus éboulis. Des pierres qui jettent des reflets rougeâtres recouvrent le flanc de la montagne, on dirait des écailles. Les roches de feu. Ici, il y a des décennies, ton père a réveillé à la fois les serpents et en lui une peur que toi aussi tu as portée toute une vie, un seul mot la résume.

Le sommet est à l'affût juste au-dessus de vous, paroi rocheuse abrupte, calcaire blanc. Gavrilo s'engage sur un étroit sentier parallèle à l'arête. Des colonnes de fumée jaillissent de la roche. On a dans la gorge le goût du soufre. Sur l'éperon, un faucon lance son appel, et Sretoje dit : « Ils attendent. »

Tu aurais manqué l'entrée de la grotte si Gavrilo n'avait pas fait halte. Une crevasse dans le roc, juste assez large pour laisser passer un homme de taille moyenne. Gavrilo ouvre la marche avec sa lanterne. Marija te tend une torche et entre dans le tunnel en vous suivant, Grand-mère et toi. Sretoje reste posté devant l'entrée.

Le tunnel descend en pente douce à travers la roche. Un battement clair s'élève de l'intérieur de la montagne et accompagne – cœur paresseux d'acier ! – vos pas. Au premier embranchement, vous faites une pause et le battement s'éteint. Vous buvez ! Quand Grand-mère se met en mouvement, le martèlement reprend.

Vous passez un deuxième embranchement, un troisième. Gavrilo trace à la craie des marques sur la paroi. Il réfléchit plus longuement à chaque nouvel embranchement. Échange avec Marija. Elle passe en tête, mais s'arrête bientôt devant une intersection. Ils se tournent alors tous deux vers vous.

« La caverne vit, dit Gavrilo.

– S'adapte, dit Marija.

– Les chemins qui traversent la roche n'ont pour personne le même tracé.

– Il n'y a pas d'arrivée pour chacun. En d'autres termes », dit Gavrilo, et Marija complète : « Nous tournons en rond. » Elle montre les signes dessinés à la craie. « Quel que soit le chemin que nous choisissons, Gavrilo ou moi, nous nous retrouvons ici. Pour nous, ça ne va pas plus loin. »

– Ce n'est pas votre voyage, dit le Vijarac. Il nous ferait errer pendant mille ans.

– Demi-tour, dit Marija. Sortons. C'est possible. »

Il fait chaud. Des gouttes clapotent doucement sur la roche.

« Impossible de faire demi-tour. » C'est Grand-mère qui parle. « Pas votre voyage. » Elle les serre tous deux dans ses bras. « Une bonne histoire, dit-elle, c'est comme autrefois notre Drina : jamais ruisseau paisible, mais impétueuse et large. Des affluents l'enrichissent, elle bouillonne, écume, sort de son lit. Il y a une chose dont la Drina et les histoires seraient incapables : revenir en arrière. » Grand-mère te regarde. « Je voudrais que nous arrivions enfin.

– Et toi, Marija… Elle tend la main. Donne la rapière ! »

Silence. Dans la grotte. Dans la maison de retraite de Rogatica. Devant la tombe de ma grand-mère à Višegrad au matin du 2 novembre 2018.

« Qu'est-ce qui nous attend si nous continuons ? demandes-tu.

– Toi seul le sais, dit Grand-mère. Je suis à Rogatica. Je suis à Višegrad. Je suis le personnage. »

Il est temps de sortir de la grotte. Ramène Grand-mère à la maison de retraite page 364

Nous sommes le 31 octobre 2018. Il est temps pour moi d'abandonner la fiction. Ma grand-mère ne vit plus. Aujourd'hui, proches et amis viennent lui rendre un dernier hommage. Ta grand-mère vit encore. Tu la ramènes chez elle à la page suivante.

Ne jamais cesser de raconter des histoires. Vous descendez plus profond dans la montagne, page 392

PEU AVANT VIŠEGRAD GRAND-MÈRE S'ENDORT SUR LE SIÈGE PASSAGER. Tu traverses des rues désertes. Tu t'arrêtes à un feu débile dans le quartier de Mahala. La lueur des réverbères teinte les façades d'un gris chaud. Quand le feu passe au vert, une meute de chiens se lève et suit tranquillement ta voiture.

Le pont sur le Rzav et les gorges toujours pleines de frai. Défense de pêcher, interdiction permanente. Une dent qui manque dans la mâchoire de maisons, là où se trouvait autrefois la pharmacie. Les magasins chinois. Une voisine a un jour parlé d'un bébé chinois avec un étonnement tel qu'on aurait cru qu'elle parlait d'un numéro de cirque. Sa conclusion : « Chinois, et pourtant tellement mignon. » La deuxième mosquée n'a pas été reconstruite. Dans la maison juste en face, il y avait le hall de jeux, le tintement tentant des machines à sous et des flippers. Aujourd'hui, c'est un bureau de paris, une femme d'une trentaine d'années y travaille de dix heures du matin à dix heures du soir, entre trois et six heures ses deux enfants aux cheveux noirs sont avec elle (trois et six ans).

Il faudra bien un jour en finir avec les inventaires.

Tu te gares dans la cour. Les chiens réfléchissent. Tu ne descends pas de voiture avant qu'ils soient allés voir plus loin. Ils se postent tout autour de la voiture, se couchent sur l'asphalte. Grand-mère ronflote.

Ferme toi aussi un peu les yeux. Tu te réveilles page 371

GRAND-MÈRE SAIT PARFAITEMENT OÙ ELLE EST, et pourquoi elle s'y trouve.

Elle insiste : « On devrait se mettre en route. »

Gavrilo ne fait rien pour l'amener à changer d'avis. « Là où nous allons, dit-il, il nous faudra être en forme. Es-tu en forme, Kristina ? » Il veut l'aider à se mettre debout et elle veut lui montrer qu'elle est en pleine forme. Elle y arrive toute seule.

Les hommes se lavent au-dessus de l'évier. Le blessé se met d'accord avec Gavrilo et quitte la maison. Il y a quelque chose dans l'air. La table a été dressée pour six, vous êtes six.

Marija entre dans la pièce. Quelle allure : les cheveux tressés, son front orné d'un diadème doré. Gavrilo se lève, la serre dans ses bras. Le pommeau d'une arme se devine derrière l'épaule de Marija. Personne ne pose de question, par conséquent tu te tais aussi. Quelle nuit étrange. L'arme : une rapière.

Tous prennent place. La pièce est chaude, tes paupières lourdes. Gavrilo et Grand-mère chuchotent au haut bout de la table. Tu as peine à suivre les conversations.

Le blessé revient. Plus de sang sur sa main. Il adresse un signe de tête à Gavrilo, et toi aussi, tu le comprends : En route.

« Tu sais monter à cheval ? »

Les chevaux attendent dans la cour. Ne pas être monté en selle depuis des années est une chose. Se voir attribuer l'animal le plus rétif en est une autre. Bientôt, le chemin se fait très raide et tu parviens à rattraper les autres.

Le jour se lève mais le soleil reste caché derrière les nuages. Premiers grondements de tonnerre au-dessus du Vijarac. En lisière d'une forêt de hêtres dont les feuilles, en dépit de la saison, sont d'un rouge automnal, vous faites une halte. Quand on tourne les pages on sent monter l'orage qui annonce l'affrontement.

Sur vos montures, vous pénétrez plus avant dans la forêt à la page 379

VOUS SORTEZ DE LA FORÊT. Le vent et la pluie vous cinglent. Si haut, pas le moindre abri – l'autre visage du Vijarac, c'est une roche presque nue. De la mousse, des lichens, des buissons rabougris.

Tu consultes ton smartphone pour avoir l'heure, ça t'aurait bien surpris que la batterie, si près de la scène finale, ait encore eu du jus.

Grand-mère lance soudain : « Perooooo ! » Un faible écho lui répond. Quelques instants plus tard il pleut aussi sur le nom de ta grand-mère. Les montagnes appellent Kristina d'une voix d'homme qui la fait sourire.

En route vers le sommet page 382

389

AU BORD D'UNE CLAIRIÈRE, une prairie sertie dans une nuée de brouillard : des femmes chantent. Un vocabulaire presque familier, et néanmoins étranger – un dialecte venu du fond des âges ? – si plaisant que Gavrilo vous met en garde, vous signifie de contourner ce lieu en gardant distance.

Danse des nuées.

Pente abrupte sur la droite, poème aux vers de plus en plus insistants venant de la clairière, sur la gauche.

Les chevaux font un écart.

Tu suis Gavrilo et Grand-mère, Marija et Sretoje avancent derrière toi, c'est l'inconnu qui ferme la marche. Tu ne connais toujours pas son nom, c'est vraisemblablement celui qui doit bientôt mourir, à l'instar des membres anonymes de l'équipage de *Star Trek* en mission extravéhiculaire.

Voilà que tu glisses – un pas de travers sur la rosée. Tu dévales le talus, et pour prendre appui, t'agrippes à l'herbe de la prairie.

Elle est chaude. Les tiges se tordent comme pour échapper à ta main. Un chœur, derrière toi, chante, *crescendo*, les nuées flottent, s'approchent de toi.

Tu as soif. De façon soudaine, violente.

Au beau milieu de la clairière jaillit une source claire, ça tombe bien.

Et ça tombe bien aussi, tu comprends soudain le chant, quand résonne comme une invitation :

Si un homme se doutait
de ce que boire avec nous veut dire
jamais avec d'autres ne boirait

Un piège, à l'évidence. Tu te réfugies dans la forêt page 397

De l'eau et des créatures fantastiques, elles veulent boire avec toi page 342 !

« QUAND UN VILLAGE MEURT, DIT-ON, SES EAUX MEURENT AUSSI. » Grand-mère joue avec un mince filet qui sourd du rocher. Boit cette eau. La fait couler sur la lame de la rapière. « À Staniševac, l'eau que nous avions était fantasque. Le village s'accrochait à la pente, mais l'eau coulait au pied du mont, au-dessous de la première maison. Pas très bien pensé, il faut le reconnaître. Toute une vie durant, on remonte la montagne en trimballant de l'eau. Seulement comme nous autres, on déplacerait plutôt la montagne que sa propre maison, les choses en restèrent là. »

Grand-mère se met en route, mais s'arrête aussitôt, pose sa main sur sa poitrine, l'air lui manque. Elle ne continue que par la force de sa volonté. Elle donne le rythme aux coups qui montent des profondeurs.

Tu as marqué chacun des croisements franchis, on n'en est pas encore à tourner en rond. Au prochain, tu choisis le plus large des deux tunnels, à ce moment-là un hurlement fait trembler la montagne, si intense qu'on croirait qu'il naît juste après le tournant. Une vague d'air chaud vous frappe au visage.

Grand-mère tombe à genoux. Le martèlement se ralentit jusqu'à s'éteindre complètement.

Tu te précipites, Grand-mère t'écarte de la main. Se frotte les yeux. Maintenant, l'odeur, on dirait de l'herbe qui brûle. Tes yeux aussi sont irrités. Grand-mère crache. Plus loin, elle veut aller plus loin.

Le tunnel aboutit à une petite plateforme. Au-dessus de vous, le roc s'ouvre en un cratère dont le plafond serait un ciel de nuages. À vos pieds s'étend un paysage calciné, à sa base une masse rocheuse noircie par le feu, avec des petits îlots verts : des prairies et un étang, protégés par des colonnes claires de ce qui reste, carbonisé ou en fusion. Un fleuve de flammes ourle le tout et dessine un cercle de feu. Il y a d'ailleurs du feu partout, partout des étincelles et de la fumée. Et partout des dragons.

L'image d'un incroyable grouillement, tout luisant d'écailles. Des dragons, petits et grands, pour l'essentiel ailés, se reposant, se nourrissant, crachant du feu, ils rampent autour de l'étang sur des pattes armées de griffes. Des dracs à pattes, des dragons des cavernes, des basilics aux longs cous et aux crânes cornus, surgissant du fleuve de feu.

Une passerelle en bois clair le franchit, qui semble intacte bien que proche des flammes. À l'endroit où elle atteint l'autre rive, le rocher a ouvert sa gueule. Une puissante brèche baille, ténébreuse, et l'obscurité ne peut se limiter à elle-même : des ombres s'en détachent qui envahissent le monde.

Un monstre à trois têtes garde l'accès à la passerelle. Chacune de ses têtes ridées, suivant les violents mouvements du monstre, se querelle avec les deux autres. On ne sait pas vraiment si le dragon surveille le pont pour empêcher que le franchissent ceux qui n'ont rien à faire de l'autre côté, ou pour éviter que passent en sens inverse ceux qui ne doivent pas séjourner en notre monde.

Les parois de ce gigantesque dôme sont creusées d'alvéoles comme celles d'une ruche. Grand-mère et toi aussi, vous vous trouvez dans l'une de ces alvéoles. Des dragons en sortent ou y pénètrent en plein vol, comme celui-ci, un spécimen rougeâtre, sa longue queue se termine en nageoire, de grandes ailes translucides lui permettent de s'élever sans peine et de mettre maintenant le cap... sur vous.

Grand-mère brandit sa rapière page 401

DANS TA GORGE, TU SENS COULER L'EAU FROIDE et une poigne, froide elle aussi, s'abat sur ta nuque. Quelque chose t'entraîne vers les profondeurs. Danse avec toi. Ressemblant à quoi ? Choisis. Le diable est différent pour chacun de nous. En tous cas, il semblerait que ton voyage ait atteint sa

---

FIN

« Balivernes ! s'écrie Grand-mère. On a réussi à venir jusqu'ici et tu te laisses flouer par le diable ?

– J'ai conclu un pacte avec lui.

– Raconte.

– Demain. Il est tard. » Grand-mère ronchonne, mais se couche. Je lui ôte ses pantoufles. Ma grand-mère a été la bonne vila de mes premières années.

« Saško ? » Elle murmure. L'écho de mon surnom d'autrefois. « Pour toi, tout est jeu, Saško. »

Je la couvre et je reste encore un peu assis auprès d'elle.

FIN

TU REMONTES SUR LE TALUS AUSSI VITE QUE LE SOL BOURBEUX TE LE PERMET, Sretoje te tend la main et te hisse. Le chant retentit encore, envoûtant. Mais la forêt gronde. Marija a tiré sa rapière, Gavrilo tente de l'apaiser. Que tout le monde garde son calme.

L'arrière-garde est trop tranquille. On ne voit plus l'inconnu. Vous l'appelez, retournez un peu en arrière, le cherchez. Rien. Les voix de femmes sont maintenant joyeuses, enjouées. Pleines de promesses.

« Les vilas. » Grand-mère crache par trois fois.

Gavrilo, Sretoje et Marija se consultent. Tournent sans cesse leurs regards vers le ciel. Tombent les premières gouttes de pluie.

« Avançons, s'écrie Gavrilo. On s'en occupera plus tard. Peut-être veulent-elles seulement danser, pour cette fois. Avançons. »

Il accélère jusqu'à la page 389

TU PARLES TROP FORT. La voisine de chambre bouge dans son lit et claque des lèvres.

Grand-mère s'allonge. « Tu me couvres ? Je suis si lasse. »

Tu la couvres. Elle l'a fait pour toi des centaines de fois quand tu étais enfant. Tu souhaites bonne nuit à ta grand-mère.

« C'est bien que nous soyons ici », murmure-t-elle en cherchant ta main.

Tu ne sais pas de qui elle parle en disant *nous.* Et pas davantage où est son *ici.* Qui que ce soit, où que ce soit : en tous cas, quelque chose est bien.

FIN

LA PREMIÈRE DOUCE GORGÉE suffit à étancher ta soif. Mais tu ne peux t'empêcher de boire tout ce que la vila te donne...

... et ce que tu découvres alors, c'est la clairière vue d'en haut. Tu planes, les vilas dansent avec toi, c'est d'une certaine manière très agréable d'être aussi léger, d'ailleurs tu connais tous les pas de cette danse, tu finiras bien par te fatiguer. Tu veux continuer...

... maintenant c'est l'automne. Tu n'aurais pas imaginé que les vilas étaient à ce point maniaques. Tu dois jour après jour balayer leurs maisons perchées dans les arbres et laver leur vaisselle dans les torrents des montagnes, et bien sûr, tu n'as pas de produit vaisselle...

... puis voici l'hiver. Tu n'as pas d'autres vêtements que ce que tu avais sur le dos à ton arrivée dans la clairière. Les vilas se moquent de toi, mais parfois elles te réchauffent...

... vient alors le printemps. Tu ne peux plus attendre, tout est jeu et danse, il s'agit de nettoyer et les vilas ne sont pas abonnées à Netflix, elles pourraient tout de même inscrire de temps en temps de nouveaux chants à leur répertoire, tu chantes avec elles, te nourris de manière écologiquement correcte, portes une chemise faite de feuilles. Tu n'es pas des leurs, tu es intégré à leur manière, ni leur égal ni libre.

Tu commences à ruminer un plan de fuite.

FIN

« Comment donc, FIN ? » s'écrie Grand-mère. Je suis assis sur le lit à côté de sa stupeur horrifiée. La voisine de chambre a fini par se lever, nous a épiés. Elle aussi s'écrie : « Non, non, non ! »

« Pourquoi donc ne m'as-tu pas demandé ? Celui qui boit avec elles leur appartient !

– Tu me dis ça un peu tard !

– Ta ta ta. Tu n'accepteras pas l'eau qu'elles t'offrent, compris ? Tu ne feras qu'une chose : fiche le camp. Allez, ça continue, on sort de la forêt. Je veux atteindre le sommet. »

Bon, d'accord. Poursuis ta lecture page 389

« ARRÊTE !

– Grand-mère ?

– On est lié à des gens pour toutes sortes de raisons différentes. Je ne vais pas te les énumérer.

– Grand-mère.

– Raconter, cela ne me maintiendra pas en vie, Saša ! Tu métamorphoses des étincelles en souffle de feu. Tu exagères ! L'origine comme image d'un grouillement avec dragons ? L'un d'eux garde la passerelle traversant le fleuve qui mène au monde de l'au-delà ?

– Cette passerelle, c'est la tienne, Grand-mère.

– Comment ?

– Il faut que je la franchisse avec toi.

– Voilà qui est macabre.

– Il s'agit d'un monologue.

– Encore pire. » Grand-mère s'allonge.

Nous sommes à Višegrad. Je suis son petit-fils et j'ai quatre ans ou quatorze ou vingt-quatre ou trente-quatre. Grand-mère me dit qu'il ne faut pas que je sorte avec les cheveux mouillés.

Nous sommes en Amérique. Par une nuit chaude, Grand-mère m'interroge sur ma vie à Heidelberg. Je lui raconte Wojtek en train de ramper jusque tout en haut, à l'Emmertsgrund. Je raconte l'agneau que nous cuisons à la broche dans la forêt, quand une promeneuse avec teckel nous demande si ce que nous sommes en train de faire griller, c'est un chien.

Nous sommes à Belgrade à la gare routière. La soirée est avancée. Nous attendons le bus pour Višegrad. Nous sommes fatigués.

Sur le mur, il y a des lettres. Je demande ce qui est écrit. J'ai peut-être quatre ans, cinq au plus. Grand-mère répond d'un ton d'impatience que je n'ai qu'à lire moi-même. Je dis : « Sortie ». Grand-mère sourit, me prend par le menton et embrasse mes cheveux.

Nous sommes à Rogatica. Empilons des dominos pour en faire une tour, jusqu'à ce qu'il ne reste plus aucun domino. Nous comptons ensemble à reculons : « Trois, deux, un... » Le rire de ma grand-mère.

Nous sommes découverts. Après trois ou quatre battements, le dragon aux ailes translucides se dresse en l'air devant nous. Il renifle. Dans ses pupilles, le feu jaune des siècles comme fable.

« *Salve, Draco* », dit Grand-mère. Le dragon cligne de l'œil. Grand-mère dépose la rapière. Le dragon cligne à nouveau de l'œil et on dirait plutôt qu'il s'incline, son crâne est maintenant juste devant l'éperon sur lequel nous nous tenons.

Grand-mère fait un premier pas, puis un autre. Elle se hisse sur son dos. Je la suis, bien entendu, on ne laisse pas sa grand-mère partir toute seule avec un dragon – qui fait demi-tour et se précipite dans le tourbillon.

Nous survolons un archipel, une maison de pierre s'y trouve au bord d'un lac du plus pur bleu. Des arbres fruitiers, des plates-bandes et devant la maison une douzaine de silhouettes qui dansent.

« Les jeunes filles, s'exclame Grand-mère. On dirait qu'elles s'amusent. »

Nous nous posons, pas vraiment en douceur, devant le gardien aux trois têtes qui interdit l'accès à la passerelle. Les têtes arrêtent de se chamailler, celle de droite dit en s'excusant : « Je suis originaire d'une légende de dragons russe, en fait, je ne devrais pas du tout être ici. » Elle ferme les yeux.

« J'imagine que mon mari est de l'autre côté ? » dit Grand-mère en s'adressant aux deux autres.

« Prénom, nom de famille ? demande la tête du milieu.

– Petar Stanišić. »

La tête se penche sur un énorme registre, parcourt des pages et des pages de noms. Celle de gauche demande si nous voulons boire quelque chose en attendant. Il y a du sang, de l'eau, de la compote de cormes et toutes les langues étrangères. Je prends de l'espagnol. Grand-mère prend de l'eau. Le verre dans lequel je bois a un petit éclat.

La tête du milieu crache un peu de feu en se détournant poliment et dit : « Je l'ai.

– Il peut sortir un moment ? demande Grand-mère.

– Ça serait bien la première fois, répond le dragon.

– Donc c'est d'accord ? je dis. »

Mon grand-père est déjà en train de quitter les ténèbres et de franchir la passerelle. Il a sa moustache, une chemise, une veste. Une mine superbe. En tous cas c'est l'impression de Grand-mère, et elle le dit. Grand-père est trop surpris pour apprécier les compliments.

« Kristina, mais que fais-tu donc ici ? » demande-t-il, les yeux écarquillés. Il est auprès d'elle en quelques pas, la serre fort dans ses bras, elle fait de même. Puis ils finissent pas se tourner vers moi.

« Regarde qui m'a amené jusqu'ici. »

Je tends la main à mon grand-père. Je m'interroge sur la force à donner à ma poignée de main mais elle est déjà terminée.

« Tu viens ? demande Grand-mère à son mari.

– J'ai le droit ? »

La tête du milieu opine, oui, il a le droit. « C'est drôle, non, que depuis des millénaires personne n'ait eu l'idée que revenir en arrière est possible ? Sauf une fois les Grecs, mais là, ça a plutôt raté. »

Le dragon zozote doucement, mais ça, je le garde pour moi, personne ne tient vraiment à se fâcher avec un dragon.

« Une signature ici, je vous prie, dit-il à Grand-père. Et vous ici s'il vous plaît », en se tournant vers Grand-mère. Au moment de prendre congé, il ajoute : « Je vous prie de ramener le citoyen dans quarante-huit heures maximum. »

Gravilo, Marija et Sretoje font comme s'ils ne remarquaient pas le dragon qui nous escorte jusqu'à la sortie de la grotte. Ils ont l'air joyeux et soulagés de nous voir. Prennent Grand-père dans leurs bras comme s'il revenait du royaume des morts, voilà ce que j'ai failli écrire.

Pour ce qui est de notre descente du Vijarac, je ne mentionnerai qu'un dernier détail : en chemin, nous croisons une vipère à corne, mais je n'affirmerai pas qu'il s'agit d'Ajhendorf.

Fidèlement je lus
Ces mots, humbles et sincères,
Mon être tout entier
Rayonna d'une indicible clarté

Nous voulons immédiatement gagner Višegrad, quarante-huit heures, ce n'est pas beaucoup. Nous nous excusons d'avoir perdu la rapière et prenons congé des gens d'Oskoruša.

Je m'installe au volant. Sur le siège arrière, Grand-mère et Grand-père discutent. De choses et d'autres. Et à ce moment-là, qu'est-ce que tu as fait ? Et ensuite ? Dis-moi ! Grand-mère se souvient parfaitement de tout. Répond. Même au sujet de la guerre – au moment précis où nous passons près du graffiti serbe agressif. Je m'attends à ce que Grand-père commente d'un message politique. Mais il se contente de se serrer davantage contre Grand-mère.

Arrivés à la maison, nous prenons un café. « Le premier que nous prenons tous les trois ensemble, affirme Grand-père.

– Mais il a déjà bu une gorgée avec nous, dit Grand-mère, il n'avait pas encore quatre ans. »

C'est bien, nous n'avons plus de questions. Je ferme les yeux.

Au moment où je ferme les yeux, le 2 novembre 2018, il y a derrière mes paupières une foule de choses qui m'appartiennent.

Grand-mère Kristina et Grand-père Pero.

Ma Nena Mejrema, qui me lisait l'avenir dans les haricots rouges. Un jour, elle m'a annoncé que j'aurais beaucoup de vies. Comme un chat ? je lui ai demandé.

Ces histoires de chat, c'est de la superstition, a-t-elle grogné.

Mon grand-père Muhamed, qui freinait les trains. Un jour, il est resté coincé avec un chargement de bois dans une furieuse tempête de neige. Il a resserré son manteau et s'en est retourné vers Višegrad, au bas mot trente kilomètres, dans la neige et par un froid coupant. Qu'il ait survécu, c'est bien le plus inouï de cette histoire. (Maman se souvient des sourcils gelés de son père, et que ni ce jour-là, ni le suivant, il ne s'est rasé.)

Un oiseau en terre cuite rapporté des dernières vacances passées avec mes parents, on le remplit d'eau, et si on souffle dans son cul, devant, il sort un gazouillis d'oiseau. J'aimais ce genre d'objet parce que j'aimais les vacances.

Des petites autos de la marque *Bburago* reproduites à l'échelle 1/43. J'en avais à peu près quarante. Vroum vroum. J'ai été obligé de les laisser derrière moi. Mon fils collectionne les petites autos, même s'il ne comprend pas encore aujourd'hui le concept de « collectionner ». Lui, il *a* beaucoup de petites autos. Les modèles d'autrefois coûtent entre huit et vingt-cinq euros sur E-bay. J'ai commandé la Porsche blanche 924 (emballage d'origine).

J'ouvre les yeux. Grand-mère et Grand-père sont assis là, se regardent.

Maintenant, je ne sais pas comment cela continue.

Je dis : « À plus tard » et je me précipite dehors. Je vais jouer.

FIN

Ou bien as-tu envie d'une fin *telle qu'elle a réellement eu lieu* ? L'enterrement ? La famille s'est rassemblée au cimetière le 2 novembre au matin. Un des neveux portait la croix. Le pope a chanté la liturgie. Il a chanté très longuement, la durée de son chant a émoussé les arêtes de la douleur. C'est seulement au moment où le cercueil a été descendu dans la tombe que tous se sont mis à pleurer.

Et alors, le cercueil s'est avéré trop long. Le fossoyeur l'avait redouté et avait déjà raboté les décorations placées aux extrémités. Pourtant : dans la fosse, le cercueil était resté coincé juste au-dessus du sol. Et en plus, un peu de travers.

Les hommes ont tiraillé sur les cordes, l'un d'eux a donné des coups de pied au cercueil pour tenter de le remettre droit, sans résultat. Il a été décidé de le laisser tel quel. Il était descendu assez profond, et en fait, il n'était pas tellement de travers.

FIN

REMERCIEMENTS

Je remercie mes parents pour le bonheur qu'ils ont rendu possible. Mes grands-parents pour leur bonté et leurs histoires.

La station service Aral et le quartier de l'Emmertsgrund, Rahim, Fredie, Werner Gebhard, Joseph von Eichendorf, le Lycée International de Heidelberg, les deux employés du service des étrangers de Heidelberg et de Leipzig en charge de la lettre « S » qui m'ont interrogé sur mes projets d'avenir.

Maria Motter pour des faits et des certitudes.

Katharina Adler, Christof Bultmann, David Hugendick, Martin Mittelmeier et Katja Sämann pour leur critique intelligente et leur engagement subtil.

Cet ouvrage a été composé
par Belle Page
et achevé d'imprimer
par Grafica Veneta à Trebaseleghe
Pour le compte des Éditions Stock
21, rue du Montparnasse, 75006 Paris
en janvier 2021

Stock s'engage pour
l'environnement en réduisant
l'empreinte carbone de ses livres.
Celle de cet exemplaire est de :
1,3 kg éq. CO$_2$
Rendez-vous sur
www.editions-stock-durable.fr

PAPIER À BASE DE
FIBRES CERTIFIÉES

Imprimé en Italie

Dépôt légal : février 2021
N° d'édition 01
17-08-1036/5